これからの病院経営を担う人材

医療経営士テキスト

第6版

# 診療報酬制度と医業収益

病院機能別に考察する戦略的経営

中 級 【専門講座】

井上貴裕 編著

1

# はじめに

　かつての医療機関経営は真面目に一定以上の質の医療を提供し、患者さんに対する献身的な姿勢さえ失わなければ、経営的にも盤石であったことでしょう。しかし、今日はマネジメントなくして、良質な医療を持続的に提供することが困難になりつつあります。このような時代に、医療機関経営を担う人材には様々なスキルが求められますが、その中で大切なものの1つに診療報酬が挙げられます。

　診療報酬について医事課職員だけが熟知しており暗黙知化しているのでは、経営の発展は望むことはできません。医療機関経営の共通言語の1つとして診療報酬について一定水準の知識は不可欠です。もちろん医療機関経営層に求められる診療報酬の知識は、医事課職員のように詳細なものである必要はありません。診療報酬の請求事務を行うことと、経営に活かすことは別次元だからです。従来の診療報酬の解説書は、医事課職員を念頭に置いたものが多数を占めましたが、本書は医療機関の経営を担う人材が知っておくべき診療報酬とそれに関連するマネジメントスキルに焦点を当てています。特に、経営企画等を担当する職員を想定した診療報酬と医療機関経営についての基本書として構成しています。

　本書の特徴としては以下の3つが挙げられます。

　まず1つ目は、経営企画を担当する職員が身に付けておくべき範囲を網羅しています。経営企画を担当される方を大別すると、医事課出身で有利な診療報酬を徹底的に追い続けるタイプと一般企業等の出身で診療報酬を意識せずマネジメントを追求しようとする2つのタイプが存在するようです。前者では診療報酬の枠内での狭い発想に陥りがちでマネジメントという視点が欠如し大いなる発展につながりづらい傾向があります。また、後者は無免許運転のようなもので、医療現場からの理解を得ることが難しくなるでしょう。本書はいずれのタイプの期待にも応えられるよう、経営という視点から診療報酬を学んでいただけるよう配慮しています。

　2つ目は、診療報酬の各項目が羅列された参考書ではなく、概念等の基本的な考え方が含まれたテキストになるよう可能な限り編集していることです。診療報酬は原則として2年に1回改定されますが、その基本的な考え方を知ることは、今後を占う上でも大切なことです。

　3つ目は、2つ目の特徴と一見矛盾するようでもありますが、診療報酬改定の重要項目等について、ある程度、網羅することを念頭に置いています。よって、診療報酬を初めて学ぶ方の学習ツールとしてはもちろん、経営企画等の実務において疑問点が生じた際にコンパクトな調べ物としても使えるようになっております。特に、今版では、病院機能別に

診療報酬の重点項目について解説している点が他のテキストと異なる特徴です。

　本書は診療報酬を取り扱った書籍であるという性格上、診療報酬の改定に伴い改訂を重ね、第6版を数えます。また、新型コロナウイルスの感染拡大による特例措置についても一部取り上げています。医療を取り巻く環境は刻々と変化していきますが、その流れを作るのは今日の医療界に身を置くあなたなのです。そのような誇りと志を忘れることなく、患者さんが安心して命を預けられる医療機関を創れるよう日々精進していただきたいと思います。

井上　貴裕

# 目 次
contents

はじめに ……………………………………………………………………………ⅱ

## 第 1 章 診療報酬制度の概要

**1** 診療報酬制度の概要 ………………………………………… 2
**2** 診療報酬の改定 …………………………………………… 6
**3** 医療経済実態調査 ………………………………………… 26
**4** 医療における消費税問題 ………………………………… 33
**5** 診療報酬の基本的な仕組み ……………………………… 38

## 第 2 章 病院機能別・診療報酬による戦略的経営

**1** 急性期を中心とする一般病院 …………………………… 42
**2** 回復期・地域包括ケアから慢性期医療を提供する一般病院… 144
**3** 精神科病院・精神病床 …………………………………… 173
**4** 診療報酬の視点からの重要成功要因 …………………… 177

## 第 3 章 診療報酬を巡る論点

**1** 医薬分業 …………………………………………………… 180
**2** 薬剤の償還制度 …………………………………………… 184
**3** 手術料に関する改定の変遷 ……………………………… 188
**4** 医療情報の電子化と診療報酬 …………………………… 193

# 第 **4** 章 戦略的経営の推進と経営企画部門

**1** 経営企画部門の設置……………………………………………198

**2** 診療報酬シミュレーションの方法……………………………201

**3** 統計データの活用………………………………………………203

**4** ビジョンに基づいた戦略的経営………………………………205

column ①医療費抑制の手段……………………………………………… 5

②中医協…………………………………………………………25

③新型コロナウイルスと診療報酬………………………………37

④実績要件の特徴………………………………………………77

⑤急性期病院は地域包括ケア病棟を持つべきか………148

⑥中途半端な回復期病棟に未来はない……………………153

⑦経過措置の医療療養と介護医療院はどちらが望ましいか‥163

⑧遠隔診療は1つの診療スタイルとして定着するのか‥170

# 第1章

# 診療報酬制度の概要

**1** 診療報酬制度の概要

**2** 診療報酬の改定

**3** 医療経済実態調査

**4** 医療における消費税問題

**5** 診療報酬の基本的な仕組み

# 診療報酬制度の概要

## 1　診療報酬とは

　診療報酬とは、保険医療機関等が行う診療行為への対価として公的医療保険から支払われる報酬のことをいう。厚生労働大臣の告示により対象となる診療行為の範囲とその価格が定められている。

　保険医療機関の場合には、おおむね95％程度が診療報酬による収入となっており、財務に与える影響は極めて大きい。

### （1）診療報酬点数表

　診療報酬点数表とは、健康保険法の規定により療養に要する費用の額の算定方法が定められている料金表であり、1点10円となっている。

### （2）公的価格体系としての診療報酬

　公的な診療報酬は、医療機関にとってその影響は直接的であり、また甚大でもある。なぜならば、保険医療機関では前述したように、開設主体にもよるがその収入の95％程度が診療報酬に影響を受けるため、診療報酬点数表に収載される項目が同時に医療内容を決定づけるという意味を持っている。さらに、医療提供の価格も診療報酬で一律に規定されており、他の業種のように自由に値決めをできないことも大きな意味を持っている。

### （3）診療報酬の仕組み

　診療報酬は、図1-1に示すような仕組みになっており、まず患者である被保険者が加入している医療保険制度の保険者に保険料を毎月支払う。保険料の見返りとしては、患者が病気になったとき、金銭による給付ではなく、現物給付を受けることとなっている。診療を提供した保険医療機関は、行った診療行為を診療録（カルテ）に記録し、診療行為点数表に基づき患者に請求をする。ただし、患者は全額を支払う必要はなく、一部負担金のみを窓口で支払えばよい。残りの額を保険医療機関は、審査支払い機関に対して請求する。審査支払い機関は、請求明細書（レセプト）の内容について、診療報酬点数表や療養担当規則[*1]への適合性等を審査したうえで、適切である場合には保険医療機関に対して支払いを

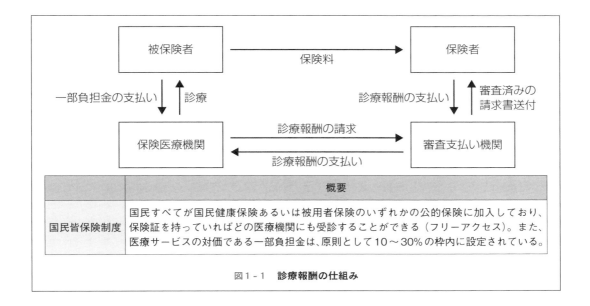

図1-1　診療報酬の仕組み

行う。審査支払い機関は、保険者から委託され審査に関わる事務を行う機関であり、審査でレセプトが差し戻された場合には再提出が必要となる。請求額が減額された場合には、保険医療機関は再審査を請求し、異議申し立てを行うことができる。

　近年、保険者が破綻する事例も出てきており、厳しい財政状況に陥っている。保険者からすれば医療機関からのレセプト請求額は少ないほうがよいし、少なければ医療機関の経営は逼迫する。つまり、保険者と医療機関の利害は対立することもあり、中央社会保険医療協議会(以下、中医協とする)でも異なる主張が繰り広げられることがある。

## (4) 支払い方式(出来高払いと包括払い)

　診療報酬の支払い方式には様々なものがあるが、代表的なものとして①出来高払いと②包括払いがある。

### ①出来高払い

　出来高払いとは、個別の診療行為について細かく点数が設定されているものであり、各診療行為に対する点数を積み上げた合計を算出し診療報酬の請求額を計算する仕組みである。検査や投薬等が個別に点数設定されているので、不必要であるにも関わらず、当該診療行為を誘発させることにより、収入増加を図る可能性が出てくる。

　出来高払いには、患者の病態に適した医療提供が可能となるという利点がある。同じ糖尿病の患者であったとしても、病状は個々に異なることから、実態に適した診療行為が可

---

＊1：審査支払い機関が審査を行う際の法的根拠となるもの(正式名称は厚生労働省令「保険医療機関及び保険医療養担当規則」)。保険医療機関や保険医が保険診療を行う上で守らなければならない基本的な規則を具体的に定めている。「療養担当規則」に基づいて保険医が保険診療を行い、保険医療機関が診療報酬に基づき保険請求を行うことで保険医療が成立する。

能となる。このことから、きちんとした診療行為に関する説明とそれに基づく同意が行われれば、患者からも医療機関からも納得感が醸成されやすい支払い方式であるといえる。一方で、過剰な診療を誘発する可能性があり、医療費高騰につながる場合もある。

　我が国では外来診療は出来高で算定できるものが多く、入院診療は包括化されていることが多い。

### ②包括払い

　包括払いとは、疾病ごとまたは症例ごとに、1日当たりの入院点数や1件当たりの入院点数等診療報酬を一定に固定する方式である。例えば、より多くの診療行為を行った場合であっても、その費用は医療機関の損失となってしまう。

　包括払い方式では、無駄な検査や投薬をしなくても収入は一定となるため不要な医療提供が行われず、医療の効率化が促進される可能性が高くなる。さらに、同じ疾病に対して同一価格の収入が医療機関に保証されている場合には、合併症の併発や低侵襲手術を行うことによる在院日数の短縮等、医療技術の成功報酬的な評価を行っているととらえることもでき、イノベーション(技術革新)が促進されるという期待も高まる。しかし、粗診粗療を招く恐れもあり、適切な医療提供が行われないリスクも生じる。また、医療機関としては同一疾病の患者に対して同じ収入であるとすると、手のかからない患者を選別するという危険性もある。

| column ① | 医療費抑制の手段 |
| --- | --- |

　医療費抑制の手段として診療報酬の支払い方式を変更することは有効な施策といえる。現行の制度では、包括払いがすでに適用されているが、過去には医療制度改革の議論のなかで、登録医療機関を受診すれば無料で受診できる「人頭払い」や年間予算に基づく「総額予算制」などが提唱されたこともある。これらが医療費抑制に寄与することは間違いないであろうが、粗診粗療を招く恐れは否定できない。

　前者の人頭払いは、イギリスの国民保健サービス（NHS：National Health Service）において採用されているものであり、この制度では、地域の開業医に登録し、まず開業医の診療を受けなければならない。つまり、開業医は専門医療である病院への受診をコントロールするゲート・キーパーとしての役割を持っているのだが、この手段では我が国のフリーアクセスが阻害される。また、イギリスでは家庭医（GP：General Practitioner）制度が定着しているのに対して、我が国の場合には医師であればどの診療科でも標榜できる自由開業医制があることから、当該制度の採用をすることは開業の自由を阻害する恐れもある。

　また、後者の「総額予算制」の場合には、官僚主義的な発想になる危険があり、経営の効率化が阻害される可能性もあるだけでなく、特に年度末に適切な医療提供が行われなくなる危険性もある。

　我が国では、2003（平成15）年からDPC/PDPS（診断群分類別包括支払い制度）という1日当たりの入院医療の包括払いが始まり、急性期病院に拡大している。ここに至るまでに、1998（平成10）年から10病院に対してDRG/PPS（Diagnosis Related Group：疾患別関連群/Prospective Payment System：包括支払い方式）が試行的に適用されていた。DRG/PPSは1入院当たりの包括払いであり、1日当たりの包括払いであるDPCよりも効率化に対するインセンティブが湧きやすい。

　さらに2008（平成20）年度の診療報酬改定で15歳未満の鼠径ヘルニア手術に1入院包括払いが適用され、2014（平成26）年度診療報酬改定では短期滞在手術等基本料3が拡大され白内障やポリペク等の短期手術あるいは前立腺針生検のような短期の検査が対象とされた。今後も標準化が進むことにより1入院包括払いの適用範囲をどう考えていくかは重要な論点である。

# 診療報酬の改定

## 1　診療報酬改定の目的

　診療報酬の改定は、医療機関の平均的な収支状況、物価・賃金の動向等のマクロ的な経済指標、保険財政の状況等を適切に反映するとともに、新規の医療技術の評価を行うことや医療を取り巻く環境の緊急・重点課題の解決を図ること等を目的にしている。診療報酬改定は、医療機関の経営に影響を及ぼすだけでなく、患者負担や健康保険組合の財政にも直接的に関係するため、国民の関心が大きくなっている。

## 2　診療報酬改定の頻度

　診療報酬は原則として2年に1回、健康保険法第76条第2項および第82条第1項の規定に基づき、厚生労働大臣が中医協（中央社会保険医療協議会）に諮問し、中医協総会からの答申を得て、大臣告示、関係通知の交付が行われる。改定の間隔は"原則"なので、必ずしも2年に1回とは限らず、同一年度に2回の改定（期中改定）が行われたことも過去に4度ほどある。ただし、2000（平成12）年以降は2019（令和元）年10月の消費増税に伴う臨時改定を除いては2年に1回の改定が行われている。

## 3　改定プロセス

　中医協総会の委員は、診療報酬を支払う側である保険者（1号側委員）から7名、診療を行う側（2号委員）から7名、医療経済学等の有識者（公益委員）から6名で構成され、図1-2に示すような構造で議論が行われている。

## 4　改定率の推移

　診療報酬の改定率は、厚生労働省が2年に1回実施する医療経済実態調査により明らかになる医療機関の収支状況や物価・賃金の動向等のマクロ経済指標、保険財政の状況等を考慮して決定される。

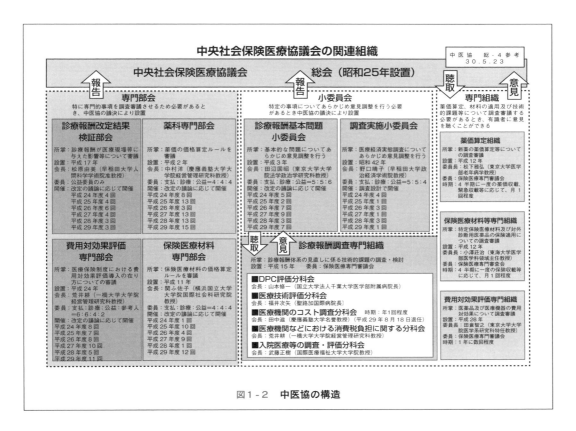

図1-2　中医協の構造

　診療報酬本体は2002（平成14）年にはじめてマイナス改定が行われた。その後2006（平成18）年に史上最大の引き下げがあり、厳しい状況に陥った。しかし、2010（平成22）年に本体のみならず全体でプラス改定が行われた（図1-3）。特に急性期入院医療が高く評価され、大病院を中心に財務状況が改善された。しかし、その状況が続いたのは2014（平成26）年までの4年間であり、2014年度診療報酬改定以降は、2回連続の全体でのマイナス改定となった。2018（平成30）年度診療報酬改定は医療と介護の同時改定となり、入院医療の評価体系が大きく変更された。

　薬価に関しては、1990（平成2）年以降毎回引き下げが行われている。近年は、抗がん剤など非常に高額な薬剤が台頭してきており、医療機関としては入院・外来ともに診療単価は上がり増収にはなるが、医薬品材料費がかさみ減益に悩まされている。

## 5　改定の骨子の変遷

### （1）2006（平成18）年度診療報酬改定

　史上最大の引き下げであった2006（平成18）年度診療報酬改定の主要項目について振り

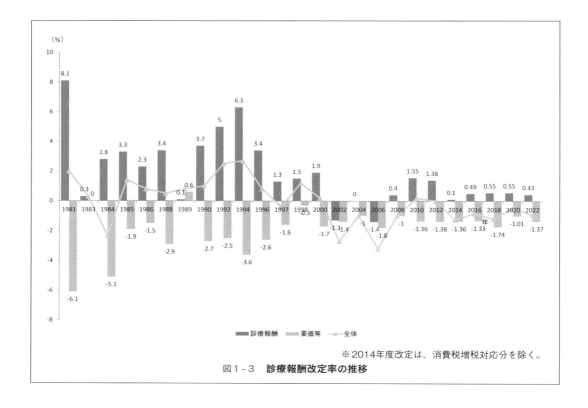

図1-3　診療報酬改定率の推移

返る。

### ①一般病棟等7対1の入院基本料の創設

　従来、10対1（当時は、2対1とされていた）入院基本料からさらに手厚い看護配置が評価されたことにより、特定機能病院[*2]等が看護師確保に奔走し、中小病院の看護師不足が鮮明になった。

### ②急性期特定入院加算の廃止

　病院は紹介患者もしくは救急患者を中心に診るべきであることを意味する紹介率[*3]を用いた加算が廃止された。紹介率を高めるために、外来機能を分離する病院が出てきて、形式的な要件クリアがはびこったこと等が原因と考えられる。現在、紹介率は地域医療支援病院[*4]の承認要件に使われている。

### ③大腿骨頸部骨折に関する地域連携パス[*5]の開始

　これにより施設完結型から地域完結型の医療提供を推進する方向性が、診療報酬におい

---

[*2]：高度先進的な医療を提供する病院（一般病床400床以上、医師等の人員配置が通常の病院の2倍程度等という要件がある）。
　　2010年5月現在、大学病院の本院80施設に加え、国立がんセンター中央病院、国立循環器病センター、大阪府立成人病センターが承認を受けている。
[*3]：紹介率は、「初診患者の数」のうち「紹介患者の数」および「救急患者の数」の割合がどれだけあるかを基準に算定が行われる。紹介状を持たない患者や救急患者以外の一般外来患者数を抑制することによって高めることができる。
[*4]：医療機関の機能分化と連携を促進するために設けられたものであり、原則として200床以上の病院が対象。紹介率・逆紹介率に関する基準をクリアする必要がある。

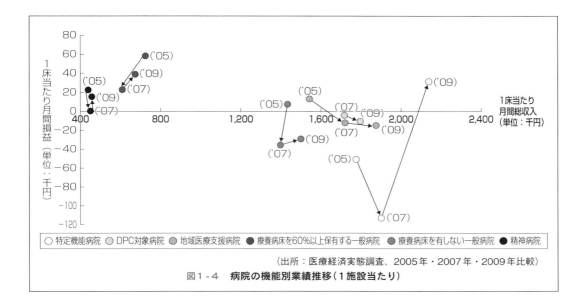

（出所：医療経済実態調査、2005年・2007年・2009年比較）

図1-4　病院の機能別業績推移（1施設当たり）

てもより明確になった。

**④療養病棟入院基本料に対する医療必要度である医療区分と日常生活動作（ADL: Activities of Daily Living）による評価（ADL区分）[6]の開始**

　これにより医療必要度の低い医療区分1の患者を多く抱える医療機関は厳しい経営状況に追い込まれた。一方で、図1-4に示すように療養病床全体としては、1床当たりの収入は急性期病院[7]と比べ少ないものの、収支差額はプラスであり、良好な経営が行われているものと予想される。

**⑤在宅療養支援診療所[8]の創設**

　24時間体制での在宅医療の提供に対して高い評価が行われた。

## ■（2）2008（平成20）年度診療報酬改定

　2008（平成20）年度の診療報酬改定は、医療崩壊が叫ばれる中で、緊急課題として、産科や小児科をはじめとする病院勤務医の負担軽減が挙げられた。

　その一環として小児・周産期および救急医療が重点的に評価された。また、勤務医の事務作業を補助する職員（医師事務作業補助者）[9]の配置の評価である医師事務作業補助体制加算が新設された。さらに、地域の中核病院に対する評価である入院時医学管理加算が

---

＊5：急性期病院から回復期病院を経て早期に在宅復帰できるような診療計画を作成し、治療を受けるすべての医療機関で共有して用いるもの。

＊6：2006（平成18）年7月から、医療療養病棟における診療報酬について、医療区分とADL区分により患者を分類し、その組み合わせにより評価することになった。

＊7：発症間もない急性期の患者を対象に、一定期間集中的な治療をするための病床を持つ病院のこと。我が国では一般病床（特にDPC対象病院）を持つ病院を急性期病院と呼ぶことが多いが、当該病床であっても慢性期的な疾患の患者が入院していることもある。

＊8：24時間体制で往診等を実施する診療所のこと。

新設され、10対1入院基本料の引き上げも行われた。

　外来に関しては、診療所（71点）と病院で再診料が異なることから、200床未満の病院の再診料を引き上げ（57点⇒60点）、病診格差の是正を図った。

　15歳未満の鼠径ヘルニア手術に関して1手術当たりの包括支払いである短期滞在手術等料3を新設した。日本版DRG/PPS（Diagnosis Related Group：疾患別関連群／Prospective Payment System：包括支払い方式）に向けて、標準的な治療が確立している疾病については、拡大する包括払いをより進める試みであると考えられる。

　また、医療機能の分化および連携を推進する視点から、脳卒中に関する連携パスが新設された。

## （3）2010（平成22）年度診療報酬改定

　全体では10年ぶりのプラス改定となり、入院医療に4,400億円、外来に400億円と予算枠が決められたことから、地域中核病院[*10]が担っている急性期医療に対して診療報酬が配分される結果となった。

　2010（平成22）年度診療報酬改定における2つの重点課題は、救急、産科、小児科、外科等の医療の再建および病院勤務医の負担の軽減であった（図1-5）。

　前者においては、当該領域を担う地域中核病院を手厚く評価することとなり、救急医療、小児・周産期医療に加え、D・Eなどの高難易度手術が外保連（外科系学会社会保険委員会連合）試案に基づき大幅に引き上げられた。

　後者については医療従事者の増員に努める医療機関への支援が行われ、急性期看護補助体制加算、栄養サポートチーム加算、呼吸ケアチーム加算、医師事務作業補助体制加算などが評価された。

　また、「充実が求められる領域を適切に評価していく視点」「患者からみてわかりやすく納得でき、安心・安全で、生活の質にも配慮した医療を実現する視点」「医療と介護の機能分化と連携の推進等を通じて、質が高く効率的な医療を実現する視点」「効率化があると思われる領域を最適化する視点」の4つの視点からの改定が行われた（図1-6）。前回に引き続き、がん医療に対する重点的な評価が行われる結果となった。

## （4）2012（平成24）年度診療報酬改定

　2012（平成24）年度の診療報酬改定率は、医科が＋1.55％とされ、4,700億円が投入され、医科に関しては2010年度改定並みの水準となった。ただし、薬価等がマイナスのため全

---

*9：医師の事務作業をサポートする者。従来、医師が行っていた診断書等の文書作成、処方せんの作成、検査や処方など予約等について、医師の指示の下で、医師に代わって行う。
*10：地域の中核的な役割を担う病院のこと（一般的にはある程度の規模を持った急性期病院を意味することが多い）。

| 救急、産科、小児科、外科等の医療の再建 | 病院勤務医の負担の軽減 |
|---|---|
| 当該領域を担う地域中核病院を手厚く評価<br>■救急医療<br>　─救命救急入院料の充実度評価<br>　─救急搬送患者地域連携紹介加算他<br>■小児・周産期医療<br>　─ハイリスク分娩管理加算<br>　─妊産婦緊急搬送入院加算<br>　─新生児特別集中治療室管理料１引き上げ<br>　─新生児特定集中治療室管理料２新設<br>　─新生児特定集中治療室退院調整加算の新設<br>　─超重症児（者）入院診療加算・準超重症（者）入院診療加算の判定基準見直しと評価引き上げ<br>　─小児入院医療管理料の施設基準要件緩和他<br>■手術料に対する評価<br>　─D・Eなどの高難易度手術の評価引き上げ他 | 医療従事者の増員に努める医療機関への支援<br>■一般病棟入院基本料：入院早期加算引き上げ<br>　─14日以内の期間の加算（1日につき428点⇒450点）<br>■看護補助者に対する配置の評価<br>　─一般病棟7対1および10対1に対して急性期看護補助体制加算新設<br>■チーム医療に対する評価<br>　─栄養サポートチーム加算（200点、週1回）<br>　─呼吸ケアチーム加算（150点、週1回）<br>■医師事務作業補助体制加算の引き上げと新たな施設基準<br>　─15対1、20対1の新設等<br>■急性期病棟等退院調整加算の新設<br>　─急性期病棟等退院調整加算1（退院時1回140点）<br>　─急性期病棟等退院調整加算2（退院時1回100点） |

図1-5　2010年度診療報酬改定における2つの重点課題

体では＋0.004％の改定率に終わった。この内訳は、救急、産科、小児、外科等の急性期医療に対して約1,200億円、医療と介護等との機能分化や円滑な連携、在宅医療の充実に約1,500億円、がん治療、認知症治療の推進に約2,000億円が配分されている。

　重点課題の1つ目は、救急、産科、小児、外科等の急性期医療を適切に提供していくという観点も踏まえた、病院勤務医等の負担の大きな医療従事者の負担軽減であり、2010年度改定からの課題が踏襲された。もう1つは、6年に1回の医療と介護の同時改定ということもあり、医療と介護の役割分担の明確化と地域における連携体制の強化の推進および地域生活を支える在宅医療等の充実であった。

　改定内容は、団塊の世代すべてが75歳以上を迎える2025（平成37）年をターゲットとした改革に向け歩を踏み出した。2025年には現在の一般病床を高度急性期、一般急性期等に細分化し、入院医療の機能分化・強化と連携、在宅医療の充実等を図ることが企図されている。今後は、よりメリハリのある制度設計が行われることが予想されるため、より戦略的な病院経営を行うことが成長の源泉となる。

## （5）2014（平成26）年度診療報酬改定

　名目上の改定率は＋0.1％であったが、消費税増税対応分を除く実質改定率は－1.26％であり、今後の医療機関経営は厳しくなることが予想される。

---

| 充実が求められる領域を適切に評価していく視点 |
|---|

■がん医療の推進
　―がん診療連携拠点病院の評価引き上げ
　―がん治療連携計画策定料およびがん治療連携指導料の新設
　―外来化学療法加算や放射線治療病室管理加算が引き上げ
　―カウンセリング料やリハビリテーション料の新設
■認知症医療
■新型インフルエンザや結核等の感染症対策
■精神系疾患の患者に対する評価

| 患者からみてわかりやすく納得でき、安心・安全で、生活の質にも配慮した医療を実現する視点 |
|---|

■病院と診療所の再診料統一（病院60点⇒69点／診療所71点⇒69点）
■医療安全対策の推進に対する評価
　―医療安全対策加算1・2、感染防止対策加算の新設
■人工腎臓の評価の適正化
　―入院の包括化・包括点数の引き下げ
　―透析液水質確保加算の新設（1日につき10点）
■専門的な在宅医療の評価
　―在宅血液透析等の引き上げ

| 医療と介護の機能分化と連携の推進等を通じて、質が高く効率的な医療を実現する視点 |
|---|

■DPC
　―評価点数の設定方法の変更、包括範囲の見直し、調整係数に代わる新たな機能評価係数への置き換え
■入院基本料
　―一般病棟看護必要度評価加算の新設（1日につき5点）
■5人以上の常勤麻酔科標榜医による麻酔の安全管理体制
　―麻酔科管理料（Ⅱ）
■在宅医療
　―在宅療養支援病院要件緩和、往診料引き上げ、在宅ターミナルケア加算要件緩和

| 効率化があると思われる領域を最適化する視点 |
|---|

■調剤料見直し、後発医薬品の使用促進
　―後発医薬品使用体制加算の新設（入院初日、30点）
　―保険医療機関および保険医療養担当規則等の改正
■画像診断
　―エックス線撮影料
　　・デジタル撮影料新設
　―コンピューター断層撮影診断料の見直し
　　・16列以上のマルチスライス型CTによる撮影に対する評価を新設
　　・1.5テスラ以上のMRIによる撮影に対する評価を引き上げ

図1-6　2010年度診療報酬改定における4つの視点

　2014（平成26）年度診療報酬改定では7対1入院基本料の要件厳格化が行われた。平均在院日数の計算方式が変更され実質的に平均在院日数が長くなり、重症度、医療・看護必要度の評価方法見直しも行われた。また、7対1入院基本料にも在宅復帰率75％以上が課され、あらゆる機能の病棟において在宅復帰が要求されることになった。

　平均在院日数ついて、90日超えの特定除外患者について13対1及び15対1と同様、7対1及び10対1入院基本料においても見直しが行われた。さらに短期滞在手術等基本料3に掲げる短期手術・検査について平均在院日数の計算対象から除外され、さらに1入院包括払いが適用された。これは従来のDPC／PDPS（診断群分類別包括支払い制度）による1日当たり包括払いからいわゆるDRG方式の採用が拡大されたものであり、新たな時代への第一歩を踏み出した。DPCにより標準化が進んだことに加え、2012（平成24）年度

診療報酬改定で医療機関群が新設されⅡ群病院あるいはⅡ群を目指す病院が短期手術・検査の外来化を進めたことが当該制度の変更につながったものと予想される。

　7対1入院基本料を届け出る病棟の絞り込みに加え、病棟単位で届け出る地域包括ケア病棟1・2と200床未満の医療機関において病室単位で届出が可能な地域包括ケア入院医療管理料1・2が新設された。これにより2014年9月末をもって亜急性期入院医療管理料は廃止された。

　より高機能な急性期病院を評価するという視点から総合入院体制加算の上位加算（総合入院体制加算1）、特定集中治療室管理料（1・2）が新設され、画像診断管理加算Ⅱについてもさらなる評価が行われた。

　特定機能病院・許可病床500床以上の地域医療支援病院で、紹介率50％未満かつ逆紹介率50％未満の施設及び許可病床500床以上の病院（一般病床200床以上）で、紹介率40％未満かつ逆紹介率30％未満の施設では初診料及び外来診療料の減算が行われた。また、許可病床200床以上の病院のうち、9月末時点の妥結率が50％以下の病院に未妥結減算が新たに適用されることとなった。

　2014（平成26）年度診療報酬改定で外来の機能分化をさらに推進するために、地域包括診療料として主治医機能の評価が行われた。具体的には、中小病院および診療所の医師が、複数の慢性疾患を有する患者に対し、患者の同意を得た上で、継続的かつ全人的な医療を行うことについての評価がされた。

## ■（6）2016（平成28）年度診療報酬改定

　2016（平成28）年度診療報酬改定は、本体こそプラスを維持したが、全体として2回連続のマイナス改定であり、今後の医療機関経営はさらに厳しいものとなっていくだろう。特に7対1入院基本料が想定以上に増加し、7対1を減らすことを目的とした改定だったといっても過言ではない。最も注目すべき論点は、重症度、医療・看護必要度について項目を見直したうえで25％に基準が引き上げられたことだ。一方で、地域包括ケア病棟について包括範囲から手術と麻酔が除かれることになり、重症度、医療・看護必要度を満たせない病院では地域包括ケア病棟を設置する動きが活発化するだろう。また、許可病床500床以上あるいはICU等を有する病院では地域包括ケア病棟は1病棟までと制限された。これらの病院で2病棟の地域包括ケア病棟を設置することは通常ないと考えられるので、実質的には高度な急性期病院でも地域包括ケア病棟を設置してよいという趣旨が明文化されたともとらえられる。ただし、新設された総合入院体制加算1及び2あるいは総合入院体制加算3を2014（平成26）年4月1日以降に届け出た場合には地域包括ケア病棟を設置することはできない。

　また、特定集中治療室管理料について改定前はA項目3点かつB項目3点以上が基準であったが、A項目について重みづけをしたうえで4点に引き上げられた。増加するICUに

歯止めをかけようという趣旨であり、厳しい基準である。動脈圧の測定がA項目で2点と評価されたため、Aラインを手術室で抜かずICUまでつけるなどの医療が横行する可能性もある。

　DPCでは内保連試案による特定内科疾患が評価に加わったことも影響し、DPC II 群病院が改定前の99から140まで増加した。機能評価係数 II では重症度係数が新設され、医療資源投入量が多い病院が評価されることになった。後発医薬品係数については70%に基準が引き上げられた。

　大病院の外来抑制策として、特定機能病院及び一般病床500床以上の地域医療支援病院について、選定療養費の定額徴収の義務化が始まるとともに、地域包括診療料、地域包括診療加算の要件緩和、認知症に関する主治医機能の評価、かかりつけ薬剤師指導料が評価された。

## ■（7）2018（平成30）年度診療報酬改定

　2018年度診療報酬改定は医療と介護の同時改定であり、医療政策のターゲットイヤーである2025年への方向性が示された。改定率については本体こそプラスであったものの、薬価等がマイナスとなり全体ではマイナスとなった。本体プラスではあるが、医療機関の機能によってその恩恵を被れるかは差が出そうだ。初診料の機能強化加算が新設され非常に高い評価が行われたが、これは診療所あるいは200床未満の病院だけが対象となる。同時に地域包括診療料および地域包括診療加算等の要件見直しも行われた。また、2014年度診療報酬改定で新設され届出が増加している地域包括ケア病棟についても、200床未満の場合に限って一定の実績を有している場合に大幅な増収となった。その意味で、診療所あるいは200床未満に報酬の配分が手厚い印象があった。

　一般病棟入院基本料についても地域医療構想との整合性をとるかのように、7対1入院基本料および10対1入院基本料を急性期一般入院基本料とし7区分にした。急性期一般入院料1が従来の7対1の看護師配置が前提となり、その他は10対1となり、急性期病院の看護師配置は10対1であり、それ以上は各病院が重症度等の実績に応じて配置を考えるようにというメッセージが発せられた。重症度、医療・看護必要度については認知症・せん妄の評価が入ったため、従来の25%から30%以上に引き上げがあったものの（重症度、医療・看護必要度 I ）、基準を満たせない病院は極めて少数派だろう。高齢者が多ければ基準を満たすことは困難ではない。一方で、特定機能病院や高度急性期病院の一部は治癒を目指す若い患者が集まる傾向が強いため、特定機能病院および専門病院については重症度、医療・看護必要度について配慮が行われた。また13対1入院基本料および15対1入院基本料を地域一般入院基本料と再編統合した。さらに、回復期リハビリテーション病棟については、従来3区分であったものが6区分となりアウトカム評価が徹底されることとなった。今後、優れたアウトカムが出せない回復期リハビリテーション病棟は地域包括ケ

ア病棟に誘導されていき、地域包括ケア病棟と地域一般入院料の再編統合という道もありうると私は予想している。

療養病棟入院基本料については、入院基本料2が25対1の看護師配置であったが医療法上の基準を満たすよう20対1以上とされたが、医療区分の割合については変更されなかった。基準を満たさない病院では経過措置も設けられたが、新設された介護医療院などへの転換も進んでいくことだろう。

DPC/PDPSでは暫定調整係数が廃止され、機能評価係数IIに置き換えが終了した。ただし、激変緩和を考慮するため改定の翌年のみ激変緩和係数が設定された。機能評価係数IIについては従来8項目であったが、後発医薬品係数が機能評価係数Iの後発医薬品使用体制加算に置き換わり、重症度係数は廃止され6項目に整理された。医療機関群はその枠組みは従来と変わらないが、I群を大学病院本院群、II群をDPC特定病院群、III群をDPC標準病院群と名称を変更した。また、DPC対象病院については、短期滞在手術等基本料2・3を算定せず包括評価の枠組みに戻すこととなった。

高度急性期医療では、ICUについて生理学的指標であるSOFAスコアを提出することが求められ、今後の制度設計に影響を及ぼすことだろう。また、救命救急入院料1・3および脳卒中ケアユニット入院医療管理料については重症度、医療・看護必要度の基準がなく、データ提出すらも求められていない状況であったが、まずはデータ提出が義務付けられ、救命救急入院料1・3はICU用、脳卒中ケアユニット入院医療管理料は一般病棟用で評価することになった。

2016年度診療報酬改定で特定機能病院および許可病床500以上の地域医療支援病院に対して、選定療養費の徴収が義務化されたが、これらが400床以上に引き下げられた。従来500床以上に対して制限があった項目は今回改定から400床以上となった。

働き方改革が叫ばれる中、医療従事者の負担軽減は重要なテーマでもあり、医師事務作業補助者、急性期看護補助体制加算、看護職員夜間配置加算が引き上げとなり、専従が求められていたチーム医療として評価されている栄養サポートチーム加算や緩和ケア診療加算について一定の要件の場合には専任でよいこととなり弾力的な運用が可能となった。さらに、医師、リハビリ専門職等について、一定の領域に関して常勤配置に関する要件が緩和された。

最後に、データ提出加算について対象が拡大され、あらゆる病院がデータ提出を行うことが求められるようになった。今回改定によって、急性期一般入院基本料、特定機能病院入院基本料（一般病棟7対1、10対1）、専門病院入院基本料（7対1、10対1）、地域包括ケア病棟入院料、回復期リハビリテーション病棟入院料5・6（許可病床200床以上）、療養病棟入院基本料（許可病床200床以上）についてデータ提出が義務化され今後の医療政策および診療報酬改定に用いられていくことになる。

## (8)2020(令和2)年度診療報酬改定

2020(令和2)年度診療報酬改定は、診療報酬が＋0.55%とされたがそのうち＋0.08%は消費税財源を活用した救急病院における勤務医の働き方改革への特例的な対応と位置付けられた。一方で薬価等は引き下げられ、全体ではマイナス改定となった。勤務医への働き方改革への対応について、診療報酬として公費126億円程度の他に、地域医療介護総合確保基金として公費143億円程度が設定された。

重点課題としては①医療従事者の負担軽減、医師等の働き方改革の推進、②患者・国民にとって身近であって、安心・安全で質の高い医療の実現、③医療機能の分化、強化、連携と地域包括ケアシステムの推進、④効率化・適正化を通じた精度の安定性・持続可能性の向上の4つが掲げられた(図1-7)。2018(平成30)年度改定の重点課題とは、①と③が入れ替わったことになる。

今回改定の最大の目玉は地域医療体制確保加算(入院初日に520点)が新設されたことである。これは2024(令和6)年までに働き方改革への対応が求められる一環として、救急車搬送年間2,000件以上の実績を有する病院に対して、適切な労務管理、病院勤務医の負担の軽減及び処遇の改善に資する計画の作成を前提に評価したものである。救急に関して

**令和2年度診療報酬改定の基本方針（概要）**

中医協　総－1－1
元．12．11

**改定に当たっての基本認識**

▶ 健康寿命の延伸、人生100年時代に向けた「全世代型社会保障」の実現
▶ 患者・国民に身近な医療の実現
▶ どこに住んでいても適切な医療を安心して受けられる社会の実現、医師等の働き方改革の推進
▶ 社会保障制度の安定性・持続可能性の確保、経済・財政との調和

**改定の基本的視点と具体的方向性**

1　医療従事者の負担軽減、医師等の働き方改革の推進【重点課題】

【具体的方向性の例】
・医師等の長時間労働などの厳しい勤務環境を改善する取組の評価
・地域医療の確保を図る観点から早急に対応が必要な救急医療体制等の評価
・業務の効率化に資するICTの利活用の推進

2　患者・国民にとって身近であって、安心・安全で質の高い医療の実現

【具体的方向性の例】
・かかりつけ機能の評価
・患者にとって必要な情報提供や相談支援、重症化予防の取組、治療と仕事の両立に資する取組等の推進
・アウトカムにも着目した評価の推進
・重点的な対応が求められる分野の適切な評価
・口腔疾患の重症化予防、口腔機能低下への対応の充実、生活の質に配慮した歯科医療の推進
・薬局の対物業務から対人業務への構造的な転換を推進するための所要の評価の重点化と適正化、院内薬剤師業務の評価
・医療におけるICTの利活用

3　医療機能の分化・強化、連携と地域包括ケアシステムの推進

【具体的方向性の例】
・医療機能や患者の状態に応じた入院医療の評価
・外来医療の機能分化
・質の高い在宅医療・訪問看護の確保
・地域包括ケアシステムの推進のための取組

4　効率化・適正化を通じた制度の安定性・持続可能性の向上

【具体的方向性の例】
・後発医薬品やバイオ後続品の使用促進
・費用対効果評価制度の活用
・市場実勢価格を踏まえた適正な評価等
・医療機能や患者の状態に応じた入院医療の評価（再掲）
・外来医療の機能分化、重症化予防の取組の推進（再掲）
・医師・院内薬剤師と薬局薬剤師の協働の取組による医薬品の適正使用の推進

図1-7　2020年度診療報酬改定の基本方針(概要)

は、年間1,000件以上の救急車を受け入れ、救急専任の複数の看護師を配置する場合に救急搬送看護体制加算1（400点）が評価された。また、救急医療管理加算1・2についてそれぞれ50点のプラス評価が行われた一方で、診療報酬摘要欄に入院後3日以内に実施した診療行為や入院時の状態等を記載することになった。当該加算については地域差があることが指摘されており、その解消のための基準設定のデータ収集という見方もできる。

タスク・シェア、タスク・シフトにより働き方改革を推進するために医師事務作業体制加算、看護職員夜間配置加算、急性期看護補助体制加算等も2018年度診療報酬改定に続きさらなる評価が行われた。また、2012（平成24）年に新設され届出病院数は増加するものの点数は不変であった病棟薬剤業務実施加算1について医師の負担軽減を推進する観点から20％の報酬増が行われた。

さらに、医師等の医療従事者の柔軟な働き方に対応する観点から、常勤配置に関する要件及び専従要件の見直しが行われた。具体的には、週3日以上かつ週24時間以上の勤務を行っている複数の非常勤職員を組み合わせた常勤換算であっても配置可能としているものについて、週3日以上かつ週22時間以上の勤務を行っている複数の非常勤職員を組み合わせた常勤換算でも可能となった。病棟薬剤業務実施加算、入退院支援加算についても同様のルールが適用されることになった。

また、医師について、複数の非常勤職員を組み合わせた常勤換算であっても配置可能とする項目に、緩和ケア診療加算、栄養サポートチーム加算、感染防止対策加算等がある。また、外来化学療法の看護師について、非常勤職員でも配置可能となった。専従要件について、専従を求められる業務を実施していない勤務時間において、他の業務に従事できる項目が拡大となった（ウイルス疾患指導料、障害児（者）リハビリテーション料、がん患者リハビリテーション料）。さらに、麻酔管理料Ⅱについて、麻酔を担当する医師の一部の行為を特定行為研修修了看護師が実施した場合も算定できるようになり、診療報酬として新たな一歩を踏み出すことになった。

急性期一般入院基本料における急性期患者の割合としては重症度、医療・看護必要度が引き続き用いられ、評価項目はマイナーチェンジが行われ、基準値も変更された。最も大きな変更点は、2018年度診療報酬改定で加えられた「B14又はB15に該当し、かつ、A得点1点以上かつB得点3点以上」の基準（いわゆる基準②）が削除されたことである。また、A項目の専門的な治療・処置について免疫抑制剤の管理（注射を除く）も外来で実施することが多く、入院医療の評価としては似つかわしくないということで除外された。さらに、救急車搬送後の入院が2日間であったものが5日まで評価されることになった（重症度、医療・看護必要度Ⅰの場合）。特定機能病院入院料（7対1に限る）及び許可病床400床以上で義務化された重症度、医療・看護必要度Ⅱの場合には、救急医療管理加算あるいは夜間休日救急搬送医学管理料を5日間評価することになった。また、B項目については患者の状態等を患者の状態と介助の実施に分けて評価するとともに、根拠となる記録を不要とし、院

内研修の指導者に係る要件について、所定の院外研修を修了したものが行う研修であることが望ましいとの記載が削除され簡素化された。C項目について、入院で実施する割合が9割以上の手術及び検査を追加し、評価日数も延長された。今回改定では、高齢者の緊急入院が多い病院にとっては厳しい内容であり、地域包括ケア病棟の有効活用や医療連携のさらなる強化が求められる。一方で手術が多い病院にとっては追い風と言えるだろう。

「B14又はB15に該当し、かつ、A得点1点以上かつB得点3点以上」の基準が重症度、医療・看護必要度から削除されたことに伴い、認知症ケア加算の医師要件を緩和し、14日以内の点数をプラスし、さらに3段階での評価とした。さらに、せん妄ハイリスク患者ケア加算を新設し、B14・15に該当する認知症・せん妄の対応を重症度、医療・看護必要度でなく、加算で対応する方針が打ち出された。

地域包括ケア病棟についても今後の方向性が示唆された。まず許可病床400床以上では地域包括ケア病棟が新設できないことになるとともに、院内転棟が6割以上の場合に入院料について10％の減算が行われることになった。さらにDPC病棟から地域包括ケア病棟に転棟した場合には、地域包括ケア入院医療管理料との整合性を考慮し、入院期間IIまでは診断群分類点数表に基づき算定することになった。また、地域包括ケア病棟入院料（入院医療管理料）1・3の実績要件が見直され、入退院支援及び地域連携業務を担う部門の設置及び適切な意思決定支援に関する指針（ACP）を定めていることが要件とされた。

地域包括ケア病棟については、特定機能病院、総合入院体制加算1・2及び総合入院体制加算3を2014（平成26）年4月以降に届け出た病院は設置できない。2020年度診療報酬改定では特定機能病院について回復期リハビリテーション病棟の届出ができないことになった。回復期リハビリテーション病棟については、入院料1・3においてアウトカム評価がより厳格化され、療養病棟入院基本料においては、中心静脈カテーテル等の適切な管理を推進する観点からの見直しが行われた。ただし、回復期リハビリテーション病棟及び療養病棟入院基本料の今回改定における見直しの影響は軽微であると予想される。

総合入院体制加算については、機能分化の推進が進まないことが指摘されたことから、地域医療構想調整会議での合意を得た場合に限って、小児科、産科または産婦人科の届出がなくても施設基準を満たしていることになった。

特定集中治療室管理料について2018年度改定で管理料1・2の上位加算にSOFAスコア[*11]の提出が義務付けられたが、管理料3・4にこの範囲が拡大されるとともに、上位加算に該当する管理料1・2の専任看護師は、常勤看護師を2名組み合わせることが可能になった。

データ提出加算については対象がさらに拡大されるとともに、回転率が高くない療養病棟等に配慮し、評価方法を見直し、評価の充実が行われた。

---

＊11：SOFA（sequential organ failure assessment）scoreは、重要臓器の障害度を数値化した指数。呼吸器、凝固系、肝機能、心血管系、中枢神経系、腎機能の6項目について臓器障害の程度を0〜4点の5段階で評価する。

2016年度診療報酬改定でポリファーマシー問題への対応策として評価された薬剤総合評価調整加算については、従来の2種類以上の内服薬の減薬が行われた場合の評価を、①処方の総合的な評価及び調整の取り組み（100点）と、②減薬に至った場合（150点）、に分けた段階的な報酬体系とした。

2018年度で評価された療養・就労両立支援指導料について、がん以外に、脳卒中、肝疾患及び指定難病に対象疾患が拡大され、さらに手続きも簡素化されるようになった。産業医が選任されている事業場に勤務する者だけでなく、総括安全衛生管理者、衛生管理者、安全衛生推進者又は保健師が選任されている事業場に勤務する者も追加された。

最後に外来医療における機能分化をさらに推進するために、2020年度診療報酬改定では、特定機能病院及び従来、許可病床400床以上であった地域医療支援病院に対する初再診時の選定療養費の義務化が一般病床200床以上の地域支援病院に拡大されることになった。これに伴い、紹介率や逆紹介率の低い病院に対する初診料等減算について、対象範囲が拡大された。

## ■（9）2022（令和4）年度診療報酬改定

2022（令和4）年度診療報酬改定は診療報酬が＋0.43％となったが、そのうち看護師等の医療従事者の処遇改善の特例的対応が＋0.2％、不妊治療の保険適用が＋0.2％、リフィル処方箋の活用で－0.1％、小児の感染防止対策に係る加算措置（医科分）の期限到来で－0.1％であり、実質的な財源が乏しい改定であった。

財源なき改定ではあるがコロナ禍で行われたこともあり、感染対策向上加算については非常に手厚い評価が行われた。従来の2区分であった感染防止対策加算が3区分となり、加算1について入院初日に710点と極めて高い点数設定が行われ、新興感染症が発生した際の中核病院を評価し、そこを中心に地域全体の感染対策を行っていこうという趣旨だと考えられる。

さらに2022年度改定では入院医療の分化と連携を推進するために、地域医療構想と入院医療の評価体系の一体化の方向性が示された。図1-8は2018年度改定で示されたもので、図1-9が2022年度改定のものである。真ん中の「急性期〜長期療養」という部分が2022年度改定で「回復期」と明記されていることは注目される。今まで国は「診療報酬は地域医療構想に寄り添っていく」と答弁してきたが、2022年度改定からは地域の事情に配慮しながらも診療報酬で誘導していく意図があることが示されたように感じられる。

2022年度改定では高度急性期への手厚い評価が行われた。ただし、そのハードルは高いところに設定されており、本当の高度急性期病院を選別しようという意図があると考えられる。具体的には全身麻酔件数年間2,000件以上などを実施する病院について急性期充実体制加算が新設され、総合入院体制加算よりも高い点数設定になった。総合的であることを評価すれば機能分化が進まないことにもつながりかねず、今後の新たな高度急性期病

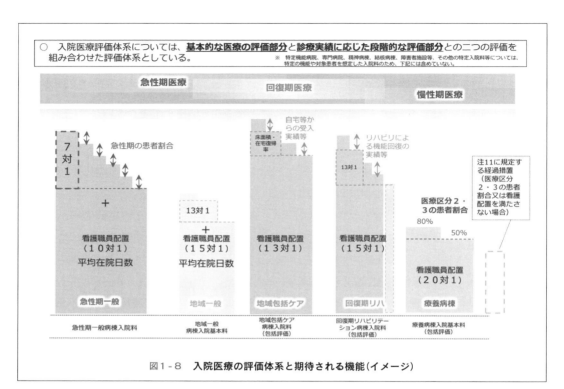

**図1-8　入院医療の評価体系と期待される機能（イメージ）**

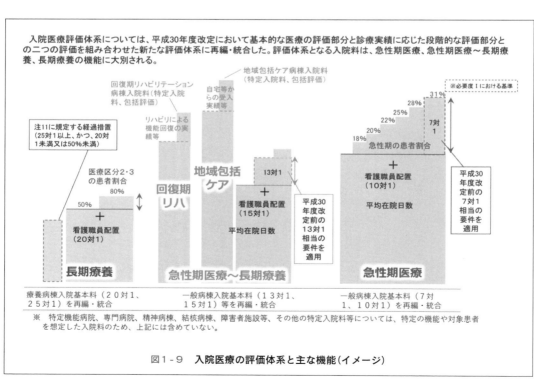

**図1-9　入院医療の評価体系と主な機能（イメージ）**

院のモデルとして急性期充実体制加算は位置づけられるだろう。もちろん急性期充実体制加算でも一定の総合性は求められるが、総合入院体制加算よりも診療実績を評価する色彩が強い。なお、敷地内薬局を有する場合には届出ができず、この点も注目される。さらに、ICUにおいても兼ねてより要望があったECMO（体外式膜型人工肺）実施患者等の14日超えの評価やメディエーターの評価が行われた。コロナで集中治療が活躍した功績が評価されたことが関係している。さらに、重症患者対応体制強化加算が新設され、5年以上、あるいは3年以上などの経験豊富な看護師を複数名配置し、新興感染症発生時には都道府県の要請に基づき出動できること（なお、この2名については2対1のカウント外となる）、専従の臨床工学技士を配置し、特殊な治療法に該当する患者が15％などの要件とされた。急性期充実体制加算の届出が要件となるため、特定機能病院は対象外であり、全国でも届出られる病院は少ないだろう。ICUの病床数を絞り込めば特殊な治療法に該当する患者15％を満たせるかもしれない。しかし、そうすれば減収になるし、そこに手厚い人員配置を行うことは経済的にはマイナスになる可能性もある。ICUを複数有する病院において使い分けを考えることにより届出が可能となるかもしれない。

　回復期的な機能では地域包括ケア病棟の院内転棟の制限が強化された。2020（令和2）年度診療報酬改定において400床以上であった院内転棟6割以上の減算が200床以上となり、満たせない場合には15％の減算となった。特にDPC参加病院において院内転棟が多いことは従来から指摘されてきたことであり、自宅からの入院や他院からの転院などバランスのよい使い方が問われることになる。

　また、療養病棟が地域包括ケア病棟を設置した場合にも減算が行われることになったが、ここでも緊急入院を受け入れるなどがポイントになる。診療密度が比較的高くない救急患者など多様な高齢患者を受け入れるのがこれからの地域包括ケア病棟なのだろう。地域包括ケア病棟は亜急性期病床の流れを汲んでいたこともあり、当初、急性期病棟の隠れ蓑のような使われ方が主流だったが、今後は他院からの転院を含む「直入」が重要になり、その場合には2022年度改定でもプラス評価となり得る。

　回復期リハビリテーション病棟については重症者割合が1割引き上げられ、心大血管リハビリテーションも対象に追加された。また、6区分が5区分に再整理されることとなった。2020年度診療報酬改定において特定機能病院の回復期リハビリテーション病棟の届出が禁止されることになったが、議論が一変し、特定機能病院リハビリテーション病棟入院料が新設されることになった。

　2022年度改定ではかかりつけ医との役割分担が推進され、紹介受診重点医療機関が新設されるなど外来の機能分化推進も強く求められることになった。紹介受診重点医療機関は、手上げ制のため、すでに地域医療支援病院の承認を受ける病院も多いと予想され、必ずしもすぐに届出が増加するわけではないだろう。ただし、紹介率・逆紹介率の基準を満たせない、あるいは集中治療室を持たないなど基準を満たせない病院で、地域の中核的な

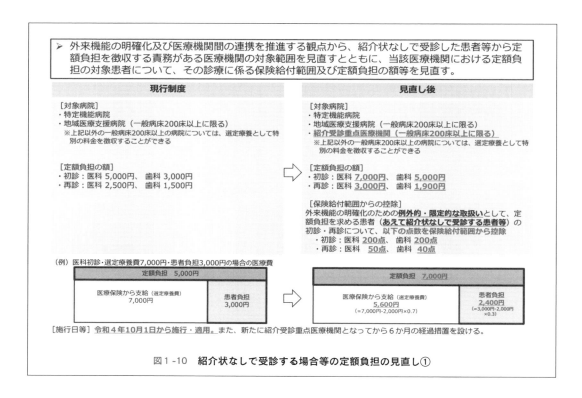

**図1-10　紹介状なしで受診する場合等の定額負担の見直し①**

外来機能を担おうとする一部の病院で届出が行われるかもしれない。

　また、選定療養費についても従来の初診5,000円以上が7,000円以上とされ、その一部（2,000円）は保険給付の範囲を見直す仕組みとなった（図1-10）。この是非について議論はあるかもしれないが、大病院の外来は紹介患者を中心に据え、かかりつけ医との役割分担が求められていることになる。初診・再診とともに選定療養費を徴収しなくてもよい範囲が狭められ、病院としては運用も含め外来のあり方が問われることになる（図1-11）。

　外来については、初診および外来診療料の減算規程で従来の紹介率・逆紹介率から紹介割合・逆紹介割合に計算式が変更されていることは注目される。紹介率・逆紹介率の分母は初診患者であるため、意図的に初診としないなどの運用を行う医療機関も散見され、大切なことは外来延べ患者に対する逆紹介を推進することであり、それが制度としても反映されることになった（図1-12）。

　2022年度改定で拡大されたオンライン診療と新設されたリフィル処方（図1-13）について大病院で安易に取り組めばよいかというと、そうではないと考えている。特にリフィル処方について状態が安定している患者は逆紹介の対象であり、それを徹底することが働き方改革にも沿う方向になるだろう。

　入院・外来の機能分化と連携が進めば、働き方改革にもつながるはずであり、それがさらなる機能分化の進展となっていくことが期待される。2022年度改定は財源に乏しかっ

## 現行制度

[対象患者]
- **初診**：他の病院又は診療所からの紹介状なしで受診した患者
- **再診**：他の病院（病床数200床未満に限る）又は診療所に対して、文書による紹介を行う旨の申出を行ったにもかかわらず、当該医療機関を受診した患者
  ※ 緊急その他やむを得ない事情がある場合には、定額負担を求めてはならない。
  ※ 正当な理由がある場合には、定額負担を求めなくても良い。

**≪定額負担を求めなくても良い場合≫　※初診・再診共通**
① 自施設の他の診療科を受診している患者
② 医科と歯科との間で院内紹介された患者
③ 特定健康診査、がん検診等の結果により精密検査受診の指示を受けた患者
④ 救急医療事業、周産期事業等における休日夜間受診患者
⑤ 外来受診から継続して入院した患者
⑥ 地域に他に当該診療科を標榜する保険医療機関がなく、当該保険医療機関が外来診療を実質的に担っているような診療科を受診する患者
⑦ 治験協力者である患者
⑧ 災害により被害を受けた患者
⑨ 労働災害、公務災害、交通事故、自費診療の患者
⑩ その他、保険医療機関が当該保険医療機関を直接受診する必要性を特に認めた患者

## 見直し後

➤ 定額負担を求めなくても良い場合について、以下のとおり見直す。

[初診の場合]
① 自施設の他の診療科から院内紹介されて受診する患者
② 医科と歯科との間で院内紹介された患者
③ 特定健康診査、がん検診等の結果により精密検査受診の指示を受けた患者
④ 救急医療事業、周産期事業等における休日夜間受診患者
⑤ 外来受診から継続して入院した患者
⑥ 地域に他に当該診療科を標榜する保険医療機関がなく、当該保険医療機関が外来診療を実質的に担っているような診療科を受診する患者
⑦ 治験協力者である患者
⑧ 災害により被害を受けた患者
⑨ 労働災害、公務災害、交通事故、自費診療の患者
⑩ その他、保険医療機関が当該保険医療機関を直接受診する必要性を特に認めた患者（※急を要しない時間外の受診、単なる予約受診等、患者の都合により受診する場合は認められない）

[再診の場合]
~~①　自施設の他の診療科を受診している患者~~
~~②　医科と歯科との間で院内紹介された患者~~
~~③　特定健康診査、がん検診等の結果により精密検査受診の指示を受けた患者~~
① 救急医療事業、周産期事業等における休日夜間受診患者
② 外来受診から継続して入院した患者
~~⑥　地域に他に当該診療科を標榜する保険医療機関がなく、当該保険医療機関が外来診療を実質的に担っているような診療科を受診する患者~~
~~⑦　治験協力者である患者~~
③ 災害により被害を受けた患者
④ 労働災害、公務災害、交通事故、自費診療の患者
⑤ その他、保険医療機関が当該保険医療機関を直接受診する必要性を特に認めた患者（※急を要しない時間外の受診、単なる予約受診等、患者の都合により受診する場合は認められない）

※ 再診の場合、定額負担の対象患者は、他の病院等に対して文書による紹介を行う旨の申出を行ったにもかかわらず、当該医療機関を受診した患者であり、**現行制度における①、②、③、⑥、⑦に該当する場合は想定されないため**、要件から削除。

[施行日等] 令和4年10月1日から施行・適用。

**図1-11　紹介状なしで受診する場合等の定額負担の見直し②**

---

➤ 外来機能の明確化及び医療機関間の連携を推進する観点から、紹介患者・逆紹介患者の受診割合が低い特定機能病院等を紹介状なしで受診した患者等に係る初診料・外来診療料について、
- 対象病院に、一般病床の数が200床以上の紹介受診重点医療機関を追加する。
- 「紹介率」・「逆紹介率」について、以下のとおり、実態に即した算出方法、項目の定義及び基準を見直す。

**【改定後】**　初診料の注2、3　214点　　　　　外来診療料の注2、3　55点
（情報通信機器を用いた初診については186点）

| | 特定機能病院 | 地域医療支援病院<br>（一般病床200床未満を除く） | 紹介受診重点医療機関<br>（一般病床200床未満を除く） | 許可病床400床以上<br>（一般病床200床未満を除く） |
|---|---|---|---|---|
| 減算規定の基準 | 紹介割合50%未満　又は<br>逆紹介割合30‰未満 | | | 紹介割合40%未満　又は<br>逆紹介割合20‰未満 |
| 紹介割合（%） | （紹介患者数＋救急患者数）／初診患者数 × 100 | | | |
| 逆紹介割合（‰） | 逆紹介患者数／（初診＋再診患者数）× 1,000 | | | |
| 初診患者の数 | 医学的に初診といわれる診療行為があった患者の数。以下を**除く**。<br>・救急搬送者、休日又は夜間に受診した患者 | | | |
| 再診患者の数 | 患者の傷病について医学的に初診といわれる診療行為があった患者以外の患者の数。以下を除く。<br>・救急搬送者、休日又は夜間に受診した患者、B005-11遠隔連携診療料又はB011連携強化診療情報提供料を算定している患者 | | | |
| 紹介患者の数 | 他の病院又は診療所から紹介状により紹介された者の数（初診に限る）。<br>・情報通信機器を用いた診療のみを行った場合を除く。 | | | |
| 逆紹介患者の数 | 紹介状により他の病院又は診療所に紹介した患者の数。<br>・B005-11遠隔連携診療料又はB11連携強化診療情報提供料を算定している患者を含む。<br>・情報通信機器を用いた診療のみ行い、他院に紹介した患者を除く。 | | | |
| 救急搬送者の数 | 地方公共団体又は医療機関に所属する救急自動車により搬送された初診の患者の数。 | | | |

**図1-12　初診料および外来診療料における紹介・逆紹介割合に基づく減算規定の見直し①**

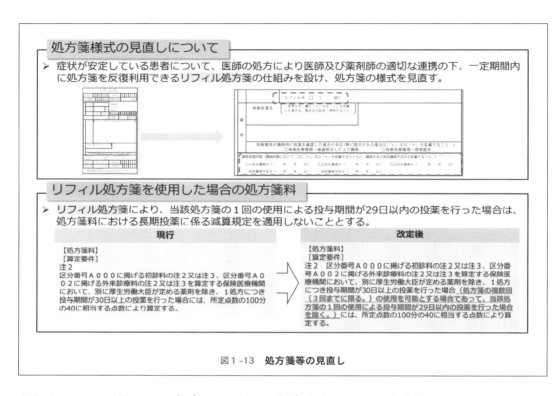

図1-13　処方箋等の見直し

たため、ここ2回の2018年度および2020年度改定のように看護補助者に対して非常に手厚い評価を行うことはできず、5点のプラス評価であった。一方で、医師事務作業補助体制加算については外来または病棟で8割という基準から当該医療機関で3年以上の経験を有する者を5割以上と、経験年数が問われることになった。仮に加算2でも従来の加算1よりも高い点数であるため、補助者の有効活用のためにもまずは定着が重要だということなのだろう。

　個別項目では救急医療管理加算は1・2ともにさらなる評価が行われ、コロナ禍で救急医療を頑張って支えてきた二次救急医療機関に対する評価が行われた。また、入退院支援加算1についてもプラス100点と財源なき改定とは言いながらも一定のメリハリのある刺激的内容だったと考える。

| column ② | 中医協 |
|---|---|

　診療報酬の改定について議論される場である中医協[*12]においては様々な利害が絡む。自らの母体となる組織に対して有利な発言が繰り返されることは想像に難くない。中医協が診療報酬という巨額のお金の配分に関する実質的な決定機関であることから、政治と金を巡る問題が明るみになった事件も存在する。2002（平成14）年度診療報酬改定に際して、日本歯科医師会が中医協の委員に対して賄賂を贈り、「かかりつけ歯科医初診料」の算定要件緩和等に関して日本歯科医師会に有利な発言をするよう仕向けたという事件が明るみにでた。この事件は中医協の信頼性を大きく損なうものであった。そこで、「中医協の在り方に関する有識者会議」という第三者機関が設置された。当該会議での議論により、中医協の権限が縮小され、政府が診療報酬改定の基本方針を策定し、中医協は政府が定めた基本方針に沿ってその範囲内で価格等の検討を行う機能に限定された。また、委員構成も変更され、公益委員を全体の過半数にすることや、関係団体への委員推薦依頼（推薦枠）の廃止、委員任期は2年4期が上限とされた。これにともない診療側委員7名、支払側委員7名、公益委員6名の合計20名に変更された（図1-14）。

| 支払側委員（7名） | 診療側委員（7名） | 公益委員（6名） |
|---|---|---|
| ■安藤伸樹（全国健康保険協会理事長）<br>■松本真人（健康保険組合連合会理事）<br>■佐保昌一（日本労働組合総連合会総合政策推進局長）<br>■間宮　清（日本労働組合総連合会「患者本位の医療を確立する連絡会」委員）<br>■眞田　享（日本経済団体連合会社会保障委員会医療・介護改革部会部会長代理）<br>■鈴木順三（全日本海員組合総務局長）<br>■末松則子（三重県鈴鹿市長） | ■城守国斗（日本医師会常任理事）<br>■長島公之（日本医師会常任理事）<br>■江澤和彦（日本医師会常任理事）<br>■池端幸彦（日本慢性期医療協会副会長）<br>■島　弘志（日本病院会副会長）<br>■林　正純（日本歯科医師会常務理事）<br>■有澤賢二（日本薬剤師会常務理事） | ■秋山美紀（慶應義塾大学環境情報学部教授）<br>■飯塚敏晃（東京大学大学院経済学研究科教授）<br>■小塩隆士（一橋大学経済研究所教授）◎<br>■関ふ佐子（横浜国立大学大学院国際社会科学研究院教授）<br>■永瀬伸子（お茶の水女子大学基幹研究院人間科学系教授）<br>■中村　洋（慶應義塾大学大学院経営管理研究科教授） |

敬称略。2022（令和4）年1月21日現在
◎印：会長

図1-14　**中医協メンバー**

[*12]：中央社会保険医療協議会のことであり、厚生労働大臣の諮問機関である。診療報酬や療養担当規則に関して厚生労働大臣の諮問に応じて審議・答申等を行う。

# ③ 医療経済実態調査

　医療経済実態調査は、病院、一般診療所及び歯科診療所等の経営実態を明らかにし、診療報酬改定の基礎資料を整備することを目的に診療報酬改定の前年に厚生労働省が実施するものである。一般病院の場合には３分の１がサンプル抽出され、2021（令和３）年に実施された第23回調査では調査対象施設2,305のうち年度有効回答率は61.9％であり、第22回調査の53.3％をコロナ禍にもかかわらず上回った。なお、特定機能病院はすべての施設が調査対象となっており、87病院に対して年度有効回答率97.7％（前回100％）、有効回答率95.4％（前回97.6％）という結果であった。

　病院機能別の損益差額（特別な補助金を入れない利益率のような概念）をみると特定機能病院は大幅なマイナスであり、DPC対象病院も同様の傾向があるのに対して、療養病棟入院基本料１ではプラスであった（表１-１）。我が国の医療で急性期は儲からないということを意味するのであろう。しかし、地域医療構想では皆が急性期機能を維持することに拘る。赤字でもやりたいのが急性期医療ともいえる。だとすれば、国も財源の制約がある中で、今後も急性期に手厚い診療報酬改定を期待することは難しいのかもしれない。

　図１-15は、福祉医療機構の「2018年度 病院経営の状況について」から一般病院と療養型の病院の医業利益率をみたものであり、ここから療養型病院の財務状況がよいことがわかる。医療経済実態調査とは数値は異なっているものの、全般的な傾向は同様であるといえるだろう。医療経済実態調査は全国のサンプルデータであるのに対して、福祉医療機構は金融機関であり貸付先のデータであるという違いがある。財務状況が一定水準であるからこそ、貸し付けができているという見方もできる。

　とはいえ、やはり療養型の収益性は良好のようだ。ただ、このことだけをもって療養型に転換すれば収益性が優れると即断することはできない。療養型病院の経営が上手なのかもしれないし、医業収益に占める割合が多い給与費比率の内訳である給与水準が低いということすらありえる。詳細は個別病院の決算書を取り寄せて分析をしつくしてもわからない部分があることは仕方がない。ただ、調査対象ｎ数が一般病院577、療養型病院378とそれなりのサンプル数であることから一定の傾向は示しているだろう。

　同様のことを2018年度の医療経済実態調査でみると療養病床を有しない一般病院全体で損益差額が-3.1％であり、療養病床60％以上の一般病院で4.1％となっていた。

　ただし、一般病院や療養型病院といっても、回復期リハビリテーション病棟や地域包括

表1-1　病院機能別収支状況

| 特定機能病院 | | | | | | | | |
|---|---|---|---|---|---|---|---|---|
| | 平成25年度 | 平成26年度 | 平成27年度 | 平成28年度 | 平成29年度 | 平成30年度 | 令和元年度 | 令和2年度 |
| 給与費（対収益） | 44.8% | 45.5% | 42.7% | 42.7% | 42.6% | 42.4% | 41.1% | 43.2% |
| 医薬品費（対収益） | 22.2% | 23.0% | 24.4% | 24.4% | 24.6% | 25.2% | 26.4% | 27.0% |
| 材料費（対収益） | 14.1% | 14.4% | 14.1% | 14.1% | 14.6% | 14.6% | 14.6% | 14.7% |
| 委託費（対収益） | 6.8% | 7.0% | 7.0% | 7.0% | 7.0% | 7.1% | 7.2% | 7.8% |
| 減価償却費（対収益） | 8.8% | 9.0% | 8.5% | 8.3% | 8.1% | 7.9% | 7.4% | 7.7% |
| その他 | 9.6% | 9.7% | 9.6% | 9.2% | 8.9% | 8.9% | 8.9% | 9.4% |
| 損益差額（対収益） | -6.4% | -8.5% | -6.2% | -5.8% | -5.7% | -6.0% | -5.6% | -9.7%　-2.8% |
| 100床当たり医業収益（千円） | 3,089,205 | 3,161,959 | 3,337,040 | 3,416,853 | 3,572,062 | 3,695,846 | 3,877,150 | 3,765,449 |
| 給与費＋医薬品材料費比率 | 81.1% | 82.9% | 81.2% | 81.2% | 81.7% | 82.2% | 82.1% | 84.9% |

| DPC対象病院 | | | | | | | | |
|---|---|---|---|---|---|---|---|---|
| | 平成25年度 | 平成26年度 | 平成27年度 | 平成28年度 | 平成29年度 | 平成30年度 | 令和元年度 | 令和2年度 |
| 給与費（対収益） | 52.2% | 53.2% | 53.3% | 54.2% | 53.7% | 53.5% | 53.3% | 56.1% |
| 医薬品費（対収益） | 15.0% | 14.9% | 15.3% | 14.9% | 14.0% | 14.0% | 14.8% | 14.9% |
| 材料費（対収益） | 11.2% | 11.4% | 11.1% | 11.2% | 11.5% | 11.3% | 11.8% | 12.0% |
| 委託費（対収益） | 6.5% | 6.6% | 6.7% | 6.7% | 6.7% | 6.7% | 7.0% | 7.6% |
| 減価償却費（対収益） | 6.3% | 6.6% | 6.7% | 6.6% | 6.2% | 6.0% | 6.0% | 6.1% |
| その他 | 10.4% | 10.6% | 10.8% | 10.7% | 11.2% | 11.2% | 10.8% | 11.4% |
| 損益差額（対収益） | -1.6% | -3.3% | -3.9% | -4.4% | -3.2% | -2.8% | -3.7% | -8.1%　1.4% |
| 100床当たり医業収益（千円） | 2,340,483 | 2,376,503 | 2,330,695 | 2,342,019 | 2,489,830 | 2,548,598 | 2,552,967 | 2,479,468 |
| 給与費＋医薬品材料費比率 | 78.4% | 79.5% | 79.7% | 80.3% | 79.1% | 78.8% | 79.9% | 83.0% |

| 療養病棟入院基本料1 | | | | | | | | |
|---|---|---|---|---|---|---|---|---|
| | 平成25年度 | 平成26年度 | 平成27年度 | 平成28年度 | 平成29年度 | 平成30年度 | 令和元年度 | 令和2年度 |
| 給与費（対収益） | 59.7% | 60.0% | 58.2% | 58.9% | 59.4% | 59.6% | 60.4% | 61.4% |
| 医薬品費（対収益） | 8.2% | 7.9% | 8.7% | 8.4% | 8.8% | 8.6% | 7.0% | 6.6% |
| 材料費（対収益） | 5.7% | 5.7% | 6.8% | 6.7% | 7.6% | 7.6% | 6.3% | 6.5% |
| 委託費（対収益） | 5.8% | 5.8% | 5.5% | 5.5% | 5.4% | 5.4% | 6.1% | 6.4% |
| 減価償却費（対収益） | 4.4% | 4.5% | 4.5% | 4.4% | 4.2% | 4.1% | 4.5% | 4.5% |
| その他 | 13.8% | 13.8% | 13.7% | 13.7% | 13.2% | 13.2% | 13.7% | 13.6% |
| 損益差額（対収益） | 2.4% | 2.3% | 2.6% | 2.4% | 1.3% | 1.5% | 2.1% | 1.0%　2.6% |
| 100床当たり医業収益（千円） | 1,027,172 | 1,049,103 | 1,153,779 | 1,157,058 | 1,118,466 | 1,147,697 | 1,059,150 | 1,071,869 |
| 給与費＋医薬品材料費比率 | 73.6% | 73.6% | 73.7% | 74.0% | 75.8% | 75.7% | 73.7% | 74.5% |

新型コロナウイルス感染症関連の補助金
（従業員向け医療金を除く）を含めた場合

（※）厚生労働省　医療経済実態調査に基づき作成。

ケア病棟を併設するケースも多いことから、それらを有する病院の医業利益率をみたものが図1-16になる。ここから、回復期リハビリテーション病棟の収益性が特に優れており、急速に広まっている地域包括ケア病棟も一定水準を維持していることがわかる。なお、医療経済実態調査では回復期リハビリテーション病棟や地域包括ケア病棟は現状では調査対象になっていない。

　これらは回復期リハビリテーション病棟や地域包括ケア病棟が地域で不足する機能であるため、点数設定が有利であるということかもしれないし、そもそも需要があるなどの理由で稼働率が上がりやすいという特性を有している可能性もある。

　病棟機能をみる際に最も参考になるのは患者1人1日当たりの医業収益、つまり入院診療単価である。高単価であることが儲かるわけではないのだが、高度な急性期機能を有するほど入院診療単価は高くなる。入院診療単価は、手術と平均在院日数が及ぼす影響が極めて大きいからである。つまり、入院診療単価を高めたいのであれば、手術をたくさん実施し、その患者を早く退院させることが重要になり、それが急性期らしい生き方だろう。

　図1-17は一般病院と療養型病院の入院診療単価をみたものであり、入院診療単価は一般の方が約2倍高くなっている。さらに図1-18は、回復期リハビリテーション病棟・地域包括ケア病棟の入院料別の入院診療単価であり、一般病院からみると入院診療単価では

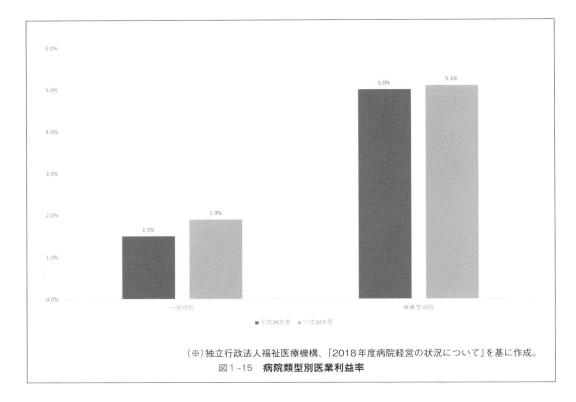

（※）独立行政法人福祉医療機構、「2018年度病院経営の状況について」を基に作成。

図1-15　**病院類型別医業利益率**

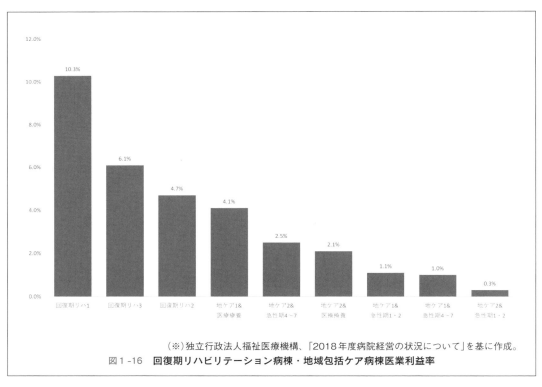

（※）独立行政法人福祉医療機構、「2018年度病院経営の状況について」を基に作成。

図1-16　**回復期リハビリテーション病棟・地域包括ケア病棟医業利益率**

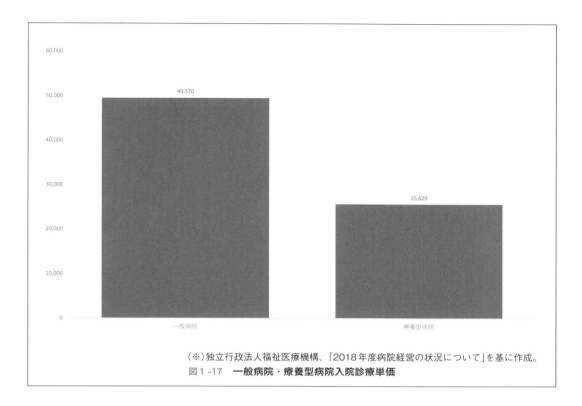

（※）独立行政法人福祉医療機構、「2018年度病院経営の状況について」を基に作成。

図1-17　一般病院・療養型病院入院診療単価

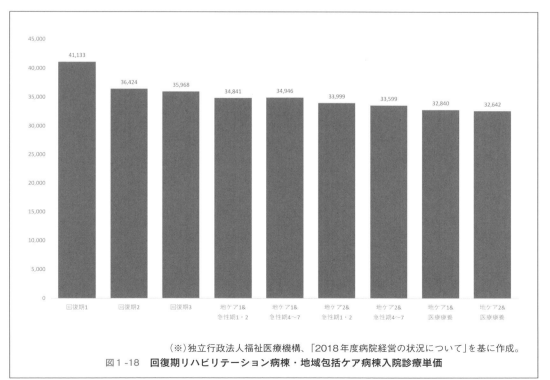

（※）独立行政法人福祉医療機構、「2018年度病院経営の状況について」を基に作成。

図1-18　回復期リハビリテーション病棟・地域包括ケア病棟入院診療単価

見劣りする結果だ。このことをさらに深掘りするために、各病棟機能別の入院診療単価の内訳をみたものが図1-19になる。なお、一般病院については入院診療単価が5万円程度の病院を想定したものであり、入院料や特定入院料、診療科構成によって単価に与える影響は異なる。ただ、入院診療単価5万円のうち約60%は入院料で、手術料が約25%、その他出来高が残りになる。急性期病棟で8～9万円などの高単価の病院は手術料部分が占める割合が多くなり、高単価病院は結果として材料費比率も高くなる傾向がある。

　一方でほどほどの入院診療単価である回復期リハビリテーション病棟について入院料部分は急性期病棟と比べると少なく、入院料よりもその他出来高収入が多くを占めている。この多くはリハビリテーション関連の収入であり、特に脳血管疾患リハビリテーションが多い病院は高単価で、なおかつアウトカム評価という点でも好成績であることが多い。リハビリテーション・セラピストの人件費を上回る収入が上がることが一般的であることから、材料費比率が急性期よりも少なくなる回復期リハビリテーション病棟の収益性が最も優れていることは頷ける結果である。

　では、地域包括ケア病棟ではどうだろうか。回復期リハビリテーション病棟とは入院診療単価の内訳が大きく異なっている。地域包括ケア病棟では白内障など手術患者が一部入棟することもあり手術料が計上されるものの、リハビリテーション料が包括範囲となるためその構成が異なっている。回復期リハビリテーション病棟と地域包括ケア病棟のいずれ

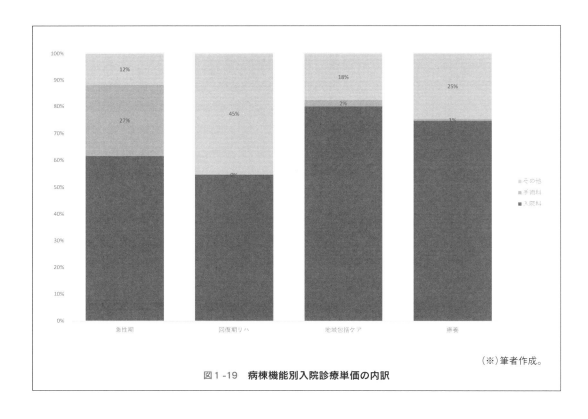

（※）筆者作成。

**図1-19　病棟機能別入院診療単価の内訳**

を選択するかは、疾患特性、リハビリテーションの提供単位数、急性期充実体制加算届出の有無、総合入院体制加算との絡み（総合入院体制加算Ⅰ・Ⅱ及び総合入院体制加算Ⅲを2014年4月以降に届け出た場合には地域包括ケア病棟を設置できない）などいくつかの要素があり、自院に適した病棟構成が望ましいだろう。

　最後に療養病棟も入院料部分が占める割合が非常に多いが、看護師配置が20対1以上であり、都会か田舎かなど地域特性も関係しているが、全般的には在院日数が長いため稼働率が上がりやすい傾向にあるため、収益性が高いのだろう。もちろん、療養病棟入院基本料1の場合には医療区分2・3の割合が80％以上であり、病院として大変な努力をしていることも良好な財務状況につながっているといえる。

　図1-20は、医療経済実態調査から特定機能病院の財務状況について2013（平成25）年度の基準とした伸び率をみたものである。ここから、医業収益は確かに増加しているが、それをはるかに上回る勢いで医薬品・材料費比率が上昇しているということだ。これは高額な抗がん剤等の影響であり、急性期医療を提供しようとすれば多くはこのような状況に陥る。患者に最善の医療を提供するために、新しい薬を使わない選択肢はないものの、それらは値引き率が悪く、さらに消費税負担も生じる。もちろん、医業収益も増加しているのだが、医薬品費の伸び率はそれを上回っている。特に2020（令和2）年度について医業収益は減少したにもかかわらず、医薬品費は減少せずほぼ横ばいであった。材料費の多くは手術等に関わる診療材料費であり、こちらは2020年度のコロナ禍での予定手術の制限

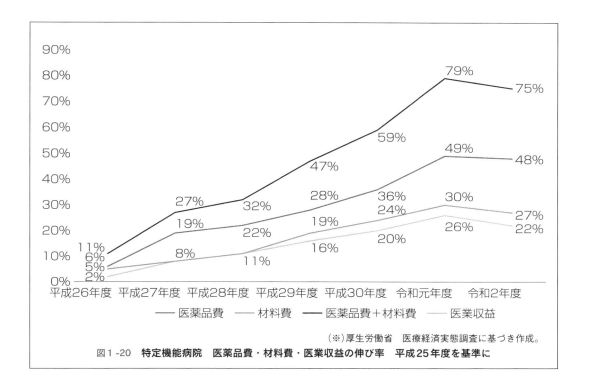

（※）厚生労働省　医療経済実態調査に基づき作成。

図1-20　特定機能病院　医薬品費・材料費・医業収益の伸び率　平成25年度を基準に

などにより減少しているものの、医薬品費は減少していない。今後も急性期病院において
は増収減益というトレンドが続くことが予想される。

　医薬品・材料費、さらに減価償却費などモノへの依存度が高くなるのが急性期医療であ
り、そのことが業績を悪化させている。それでも皆が急性期に拘るから、そこに手厚い報
酬は期待することが難しい。そして何よりも大切なことは機能に見合った患者が獲得でき
るかどうかだ。やりたいことを優先するばかりでなく、地域で求められる機能に転換して
いくことが財務的にも好業績につながっていくことだろう。

# ❹ 医療における消費税問題

　消費税問題が病院、特に急性期病院経営を逼迫させてきた。保険診療部分について、消費税は非課税とされており、患者から消費税を受け取ることはない。一方で、医療機関や調剤薬局が医薬品や診療材料を購入したり、外部委託する際には消費税を支払うことになる。

　2014（平成26）年に消費税率が5％から8％に引き上げられた際に、初再診料や入院料といった基本診療料で補填された。個別項目は診療報酬の改定等で廃止されることもあるわけだから政策的にはこのような補填のあり方は妥当だといえるだろう。当初、厚生労働省は消費税の補填率について一般病院全体では101.25％、精神科病院では134.47％、特定機能病院では98.09％、こども病院では95.39％と公表してきた。

　しかし、2018（平成30）年7月に再度調査したところ、データに誤りがあることが明らかになった。複数月にまたがる入院について入院日数を重複してカウントしており、入院料が過大計上されており、入院料に上乗せされた消費税対応部分が大きくなっていたという。

　結果、補填率は**表1-2**および**表1-3**に示すように、2016（平成28）年度は85.0％であり、さらに病院機能別等では特定機能病院は61.7％、精神科病院では129.0％であるのに対して、一般診療所は111.2％であった。病院、特に特定機能病院のような高度医療を提供する施設では、初再診料や入院料よりも手術料などのウェイトが多く、手術をすれば多額の診療材料が必要になるため補填不足が生じるのはある意味当然のことといえるだろう。一方で診療所については、初再診が収入で一定の比率になるため、そこで補填されることはプラスに作用することになる。もちろん、診療所でも透析クリニックや眼科で日帰り手術などを実施する場合には補填不足が生じるケースはでてくるだろう。

　さらに開設主体別では、医療法人は92.6％なのに対して、自治体病院が69.5％と補填率が低い傾向にあった（**表1-4**）。自治体病院では総定員法などの影響もあり、職員数を増加させづらいため、外部委託が行われ、そこに消費税がかかることが関係しているのだろう。さらに、民間病院はケアミックス化したり、必ずしも急性期に拘らないが、自治体病院では急性期志向が非常に強いことも関係している。

　2019（令和元）年10月に消費税率が10％になったわけだが、補填率が異なっていることが判明したため、2014年度改定の消費税対応分をリセットし、1度もとに戻したうえで、

表1-2　2016年度 補てん状況把握結果①【全体】

(1施設・1年間当たり)

| | 病院 | 一般診療所 | 歯科診療所 | 保険薬局 |
|---|---|---|---|---|
| 報酬上乗せ分<br>（A） | 17,860千円 | 818千円 | 374千円 | 263千円 |
| 3％相当負担額<br>（B） | 21,005千円 | 736千円 | 406千円 | 297千円 |
| 補てん差額<br>（A－B） | ▲3,145千円 | 82千円 | ▲31千円 | ▲35千円 |
| 補てん率<br>（A/B） | 85.0％ | 111.2％ | 92.3％ | 88.3％ |
| 医業・介護収益<br>（C） | 2,964,340千円 | 132,220千円 | 52,879千円 | 165,676千円 |
| 医業・介護収益に対する補てん差額の<br>割合((A－B)/C) | ▲0.11％ | 0.06％ | ▲0.06％ | ▲0.02％ |
| 集計施設数 | （994） | （1,252） | （448） | （900） |

※　上記はサンプル調査の結果であり、これによって全体の姿を正確に表すことは困難であるが、仮に病院、一般診療所、歯科診療所、保険薬局の補てん率（医療経済実態調査による消費税支出に対するNDBデータによる補てん点数の比率）から全体の補てん率を推計すると、約92.5％（医業・介護収益に対する補てん差額の割合▲0.05％）となる。

（※）第16回医療機関等における消費税負担に関する分科会資料。

表1-3　2016年度 補てん状況把握結果②-1【病院】

○　病院全体としての補てん率は、85.0％であった。
○　一般病院は85.4％、精神科病院は129.0％、特定機能病院は61.7％、こども病院は71.6％であった。

(1施設・1年間当たり)

| | 病院全体 | 一般病院 | 精神科病院 | 特定機能病院 | こども病院 |
|---|---|---|---|---|---|
| 報酬上乗せ分<br>（A） | 17,860千円 | 16,865千円 | 12,667千円 | 148,716千円 | 79,688千円 |
| 3％相当負担額<br>（B） | 21,005千円 | 19,739千円 | 9,820千円 | 241,114千円 | 111,307千円 |
| 補てん差額<br>（A－B） | ▲3,145千円 | ▲2,874千円 | 2,847千円 | ▲92,398千円 | ▲31,619千円 |
| 補てん率<br>（A/B） | 85.0％ | 85.4％ | 129.0％ | 61.7％ | 71.6％ |
| 医業・介護収益<br>（C） | 2,964,340千円 | 2,844,417千円 | 1,473,927千円 | 28,686,225千円 | 13,186,547千円 |
| 医業・介護収益に対する補てん<br>差額の割合（A－B)/C) | ▲0.11％ | ▲0.10％ | 0.19％ | ▲0.32％ | ▲0.24％ |
| 集計施設数 | （994） | （785） | 121 | 68 | 20 |
| 平均病床数 | （248） | （194） | 237 | 839 | 455 |

※　病院全体、一般病院の値は、施設の類型別に算出した値を、全国施設数（平成28年度医療施設調査）に応じて加重平均したもの。

（※）第16回医療機関等における消費税負担に関する分科会資料。

表1-4　2016年度 補てん状況把握結果④【一般病院：開設主体別】

○　一般病院の開設主体別の補てん率を見ると、医療法人は92.6%、国立は84.7%、公立は69.5%、国公立除くでは91.1%であった。

（1施設・1年間当たり）

| | 一般病院全体 | 医療法人 | 国立 | 公立 | 国公立除く |
|---|---|---|---|---|---|
| 報酬上乗せ分（A） | 16,865千円 | 11,497千円 | 35,789千円 | 29,041千円 | 15,885千円 |
| 3%相当負担額（B） | 19,739千円 | 12,419千円 | 42,270千円 | 41,784千円 | 17,436千円 |
| 補てん差額（A−B） | ▲2,874千円 | ▲922千円 | ▲6,481千円 | ▲12,743千円 | ▲1,551千円 |
| 補てん率（A/B） | 85.4% | 92.6% | 84.7% | 69.5% | 91.1% |
| 医業・介護収益（C） | 2,844,417千円 | 1,894,288千円 | 6,098,915千円 | 5,082,443千円 | 2,661,392千円 |
| 医業・介護収益に対する補てん差額の割合((A−B)/C) | ▲0.10% | ▲0.05% | ▲0.11% | ▲0.25% | ▲0.06% |
| 集計施設数 | （785） | 448 | 40 | 138 | 607 |
| 平均病床数 | （194） | 150 | 350 | 247 | 171 |

※　一般病院全体の値は、施設の類型別に算出した値を、施設数に応じて加重平均したもの。

（※）第16回医療機関等における消費税負担に関する分科会資料。

５％から10％に対応する点数設定を行うこととなった。引き上げの対象になるのは従来と同様に初再診料や入院基本料、特定入院料などの基本診療料となる。

　引き上げ率については、初再診料等が5.5%、急性期一般入院基本料が4.8%、地域一般入院基本料が4.0%（回復期リハビリテーション病棟及び地域包括ケア病棟も同様）、療養病棟入院基本料が1.5%、特定機能病院入院基本料が8.8%、特定集中治療室管理料管理料が4.8%ということになった（図1-21、図1-22）。これにより従来の補填不足を解消しようという狙いがある。

　ただ、従来の７対１、10対１入院基本料に相当する急性期一般入院基本料の補填率が全て同じで適切な対応ができるだろうか。医療経済実態調査との整合性を考慮しての対応であろうが、７対１相当の病院であっても、入院診療単価は５万円から９万円程度まで差がある。高単価の病院は在院日数が短く、積極的に手術を実施するから単価が高くなる。診療科にもよるが、特に循環器系や整形外科では多額の材料費がかかり、そこに消費税問題が出現する。ある患者に対する材料費等の医療資源投入量は一定であることからすれば、在院日数を短くするほど材料費比率が上がるという矛盾が発生するのも事実だ。もちろん在院日数を短縮することによってDPC/PDPSの効率性係数が上昇するなどのインセンティブもあるが、１日早く帰せばDPC/PDPSの診断群分類ごとの平均在院日数である入院期間Ⅱを超えたところで約３万円の報酬を失うのも事実だ。だからといって在院日数を延長させれば、重症度、医療・看護必要度は下がるし、急性期らしさには欠けていくわけ

○　前頁と同様の手法を用いて、分類II～IVに該当する入院基本料と特定入院料についても、上乗せ率が算出できる。分類I～IVの上乗せ率は以下の通り。

○　なお、一般病棟入院基本料については、今回の改定においては急性期一般入院料1～7又は地域一般入院料1～3についての上乗せ率となる点に留意。

○　また、実際の配点においては、点数を整数化する等の調整により、上乗せ率が本資料で示された数値と若干異なる可能性がある点にも留意。

**急性期一般入院料 & 特定入院料(分類I)**

| 収入 | 上乗せ率 | 収入に占めるシェア | 補てん面積 |
|---|---|---|---|
| 初・再診料 | 5.5% | 1.8% | 0.00097 |
| 入院基本料 特定入院料(分類I) | 4.8% | 21.8% | 0.01051 |
| その他の特定入院料 | | 2.7% | 0.00132 |
| 合計 | — | 26.4% | 0.01281 |

| 費用 | 消費税率増加分 | 課税経費率 | 負担面積 |
|---|---|---|---|
| 給食材料費 | 3/105 | 0.6% | 0.00018 |
| その他の課税経費 | 5/105 | 26.5% | 0.01263 |
| 合計 | | 27.1% | 0.01281 |

**地域一般入院料 & 特定入院料(分類II)**

| 収入 | 上乗せ率 | 収入に占めるシェア | 補てん面積 |
|---|---|---|---|
| 初・再診料 | 5.5% | 2.4% | 0.00134 |
| 入院基本料 特定入院料(分類II) | 4.0% | 24.7% | 0.00933 |
| その他の特定入院料 | | 3.8% | 0.00153 |
| 合計 | — | 30.9% | 0.01281 |

| 費用 | 消費税率増加分 | 課税経費率 | 負担面積 |
|---|---|---|---|
| 給食材料費 | 3/105 | 0.6% | 0.00018 |
| その他の課税経費 | 5/105 | 26.5% | 0.01263 |
| 合計 | | 27.1% | 0.01281 |

**精神病棟入院基本料(10対1・13対1) & 特定入院料(分類III)**

| 収入 | 上乗せ率 | 収入に占めるシェア | 補てん面積 |
|---|---|---|---|
| 初・再診料 | 5.5% | 1.1% | 0.00058 |
| 入院基本料 特定入院料(分類III) | 2.6% | 27.3% | 0.00721 |
| その他の特定入院料 | | 11.9% | 0.00313 |
| 合計 | — | 40.2% | 0.01092 |

| 費用 | 消費税率増加分 | 課税経費率 | 負担面積 |
|---|---|---|---|
| 給食材料費 | 3/105 | 3.3% | 0.00094 |
| その他の課税経費 | 5/105 | 21.0% | 0.00998 |
| 合計 | | 24.3% | 0.01092 |

**精神病棟入院基本料(15対1以下) & 特定入院料(分類IV)**

| 収入 | 上乗せ率 | 収入に占めるシェア | 補てん面積 |
|---|---|---|---|
| 初・再診料 | 5.5% | 1.0% | 0.00053 |
| 入院基本料 特定入院料(分類IV) | 2.2% | 40.8% | 0.00876 |
| その他の特定入院料 | | 7.6% | 0.00163 |
| 合計 | — | 49.3% | 0.01092 |

| 費用 | 消費税率増加分 | 課税経費率 | 負担面積 |
|---|---|---|---|
| 給食材料費 | 3/105 | 3.3% | 0.00094 |
| その他の課税経費 | 5/105 | 21.0% | 0.00998 |
| 合計 | | 24.3% | 0.01092 |

※四捨五入の関係で各数値の内訳と合計の表記が一致しない場合有り。

**図1-21　入院基本料・特定入院料の配点について**

○　特定入院料4分類の上乗せ率が全て決まると、4分類以外の残る入院基本料について上乗せ率の算出が自動的に可能となる。

○　なお、実際の配点においては、点数を整数化する等の調整により、上乗せ率が本資料で示された数値と若干異なる可能性がある点には留意。

**急性期・地域一般入院料(※1)**

| 収入 | 上乗せ率 | 収入シェア | 補てん面積 |
|---|---|---|---|
| 初・再診料 | 5.5% | 1.8% | 0.00099 |
| 入院基本料 | 4.9% | 17.7% | 0.00868 |
| 特定入院料(I) | 4.8% | 4.0% | 0.00200 |
| 特定入院料(II) | 4.0% | 2.7% | 0.00109 |
| 特定入院料(III) | 2.6% | 0.1% | 0.00000 |
| 特定入院料(IV) | 2.2% | 0.1% | 0.00002 |
| 合計 | — | 26.5% | 0.01281 |

| 費用 | 消費税率増加分 | 課税経費率 | 負担面積 |
|---|---|---|---|
| 給食材料費 | 3/105 | 0.6% | 0.00018 |
| その他の課税経費 | 5/105 | 26.5% | 0.01263 |
| 合計 | | 27.1% | 0.01281 |

**療養病棟入院基本料**

| 収入 | 上乗せ率 | 収入シェア | 補てん面積 |
|---|---|---|---|
| 初・再診料 | 5.5% | 1.4% | 0.00075 |
| 入院基本料 | 1.5% | 42.8% | 0.00627 |
| 特定入院料(I) | 4.8% | 0.9% | 0.00041 |
| 特定入院料(II) | 4.0% | 7.6% | 0.00306 |
| 特定入院料(III) | 2.6% | 0.0% | 0.00000 |
| 特定入院料(IV) | 2.2% | 0.0% | 0.00000 |
| 合計 | — | 52.6% | 0.01049 |

| 費用 | 消費税率増加分 | 課税経費率 | 負担面積 |
|---|---|---|---|
| 給食材料費 | 3/105 | 0.6% | 0.00043 |
| その他の課税経費 | 5/105 | 21.1% | 0.01005 |
| 合計 | | 22.6% | 0.01049 |

**精神病棟入院基本料(※2)**

| 収入 | 上乗せ率 | 収入シェア | 補てん面積 |
|---|---|---|---|
| 初・再診料 | 5.5% | 1.0% | 0.00053 |
| 入院基本料 | 1.9% | 20.0% | 0.00383 |
| 特定入院料(I) | 4.8% | 0.5% | 0.00022 |
| 特定入院料(II) | 4.0% | 0.0% | 0.00000 |
| 特定入院料(III) | 2.6% | 7.1% | 0.00188 |
| 特定入院料(IV) | 2.2% | 20.8% | 0.00446 |
| 合計 | — | 49.3% | 0.01092 |

| 費用 | 消費税率増加分 | 課税経費率 | 負担面積 |
|---|---|---|---|
| 給食材料費 | 3/105 | 3.3% | 0.00094 |
| その他の課税経費 | 5/105 | 21.0% | 0.00998 |
| 合計 | | 24.3% | 0.01092 |

**特定機能病院入院基本料**

| 収入 | 上乗せ率 | 収入シェア | 補てん面積 |
|---|---|---|---|
| 初・再診料 | 5.5% | 1.0% | 0.00055 |
| 入院基本料 | 8.8% | 13.3% | 0.01171 |
| 特定入院料(I) | 4.8% | 4.6% | 0.00224 |
| 特定入院料(II) | 4.0% | 0.0% | 0.00001 |
| 特定入院料(III) | 2.6% | 0.1% | 0.00002 |
| 特定入院料(IV) | 2.2% | 0.0% | 0.00000 |
| 合計 | — | 19.0% | 0.01452 |

| 費用 | 消費税率増加分 | 課税経費率 | 負担面積 |
|---|---|---|---|
| 給食材料費 | 3/105 | 0.3% | 0.00010 |
| その他の課税経費 | 5/105 | 30.3% | 0.01442 |
| 合計 | | 30.6% | 0.01452 |

**結核病棟入院基本料**

| 収入 | 上乗せ率 | 収入シェア | 補てん面積 |
|---|---|---|---|
| 初・再診料 | 5.5% | 1.4% | 0.00076 |
| 入院基本料 | 5.1% | 19.3% | 0.00964 |
| 特定入院料(I) | 4.8% | 4.2% | 0.00201 |
| 特定入院料(II) | 4.0% | 1.4% | 0.00057 |
| 特定入院料(III) | 2.6% | 0.0% | 0.00000 |
| 特定入院料(IV) | 2.2% | 0.1% | 0.00002 |
| 合計 | — | 26.4% | 0.01327 |

| 費用 | 消費税率増加分 | 課税経費率 | 負担面積 |
|---|---|---|---|
| 給食材料費 | 3/105 | 0.6% | 0.00018 |
| その他の課税経費 | 5/105 | 27.5% | 0.01309 |
| 合計 | | 28.1% | 0.01327 |

**専門病院入院基本料**

| 収入 | 上乗せ率 | 収入シェア | 補てん面積 |
|---|---|---|---|
| 初・再診料 | 5.5% | 0.8% | 0.00042 |
| 入院基本料 | 5.1% | 17.4% | 0.01026 |
| 特定入院料(I) | 4.8% | 4.4% | 0.00213 |
| 特定入院料(II) | 4.0% | 0.0% | 0.00000 |
| 特定入院料(III) | 2.6% | 0.0% | 0.00000 |
| 特定入院料(IV) | 2.2% | 0.0% | 0.00000 |
| 合計 | — | 22.6% | 0.01281 |

| 費用 | 消費税率増加分 | 課税経費率 | 負担面積 |
|---|---|---|---|
| 給食材料費 | 3/105 | 0.6% | 0.00018 |
| その他の課税経費 | 5/105 | 26.5% | 0.01263 |
| 合計 | | 27.1% | 0.01281 |

**障害者施設等入院基本料**

| 収入 | 上乗せ率 | 収入シェア | 補てん面積 |
|---|---|---|---|
| 初・再診料 | 5.5% | 1.4% | 0.00076 |
| 入院基本料 | 2.9% | 26.0% | 0.00751 |
| 特定入院料(I) | 4.8% | 2.5% | 0.00119 |
| 特定入院料(II) | 4.0% | 5.2% | 0.00208 |
| 特定入院料(III) | 2.6% | 1.0% | 0.00027 |
| 特定入院料(IV) | 2.2% | 0.9% | 0.00018 |
| 合計 | — | 36.9% | 0.01200 |

| 費用 | 消費税率増加分 | 課税経費率 | 負担面積 |
|---|---|---|---|
| 給食材料費 | 3/105 | 1.2% | 0.00033 |
| その他の課税経費 | 5/105 | 24.5% | 0.01167 |
| 合計 | | 25.7% | 0.01200 |

(※1) データ抽出対象は、分類Iと分類IIの急性期・地域一般入院料を算定している病院。ここで算出される入院基本料の上乗せ率は、分類Iと分類II以外の急性期・地域一般入院料(特別入院基本料)に適用。

(※2) データ抽出対象は、分類IIIと分類IVの精神病棟入院基本料を算定している病院。ここで算出される入院基本料の上乗せ率は、分類IIIと分類IV以外の精神病棟入院基本料(特別入院基本料)に適用。

※四捨五入の関係で各数値の内訳と合計の表記が一致しない場合有り。

**図1-22　入院基本料・特定入院料の配点について**

で、治療終了後には速やかに退院させるのが急性期病院の役割であることは間違いがない。

---

### column ③　新型コロナウイルスと診療報酬

　2020（令和２）年４月18日、厚生労働省は、「新型コロナウイルス感染症に係る診療報酬上の臨時的な取り扱いについて（その12）」において新型コロナウイルスの感染拡大に伴い、中等症・重症の患者を扱う医療機関に対する臨時的な診療報酬の取り扱いを示した。

　重症系ユニットである救命救急入院料、特定集中治療室管理料、ハイケアユニット入院医療管理料において新型コロナウイルス患者を受け入れる場合には、平時の２倍の診療報酬が算定可能であり、急性血液浄化（腹膜透析を除く）を必要とする状態、急性呼吸窮迫症候群または心筋炎・心筋症のいずれかに該当する患者については21日まで、ECMO（体外式膜型人工肺）を必要とする状態の患者は35日まで算定が可能となった。

　また、中等症以上の新型コロナウイルス感染症患者については、救急医療管理加算１の２倍の点数（1,900点）を14日まで算定できることになった。

　さらに、新型コロナウイルス感染症患者に対する、医療従事者の感染リスクを伴う診療に係る評価として、看護配置に応じて二類感染症患者入院診療加算に相当する金額が算定でき、なおかつ、届出は不要とされた。

　外来については、必要な感染予防策を講じた上で実施する外来診療について、受診の時間帯によらず、院内トリアージ実施料を算定できることになった。また、時限的・特例的な対応として、初診から電話や情報通信機器を用いた診療により診断や処方をする場合には、初診料214点が算定できることになり、その際、医薬品の処方を行い、または、ファクシミリ等で処方箋情報を送付する場合は、調剤料、処方料、処方箋料、調剤技術基本料、または薬剤料を算定できることとした。

　さらに特別措置法に基づいて応急的に医療を提供する臨時施設をつくる場合には、結核病棟入院基本料を準用することが2020年４月24日の中医協総会で決定された。このような非常事態に臨時かつ迅速に診療報酬も対応し、医療機関を後押ししてくれている。

# 診療報酬の基本的な仕組み

## 1　診療報酬点数表

　現行の診療報酬点数表は、1958（昭和33）年に設定され、1点単価は10円とされた。様々な政治的背景もあり現行の診療報酬点数表にたどり着いたが、医療サービスの内容および価格について、全国一律の規定が創設されたことの意義は極めて大きい。現行の診療報酬に対しては、複雑でわかりづらいとか医療サービスのコストを適切に把握していないなどの問題点が指摘されることもあるが、低コストで一定の質を確保した我が国の医療提供体制にこの診療報酬点数表が寄与した部分があることは否定できない事実であろう。診療報酬点数表は、1969（昭和44）年に秋田県と東京都が老人医療費の無料化に踏み切りこれが全国に広がったのちに、今日の自己負担が原則30％に至るまで生きながらえている。

表1-5　医科診療報酬点数表の仕組み

| 第1章　基本診療料 | 第2章　特掲診療料 |
|---|---|
| 第1部　初・再診料 | 第1部　医学管理等 |
| 　第1節　初診料 | 第2部　在宅医療 |
| 　第2節　再診料 | 第3部　検査 |
| 第2部　入院料等 | 第4部　画像診断 |
| 　第1節　入院基本料 | 第5部　投薬 |
| 　第2節　入院基本料等加算 | 第6部　注射 |
| 　第3節　特定入院料 | 第7部　リハビリテーション |
| 　第4節　短期滞在手術等基本料 | 第8部　精神科専門療法 |
| | 第9部　処置 |
| | 第10部　手術 |
| | 第11部　麻酔 |
| | 第12部　放射線治療 |
| | 第13部　病理診断 |

今後も様々な制度変更があると思われるが、医療機関の経営を考える際には、知っておくべき重要事項の1つである(表1-5)。

　ただし、高齢者の医療の確保に関する法律では、厚生労働大臣は、全国および都道府県医療費適正化計画の実績に関する評価の結果、計画における医療の効率的な提供の推進の目標を達成し、医療費適正化を推進するために必要があると認めるときは、一の都道府県の区域内における診療報酬について、地域の実情を踏まえつつ、適切な医療を各都道府県間において公平に提供する観点から見て合理的であると認められる範囲内において、他の都道府県の区域内における診療報酬と異なる定めをすることができることとされている。

## 2　基本診療料

### (1)基本診療料

　基本診療料とは、医療機関の"基本料金"的な性質を持つものであり、病床数や人員配置等の構造的な側面が評価として大きく反映されている。「第1部」と「第2部」で構成され、第1部では外来について2節(第1節「初診料」/第2節「再診料」)構成により規定され、第2部では入院料について4節(第1節「入院基本料」/第2節「入院基本料等加算」/第3節「特定入院料」/第4節「短期滞在手術等基本料」)により規定されている。

### (2)基本診療料として支払われる診療内容

　第1部では、基本的な診療行為(血圧測定など)が含まれる。

　第2部では、基本的な診療行為(注射、物理療法などの簡単な処置)の費用等や、基本的な療養環境(寝具等を含む)の提供が含まれる。また、基本診療料は初診・再診および入院(特に規定する場合を除く)において、原則として必ず算定できる(基本的な診療行為を行わない場合においても所定の点数を算定できる)。反対に、基本診療料として包括される基本的な診療行為を何度行った場合でも所定の点数のみ算定となる。

　第3節「特定入院料」、第4節「短期滞在手術等基本料」においては第1節「入院基本料」はそれぞれに包括される。

## 3　特掲診療料

　特掲診療料は、「第1部(医学管理等)」「第2部(在宅医療)」「第3部(検査)」「第4部(画像診断)」「第5部(投薬)」「第6部(注射)」「第7部(リハビリテーション)」「第8部(精神科専門療法)」「第9部(処置)」「第10部(手術)」「第11部(麻酔)」「第12部(放射線治療)」「第13部(病理診断)」により構成されており、保険診療において主に出来高算定される項目の中心をな

すものである。

　基本診療料は医療機関の人員配置等の機能に応じて決定される性格が強いが、特掲診療料は患者の疾病や病態に応じて個別的に提供される医療の内容によって点数が加算されるものである。

# 第2章
## 病院機能別・診療報酬による戦略的経営

**1** 急性期を中心とする一般病院
**2** 回復期・地域包括ケアから慢性期医療を提供する一般病院
**3** 精神科病院・精神病床
**4** 診療報酬の視点からの重要成功要因

# 急性期を中心とする一般病院

## 1 病床規模別診療収益の状況

### ■（1）収入構成

　急性期病院の収入構成は、入院が約7割、外来が約3割となっている。ただし、小規模な病院ほど外来依存度が高い傾向がある（図2-1）。外来診療は、入院患者を獲得するために不可欠ではあるが、再診患者などの一般外来患者がその多くを占めると採算は悪化する。急性期病院、特に高機能な病院を志向する場合には、入院診療により重きを置くことが望ましく、そのほうが経済性も優れている。

### ■（2）入院外来比率と外来機能の縮小

　入院外来比率、つまり入院患者の何倍外来患者が来院しているかは病院の機能を表す1つの指標といえる。全国平均は1.67倍であり、地域性や病院機能にもよるところであるが、

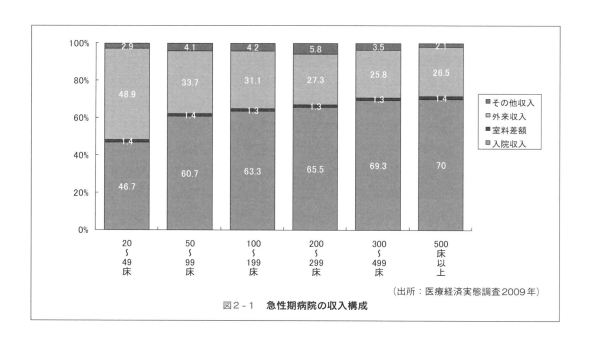

（出所：医療経済実態調査2009年）

図2-1　**急性期病院の収入構成**

一般的な目安として、病床の2倍を大きく超える病院は外来依存度が高いといえる。3倍を超える病院は小規模な病院、あるいは逆紹介の進まない特定機能病院などの大学病院が多い。外来依存度が高い病院は、院内処方を行い薬価差益で利益を得ようとすることも少なくないが、薬剤師の病棟配置やチーム医療などへの薬剤師の参加が診療報酬で評価されており、このような病院は各種加算も積極的に算定することが困難となる。薬価改定ごとに薬価差益が減少しているのが現実であり、消費税増税という局面であることを考慮する必要がある。なお、外来依存度が高い病院は、一般的に入院・外来ともに診療単価が低くなる傾向がある。外来にマンパワーを割かれるため、入院医療に注力できなくなることが影響している。例えば、午前中にみっちりと外来が入っていれば、午前中から手術を行うことができず、貴重な医療資源である手術室の稼働率も悪化する。

## ■（3）入院診療単価（患者1人1日当たり入院診療収入）

入院診療単価は、病床規模と有意に相関しており、病床数が大きいほど入院診療単価も高い傾向がある（図2-2）。また、診療科によって入院診療単価は大きく異なることから、診療科構成が異なれば入院診療単価も異なることを意味する（図2-3）。一般的に外科系の診療科は手術料の比率が高く、その分、入院診療単価が高くなる傾向がある。前述したように入院診療単価の約50%がDPC包括評価部分、約30%が出来高で算定される手術料・

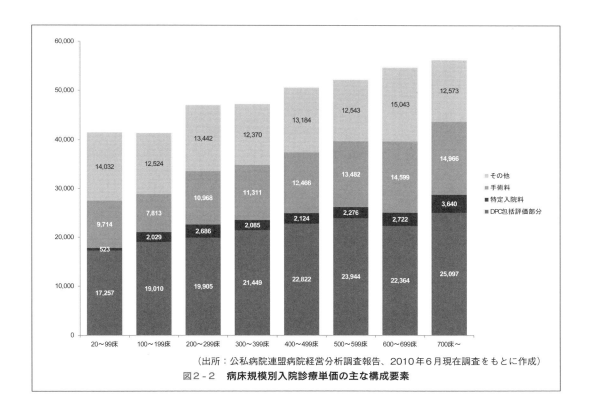

（出所：公私病院連盟病院経営分析調査報告、2010年6月現在調査をもとに作成）

図2-2　**病床規模別入院診療単価の主な構成要素**

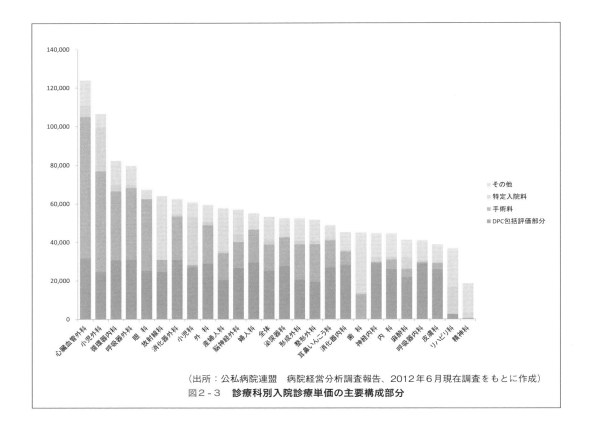

（出所：公私病院連盟 病院経営分析調査報告、2012年6月現在調査をもとに作成）

図2-3 診療科別入院診療単価の主要構成部分

麻酔料等であり、患者1人1日当たりでみたときにDPC包括評価部分は診療科別でみてもそれほど大きく変わらない。つまり、手術料が入院診療単価の向上の鍵を握っていることがわかる。

　入院診療単価を他院と適正に比較するためには、同規模・同機能の病院と比較する必要がある。500床の病院と100床の病院では、そもそも医療資源の投入量が異なり、そのことが入院診療単価にも強い影響を及ぼす。また、100床の病院であっても、循環器の専門病院であれば入院診療単価は非常に高い水準になるであろうし、総合病院ではそれほど高い入院診療単価にはならないことが予想される。近年、ベンチマークを積極的に行う医療機関が増加しており、井の中の蛙にならず、他院との比較を通じて自院の立ち位置を知ることは素晴らしい。しかしながら、その際には、比較する相手が重要である。名前も属性もわからない、架空の相手では成長への糧にならないし、現場の納得感も得られないことには留意すべきであろう。

【収益性の把握】

　入院診療単価から一定の収益性を把握することも可能である。同規模・同機能の病院と比較して、ある診療科の入院診療収益（さらには、医師1人当たり患者数なども考慮する必要がある）が低いということは不採算である可能性がある（図2-4）。同規模・同機能

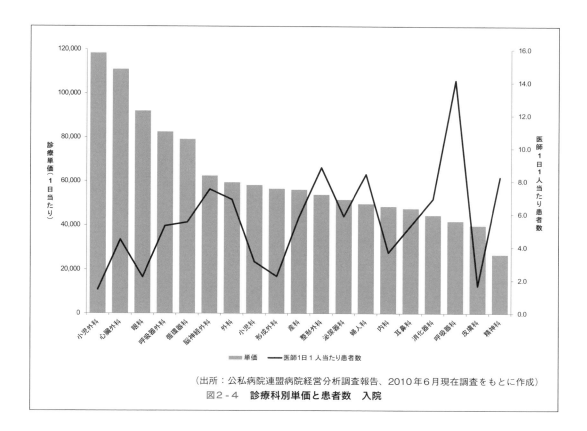

（出所：公私病院連盟病院経営分析調査報告、2010年6月現在調査をもとに作成）

図2-4　診療科別単価と患者数　入院

の病院であっても、医療資源の投入量には差があるのが事実であり、そこは医師1人当たり診療収益・患者数（その必要があれば、診療科別原価計算）などを考慮すべきであるが、一定の診療収入を得ていないということは業績が良いとはいえない可能性が高い。一般的に、外科系の診療科においては、手術料が少ないことは不採算であることを示唆する傾向がある。内科と外科の役割分担に配慮しつつ、手術室の稼働率向上を図りながら、適正な診療報酬の算定を心掛けることが重要である。

**【DPC病院とそれ以外】**

　DPC対象病院として、DPC/PDPS（診断群分類別包括支払い制度）の包括払いを受ける病院とそれ以外を比較すると、DPC対象病院のほうが、入院診療単価が高い（図2-5）。これは、高機能な急性期病院の多くがDPC/PDPSに参加していることに加え、機能評価係数Ⅱなどの、医療機関別係数によってDPCへ参加するインセンティブが設けられていることも関係している可能性がある。

## ■（4）外来診療単価

　高機能な急性期病院を志向するためには、自院の機能にあった適切な水準の外来診療単価を確保することが重要であり、そのためには、紹介機能を重視すること、化学療法など

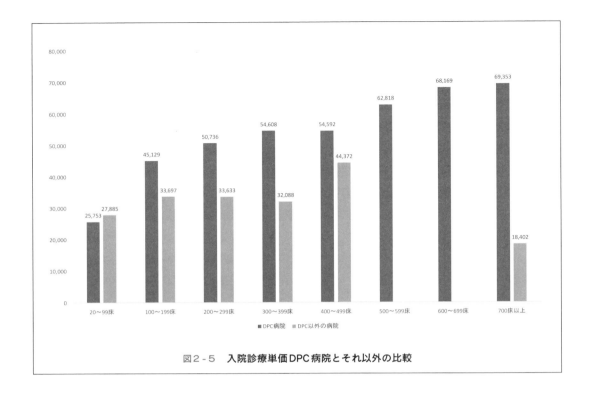

図2-5　入院診療単価DPC病院とそれ以外の比較

の高額診療の推進と適切な加算の算定を行うことが望ましい。

## A）紹介機能の重視

　急性期病院は、救急（特に救急車搬送患者）と紹介に注力することが望ましく、外来患者数が多ければよいとは必ずしもいえない。

　救急と紹介に注力するためには、いずれにも該当しない一般外来患者を絞り込む施策を考えなければならない。医師数には制約があり、その医師を有効活用するためには、専門職が最も力を発揮できる環境を整備する必要がある。病院経営層の中には、医師には1人でも多くの外来患者を診察するように要望し、医師を疲弊させている方も少なくない。しかし、図2-6および図2-7に示すように、医師1人当たりの取り扱い患者数と診療単価には、負の相関がみられ、患者数を絞り込むことにより、診療単価が上昇する傾向にあることがわかる。これは、患者数が少なければそれだけ濃厚な治療が可能であるからであり、また重症な患者の治療をするためには大量の外来患者を抱えることが不可能であることをも意味している。さらに働き方改革を推進するという意味でも医師にとって当直の次に負担が重いと言われる外来のあり方を考えることは重要である。

## B）院外処方の有無と薬価差益

　外来患者数が多い病院は、院内処方を行い薬価差益の獲得を狙うことがある。病院によっ

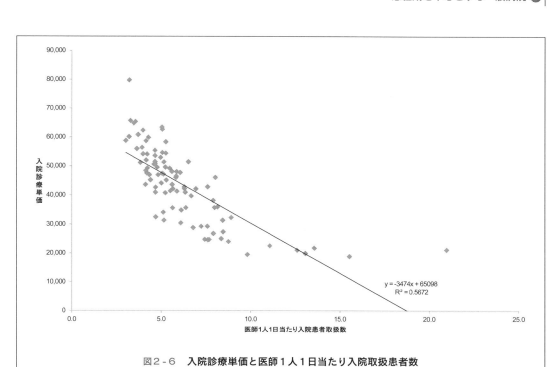

図2-6 　入院診療単価と医師 1 人 1 日当たり入院取扱患者数

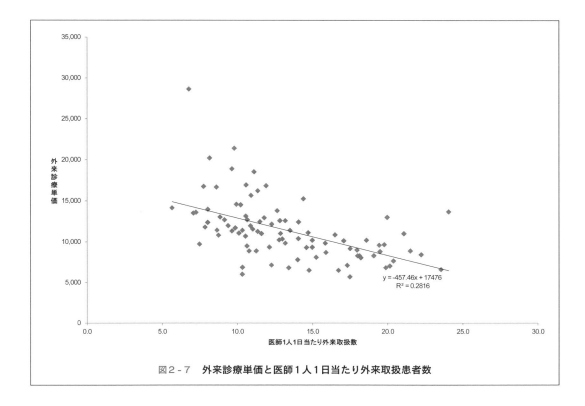

図2-7 　外来診療単価と医師 1 人 1 日当たり外来取扱患者数

ては、薬価差益がかなり大きく、医薬品の販売による利益が無視できないと考える病院経営層も存在する。しかし、院内処方をしたから業績がよいかというとそうとは限らない。薬剤師がその存在意義を十分に発揮するためには、院外処方を徹底し、病棟業務に専念させることが望ましく、医療政策も、その方向に進んでいる。

　図2-8から全国的には院外処方率は着実に上昇傾向にあり、国が進める医薬分業は成功したとも考えられる。しかしながら、厚生労働省が実施する医療経済実態調査の結果をみると院外処方0％の一般病院の業績が院外処方率80％以上よりも優れている（図2-9）。院外処方か、院内処方かだけで病院業績が決まるわけではないが、いまだに薬価差益を期待する医療機関も存在することだろう。あるいは薬価差益が期待できる一部の医薬品を投与する患者のみを院内で処方する医療機関も存在する。

## C）高額診療

　外来診療単価が高い病院は、人工透析、化学療法、放射線療法、日帰り手術（デイサージャリー）の患者が多数を占める傾向がある。特に高額な薬剤を投与する外来化学療法の影響は強く、外来で実施することにより、病床を有効活用できる利点があり、入院手続きや入院後の観察・記録等の省力化が図れる一方で、高齢の患者にとっては肉体的な負担になることもあり、そのバランスを考えることが望ましい。ただし、救急患者等の重症患者のた

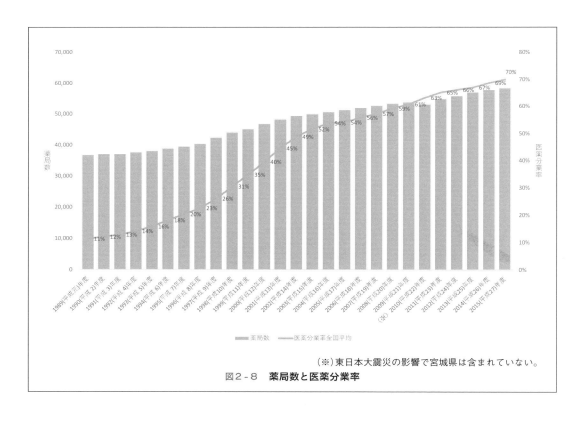

（※）東日本大震災の影響で宮城県は含まれていない。

図2-8　薬局数と医薬分業率

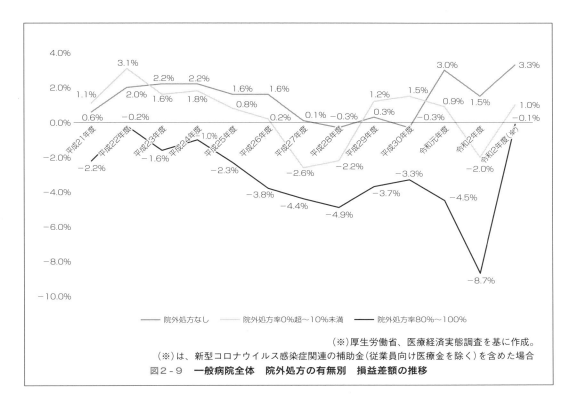

（※）厚生労働省、医療経済実態調査を基に作成。

（※）は、新型コロナウイルス感染症関連の補助金（従業員向け医療金を除く）を含めた場合

図2 - 9　一般病院全体　院外処方の有無別　損益差額の推移

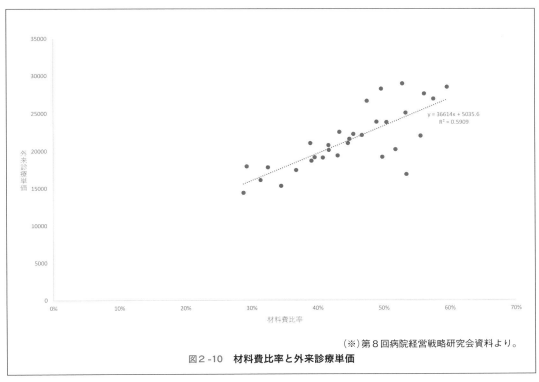

（※）第8回病院経営戦略研究会資料より。

図2 -10　材料費比率と外来診療単価

めに病床を確保することは、医療資源が限られていることを前提とすると一定程度進めたいところである。今後、手術の外来化は進むであろうから、地域の実情を見据えたうえで適切な戦略を策定することが望ましい。また、増加するがん患者に対応するためには、化学療法の外来化は避けられないであろう。なお、2022年度改定において外来腫瘍化学療法診療料が新設され、外来化学療法加算における抗悪性腫瘍剤を注射した場合の点数および連携充実加算が置き換えられた。ここでは、バイオ後続品導入初期加算が設定され、月1回で3回まで算定することが可能となった。また、人工透析は改定ごとに適正化が図られることについてはやむをえないが、規模の経済性が働きやすいことには留意したい。

　図2-10は患者1人1日当たりの外来診療収入である外来診療単価と外来における材料費比率を病院別にプロットしたものである。ここから外来診療単価が高い病院は材料費比率が高いことがわかる。高額な抗がん剤等を投与すれば外来診療単価が高くなるわけだが、材料費比率が50%を超える場合もあり決して高単価であることが収益性に優れることを意味するわけではない。

　また、初再診別に外来診療単価を診療区分別にみると初診は検査や画像診断が多く、再診は投薬・注射料の比率が高くなる（図2-11、図2-12）投薬料が多い病院は院内処方を行うわけで、注射料は外来化学療法の影響を受けている。ここから初診は材料費比率が低く（図2-13）、再診は材料費比率が高くなる傾向がある（図2-14）。

　図2-15に示すように、外来における平均通院日数は10～25回になる。つまり、初診患者が10～25回来院することを意味している。特に再診では材料費比率が高い傾向が顕著であり、状態が落ち着いた患者を積極的に逆紹介し、次の紹介患者を獲得することが重要になる。

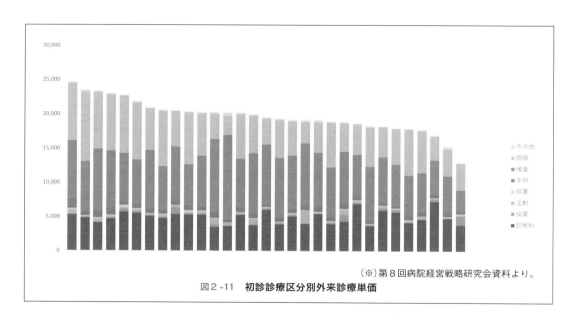

（※）第8回病院経営戦略研究会資料より。

図2-11　初診診療区分別外来診療単価

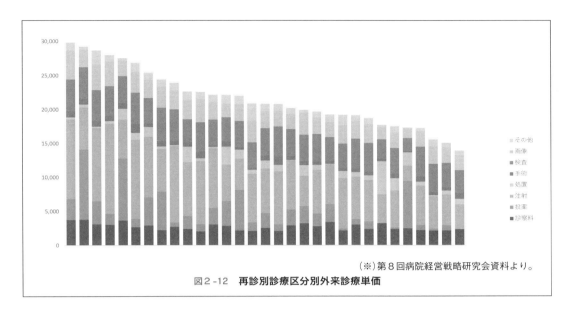

（※）第8回病院経営戦略研究会資料より。

図2-12　再診別診療区分別外来診療単価

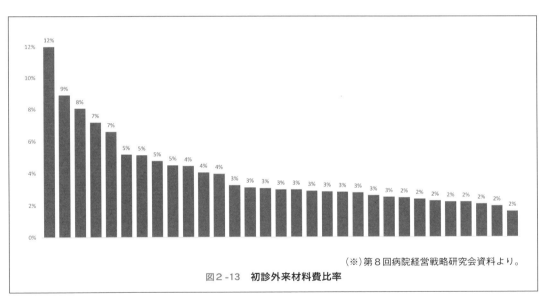

（※）第8回病院経営戦略研究会資料より。

図2-13　初診外来材料費比率

　逆紹介の対象となるのは長期処方をする患者である。長期処方をするということは病態が安定しているわけであり、これらの患者をかかりつけ医に逆紹介することが急性期病院にとっては重要になる。図2-16は30日を超える長期処方あり患者の割合を病院別にみたものであり、急性期病院では20％の前半であれば良好だといえるだろう。

　2016年度診療報酬改定では以下のように長期処方の制限が行われた。

　医師が処方する投薬量については、予見することができる必要期間に従ったものでなければならないこととされており、長期の投薬に当たっては、以下のような取り扱いとする。

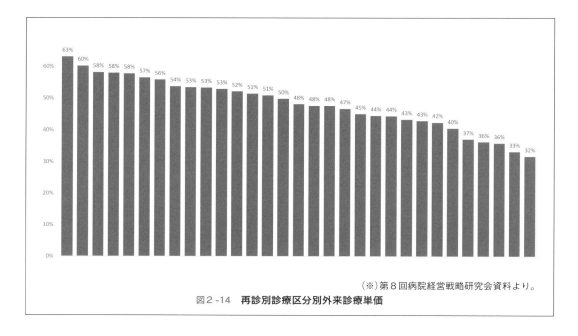

（※）第8回病院経営戦略研究会資料より。

図2-14　再診別診療区分別外来診療単価

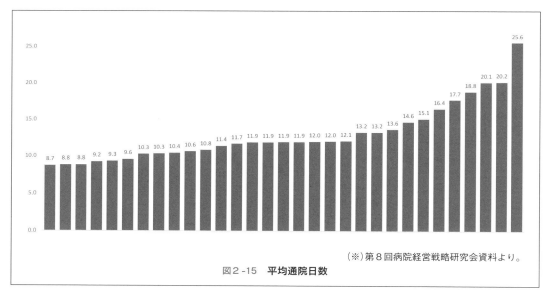

（※）第8回病院経営戦略研究会資料より。

図2-15　平均通院日数

① 30日を超える投薬を行う際には、長期の投薬が可能な程度に病状が安定し、服薬管理が可能である旨を医師が確認する。病状が変化した際の対応方法等を患者に周知する。

② ①の要件を満たさない場合には、原則として以下のいずれかの対応を行うこととする。

・30日以内に再診する

・200床以上の保険医療機関にあっては、200床未満の保険医療機関又は診療所に文書による紹介を行う旨の申出を行う。

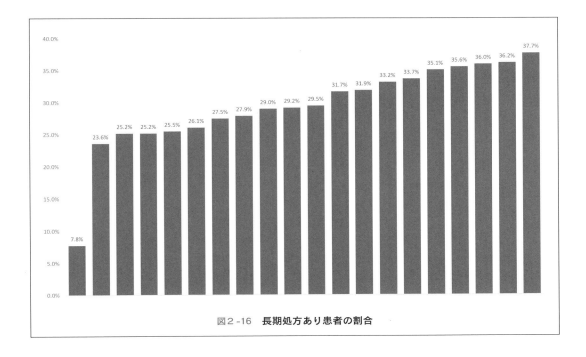

図2-16　長期処方あり患者の割合

・患者の病状は安定しているが服薬管理が難しい場合には、分割指示処方せんを交付する。

　外来診療単価は検査や画像診断、注射料の影響を強く受けるため、どのような患者を診ているかの影響が大きい。しかし、外来という慌ただしい場所の特性から算定漏れが生じることもある。例えば、外来迅速検体検査管理加算や在宅自己注射指導管理料などは算定漏れが起きやすいので注意する必要がある。

　外来迅速検体検査管理加算は、当日に当該保険医療機関で実施された検体検査について、当日中に結果を説明した上で文書により情報を提供し、結果に基づく診療が行われた場合に、5項目を限度として検体検査実施料の各項目を所定点数にそれぞれ10点を加算する。

　在宅自己注射指導管理料は、インスリン製剤等の自己注射を行っている外来患者に対して、自己注射についての指導管理を行った場合に算定する。

| 1 | 複雑な場合 | 1,230点 |
|---|---|---|
| 2 | 1以外の場合 | |
| イ | 月27回以下の場合 | 650点 |
| ロ | 月28回以上の場合 | 750点 |

表2-1　短期滞在手術等基本料

| 短期滞在手術等基本料 | 点数 | 施設基準 |
|---|---|---|
| 短期滞在手術等基本料1（日帰り） | 2,947点 | ・局所麻酔による短期滞在手術を行うにつき十分な体制を整備し、回復室その他適切な施設を有していること。ただし、当該病床は必ずしも許可病床である必要はない。<br>・看護師が常時4対1以上で回復室に勤務していること。<br>・短期滞在手術基本料に係る手術が行われる日において、麻酔科医が勤務していること。 |

※短期滞在手術等基本料は、同一疾病で、退院の日から起算して7日以内に再入院した場合には、当該基本料は算定できない。

**【短期滞在手術等基本料】**（表2-1）

　短期滞在手術等基本料は、短期滞在手術等（日帰り手術および4泊5日入院による手術、検査および放射線治療）を行うための環境および当該手術を行うために必要な術前・術後の管理や定型的な検査、画像診断等が包括的に評価されたものであり、以下の要件を満たした場合に算定できる。

（1）

ア　一部を除き原則として手術室を使用していること。なお、内視鏡を用いた手術を実施する場合については、内視鏡室を使用してもよい。

イ　術前に十分な説明を行ったうえで、指定の様式等を参考に、患者の同意を得ていること。

ウ　退院翌日に患者の状態を確認する等、十分なフォローアップを行うこと。

エ　退院後おおむね3日間、患者が1時間以内で当該医療機関に来院可能な距離にいること（短期滞在手術等基本料3を除く）

（2）短期滞在手術等基本料は、当該患者が同一の疾病につき、退院の日から起算して7日以内に再入院した場合は算定しない。

## ■（5）短期滞在手術等基本料3（4泊5日までの場合）

　短期滞在手術等基本料3は、2018年度診療報酬改定でDPC対象病院についてはDPC/PDPSでの請求となり算定しないこととなった。DPC対象病院以外の病院において、入院5日目までに当該手術等を実施した場合については、短期滞在手術等基本料3を算定し、平均在院日数および重症度、医療・看護必要度の計算対象からは除外される。6日目以降に入院する場合については、6日目から出来高算定となる。

　対象疾患には、前立腺生検法、水晶体再建術、ヘルニア手術、内視鏡的大腸ポリープ・粘膜切除術等がある。2022年度改定では従来26手術等が対象であったが、64手術等に大幅増となった。

## **2** 平均在院日数と病床利用率

### ■（1）平均在院日数の算出方法と効率性係数

　平均在院日数は、次ページの【式１】のように算出される。我が国の平均在院日数は、諸外国と比べ長いことが指摘されており、在院日数の短縮は医療政策における重点課題の１つである。2012年度診療報酬改定において、一般病棟７対１入院基本料の平均在院日数の要件が19日から18日に短縮された。さらに2011年５月19日に厚生労働省から「医療・介護に関する資料」が提示され、2025年までの医療・介護サービスに関する基本改革シナリオにおいて、平均在院日数については、高度急性期２割程度、一般急性期３割程度、亜急性期・回復期リハビリテーション２割程度、医療療養病床１割程度、精神病床１割程度を短縮する方針が明らかにされている。今後も平均在院日数を短縮することが病院経営にとって重要な課題である。

　ただし、この平均在院日数は、短期の入退院が繰り返されればその数値に影響を及ぼすものであり、平均在院日数と実際の入院日数とは乖離（かいり）する。そこで、DPC/PDPSにおける効率性係数における評価のように、診断群分類ごとに入院期間が長いか短いかを判断することが重要であり、単なる平均値にこだわる意義は薄くなっている。短期入院がほとんどを占める病院で平均在院日数が14日といったら非常に長いであろうし、がんの外科手術を伴う患者ばかりを対象とする病院で14日の場合には在院日数が短いという評価がさ

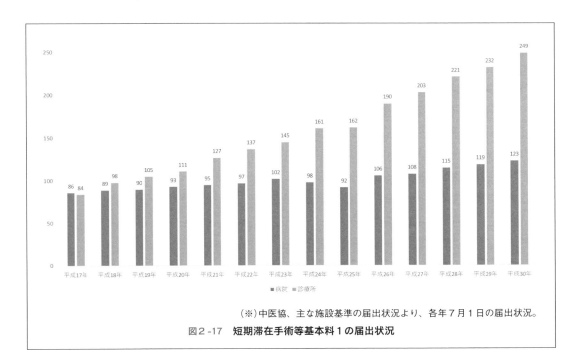

（※）中医協、主な施設基準の届出状況より、各年７月１日の届出状況。

**図２-17　短期滞在手術等基本料１の届出状況**

れるであろう。DPC/PDPSにおける入院期間Ⅱ（診断群分類ごとの全国平均の入院日数）と比較することが有効である。患者構成が病院により異なるわけであるから、一律に平均在院日数で18日以内という評価ではたいした意味を持たない。病院経営層としては、単に平均在院日数の推移を追うだけではなく、視点を変えることが望ましい。

　2014年度診療報酬改定で、当時の7対1入院基本料を届け出るすべての病院にDPCデータの提出が求められた。今後は、平均在院日数による評価から、DPC提出データによる効率性指数（在院日数の評価）に変更することも可能になる。

【式1】

　平均在院日数　＝　①／②

①当該病棟における直近3か月間の在院患者延べ日数
②（当該病棟における当該3か月間の新入棟患者数＋当該病棟における当該3か月の新退棟患者数）／2

## ■（2）平均在院日数と入院診療単価

　平均在院日数を短縮することによって、入院診療単価を上げることができる（図2-18）。図2-18のサンプルからは、平均在院日数を1日短縮すると、入院診療単価が約

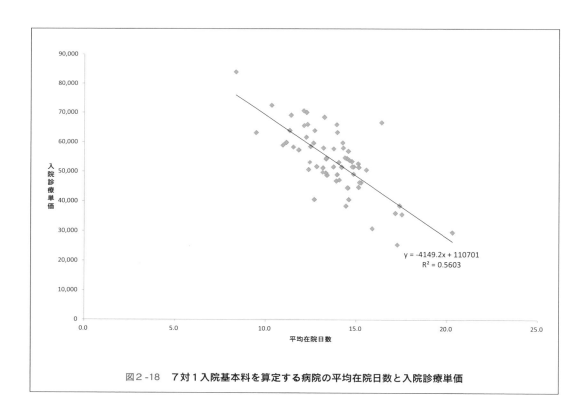

図2-18　7対1入院基本料を算定する病院の平均在院日数と入院診療単価

4,000円上昇することがわかる。そもそもDPC/PDPSという環境下においては、入院期間Ⅰなどの入院初期の1日当たり診療収入が高く評価されているわけであるから、当然といえる。入院診療収入のおよそ半分を占めるのがDPC包括評価部分である。この部分を差し置いての入院診療収入の増加はありえない。在院日数を短縮することは患者の経済的・肉体的負担を軽減するだけでなく、病院にとって経済性の向上にも寄与することを意味する。在院日数が短いということは、それだけ術後の合併症が少ない傾向にあることが予想され、そのような医療機関が診療報酬において高い評価を受けることは妥当であるといえる。

## ■（3）平均在院日数と病床利用率、延べ入院患者数の増加と診療報酬の評価

一方で、平均在院日数の短縮は、病床利用率の低下を招く恐れがあり、それを避けるために治療終了後であっても必要のない入院を励行する病院が存在するようである。空床になるくらいならば、たとえ入院診療単価が下落しても入院させておいたほうがよいという判断なのであろう。経済性の向上が重要であると考える病院経営層からは、平均在院日数と病床利用率のバランスが重要であるという言葉をよく耳にする。しかしながら、図2-19に示すように、平均在院日数が短い病院が、低い病床利用率であるとは限らない。新入院患者が獲得できれば病床利用率が悪化することはない。仮に少し入院期間を延ばせば、

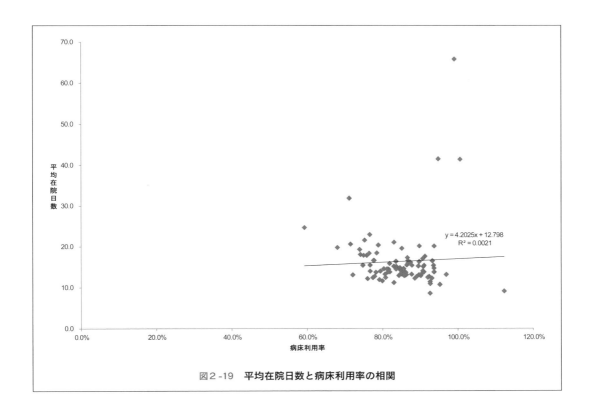

図2-19　平均在院日数と病床利用率の相関

延べ入院患者数が増加し、病床利用率は多少増加するのも事実である。しかし、不要な入院は重症度・看護必要度を低下させてしまう。今後、重症度、医療・看護必要度はさらに重要な鍵を握るものと予想される。一定の重症者が入院しているからこそ、多くの看護職員が必要になるのであり、単にスタッフを配置すれば高い診療報酬が得られるわけではない。急性期病院は、新入院患者数が重要なのである。図2-20は、急性期病床100床当たりの1日当たり新入院患者数を示したものである。1日当たり新入院患者数が多いほうが、業績がよいことがわかる。病院機能が異なるため、一律に何人以上が望ましいとはいえないが、多くの新入院を獲得し、回転率を高めることが望ましい。

## 3　急性期一般入院料

### (1) 2018（平成32）年度診療報酬改定

　2018（平成32）年度診療報酬改定で従来、一般病棟入院基本料であったものが再編統合され、7対1入院基本料および10対1入院基本料を急性期一般入院料と7区分の階段が設けられた。従来の7対1入院基本料と10対1入院基本料では重症度、医療・看護必要度について10対1入院基本料で最も高い加算を届け出た場合には24％以上となり、7対

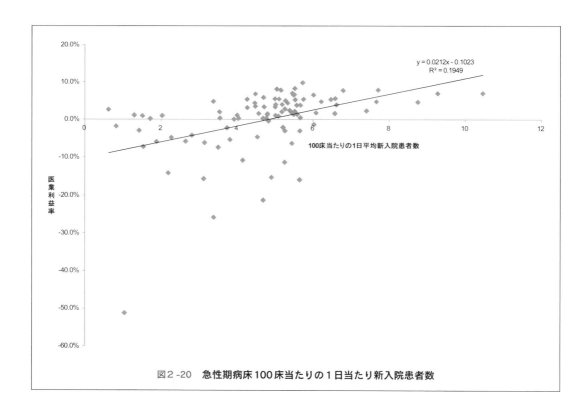

図2-20　急性期病床100床当たりの1日当たり新入院患者数

　１入院基本料が25％以上であることからするとたった１ポイントしか違いがなかったわけだ。しかし収入については200床で年間約1.2億円の差があり、７対１入院基本料からの降格は病院経営にとって大打撃になるし、現実的ではなかった。そこで、2018年度診療報酬改定では間に階段をつくり、急性期一般入院料１が従来の７対１入院基本料の要件を満たすこととし、急性期一般入院料２から７については10対１の看護師配置を前提とした（図２-21、図２-22）。

　さらに、重症度、医療・看護必要度について開腹手術を従来の５日から４日に短縮し、認知症・せん妄の評価を行った。開腹手術の１日短縮についてはほとんど影響がないのに対して、認知症・せん妄の評価は従来よりも重症度、医療・看護必要度を向上させることになる。具体的には、Ｂ項目の14番目の診療・療養上の指示が通じる、あるいは15番目の危険行動に該当する場合には、Ｂ３点以上であれば、Ａ項目は１点でよいこととなった（図２-23）。救急患者が多ければ必然的に高齢者が多くなるわけであり、そのような病院にとっては重症度、医療・看護必要度について大幅な向上も見込めることになる。そのようなこともあり、急性期一般入院料１については従来よりも５ポイント高い30％以上とした（重症度、医療・看護必要度Ⅰ）。

　また、重症度、医療・看護必要度について従来は看護部を中心に各項目を評価し、Ｈファイルを作成してきた。しかし、2018年度診療報酬改定では診療実績データであるＥＦファ

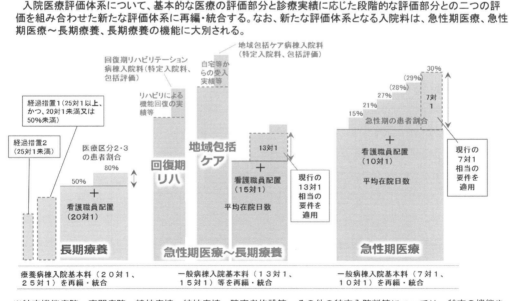

図２-21　**新たな入院医療の評価体系と主な機能（イメージ）**

> 一般病棟入院基本料（7対1、10対1）について、入院患者の医療の必要性に応じた適切な評価を選択できるよう、実績に応じた評価体系を導入し、将来の入院医療ニーズの変化にも弾力的に対応可能とするため、急性期一般入院料1〜7に再編する。

| | | 入院料7 | 入院料6 | 入院料5 | 入院料4 | 入院料3 | 入院料2 | 入院料1 |
|---|---|---|---|---|---|---|---|---|
| 看護職員 | | 10対1以上<br>（7割以上が看護師） | | | | | | 7対1以上<br>（7割以上が<br>看護師） |
| 患者割合 | 重症度、医療・看護必要度Ⅰ*1 | 測定していること | 15%以上 | 21%以上 | 27%以上 | （28%以上）※ | （29%以上）※ | 30%以上 |
| | 重症度、医療・看護必要度Ⅱ*2 | 測定していること | 12%以上 | 17%以上 | 22%以上 | 23%以上※ | 24%以上※ | 25%以上 |
| 平均在院日数 | | 21日以内 | | | | | | 18日以内 |
| 在宅復帰・病床機能連携率 | | — | | | | | | 8割以上 |
| 医師の員数 | | — | | | | | | 入院患者数の100分の10以上 |
| データ提出加算 | | ○ | | | | | | |
| 点数 | | 1,332点 | 1,357点 | 1,377点 | 1,387点 | 1,491点 | 1,561点 | 1,591点 |

＊1：従来の方法による評価　＊2：診療実績データを用いた場合の評価　（※200床未満は、経過措置あり）

図2 -22　急性期一般入院基本料（急性期一般入院料1〜7）の内容

## 一般病棟用の「重症度、医療・看護必要度」の見直し（評価票について）

> 一般病棟用の重症度、医療・看護必要度に係る評価票

| A モニタリング及び処置等 | | 0点 | 1点 | 2点 |
|---|---|---|---|---|
| 1 | 創傷処置<br>（①創傷の処置（褥瘡の処置を除く）、②褥瘡の処置） | なし | あり | — |
| 2 | 呼吸ケア（喀痰吸引のみの場合を除く） | なし | あり | — |
| 3 | 点滴ライン同時3本以上の管理 | なし | あり | — |
| 4 | 心電図モニターの管理 | なし | あり | — |
| 5 | シリンジポンプの管理 | なし | あり | — |
| 6 | 輸血や血液製剤の管理 | なし | あり | — |
| 7 | 専門的な治療・処置<br>（①抗悪性腫瘍剤の使用（注射剤のみ）、<br>②抗悪性腫瘍剤の内服の管理、<br>③麻薬の使用（注射剤のみ）、<br>④麻薬の内服、貼付、坐剤の管理、<br>⑤放射線治療、⑥免疫抑制剤の管理、<br>⑦昇圧剤の使用（注射剤のみ）、<br>⑧抗不整脈剤の使用（注射剤のみ）、<br>⑨抗血栓塞栓薬の持続点滴の使用<br>⑩ドレナージの管理、⑪無菌治療室での治療） | なし | — | あり |
| 8 | 救急搬送後の入院（2日間） | なし | — | あり |

| B 患者の状況等 | 0点 | 1点 | 2点 |
|---|---|---|---|
| 9 寝返り | できる | 何かにつかまればできる | できない |
| 10 移乗 | 介助なし | 一部介助 | 全介助 |
| 11 口腔清潔 | 介助なし | 介助あり | — |
| 12 食事摂取 | 介助なし | 一部介助 | 全介助 |
| 13 衣服の着脱 | 介助なし | 一部介助 | 全介助 |
| 14 診療・療養上の指示が通じる | はい | いいえ | — |
| 15 危険行動 | ない | — | ある |

| C 手術等の医学的状況 | 0点 | 1点 |
|---|---|---|
| 16 開頭手術（7日間） | なし | あり |
| 17 開胸手術（7日間） | なし | あり |
| 18 開腹手術（4日間） | なし | あり |
| 19 骨の手術（5日間） | なし | あり |
| 20 胸腔鏡・腹腔鏡手術（3日間） | なし | あり |
| 21 全身麻酔・脊椎麻酔の手術（2日間） | なし | あり |
| 22 救命等に係る内科的治療（2日間）<br>（①経皮的血管内治療<br>②経皮的心筋焼灼術等の治療<br>③侵襲的な消化器治療） | なし | あり |

[各入院料・加算における該当患者の基準]

| 対象入院料・加算 | 基準 |
|---|---|
| 一般病棟用の重症度、医療・看護必要度 | ・A得点2点以上かつB得点3点以上<br>・「B14」又は「B15」に該当する患者であって、A得点が1点以上かつB得点が3点以上<br>・A得点3点以上<br>・C得点1点以上 |
| 総合入院体制加算 | ・「B14」又は「B15」に該当する患者であって、A得点が1点以上かつB得点が3点以上<br>・A得点2点以上<br>・C得点1点以上 |
| 地域包括ケア病棟入院料<br>（地域包括ケア入院医療管理料を算定する場合も含む） | ・A得点1点以上<br>・C得点1点以上 |

図2 -23　重症度、医療・看護必要度の見直し③

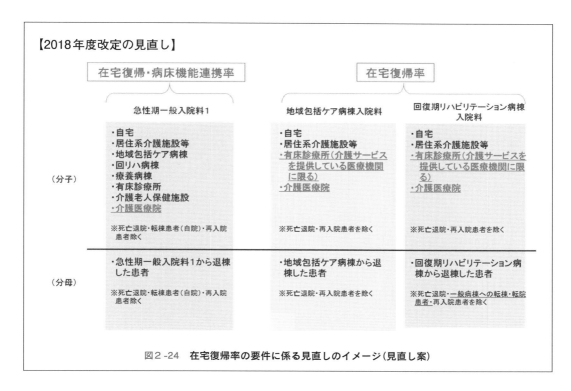

【2018年度改定の見直し】

図2 -24　在宅復帰率の要件に係る見直しのイメージ（見直し案）

イルを用いてＡ項目とＣ項目を評価する方法を重症度、医療・看護必要度Ⅱとして採用することとなった。急性期一般入院料１および４～７についてはいずれかを選択することが可能となる。ただし、重症度、医療・看護必要度Ⅰの基準を満たした上で、重症度、医療・看護必要度Ⅱが重症度、医療・看護必要度Ⅰを0.04上回らない場合に限られる。

　さらに従来の在宅復帰率について療養病棟入院基本料の在宅復帰機能強化加算を届出る転院先のみが在宅とカウントされていたのに対して、すべての療養病棟が対象となり、名称も在宅復帰・病床機能連携率と変更された（図２ -24）。

　従来の13対１入院基本料および15対１入院基本料については地域一般入院基本料とされ再編・統合された。

## ■（2）2020（令和2）年度診療報酬改定

　2020（令和２）年度診療報酬改定でも急性期患者の割合である重症度、医療・看護必要度の見直しが行われた。2018（平成30）年度診療報酬改定で評価された基準②とされていたB14またはB15に該当する患者であって、Ａ項目１点かつＢ項目３点以上の基準が削除された。B14・15は認知症・せん妄に関する評価であり、「看護必要度」という意味では重要なわけだが、医療の必要度や重症者の割合という意味では違和感がある。実際に基準②に該当する患者の約半分は医療資源投入がゼロであり、何らか事情があって退院はできないが治療は行われていないというデータが明らかにされた（図２ -25）。これにより高齢

○ 必要度Ⅰで基準②のみに該当する患者のうち、A1点が「呼吸ケア」又は「心電図モニター」の患者について、必要度Ⅱで対応するレセプト電算処理システム用コードの該当の有無をみたところ、「該当コードなし」の患者が約6〜7割であった。
○ 必要度Ⅰで基準②のみに該当する患者について、1日あたり資源投入量をみたところ、資源投入量がゼロである患者が約4〜5割であった。

**A1点が「呼吸ケア」の患者の
対応する処置コードの該当状況** (n=12,121)

該当コード
あり
28%

該当コード
なし
72%

**A1点が「心電図モニター」の患者の
対応する処置コードの該当状況** (n=25,781)

該当コード
あり
41%

該当コード
なし
59%

**1日あたり資源投入量がゼロの割合**

| | 0% | 20% | 40% | 60% | 80% | 100% |
|---|---|---|---|---|---|---|
| 基準②全体 (n=50,833) | | | 47.1% | | | |
| 呼吸ケア (n=12,121) | | | 42.5% | | | |
| モニター (n=25,781) | | | 48.2% | | | |
| その他 (n=12,931) | | | 49.3% | | | |

■ 1日あたり資源投入量ゼロ　■ それ以外

出典：平成30年度入院医療等の調査　※1日あたり資源投入量はEF統合ファイル上の各診療行為の点数の合計　※nは患者数（人・日）

**図2 -25　基準②のみに該当する患者の状態（必要度Ⅰ）**

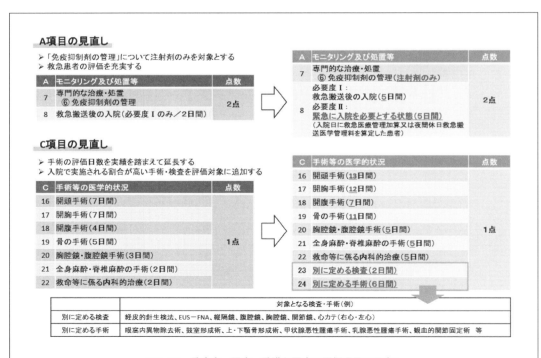

### A項目の見直し

➢ 「免疫抑制剤の管理」について注射剤のみを対象とする
➢ 救急患者の評価を充実する

| A | モニタリング及び処置等 | 点数 |
|---|---|---|
| 7 | 専門的な治療・処置　⑥ 免疫抑制剤の管理 | 2点 |
| 8 | 救急搬送後の入院（必要度Ⅰのみ／2日間） | |

➡

| A | モニタリング及び処置等 | 点数 |
|---|---|---|
| 7 | 専門的な治療・処置　⑥ 免疫抑制剤の管理（注射剤のみ） | 2点 |
| 8 | 必要度Ⅰ：救急搬送後の入院（5日間）　必要度Ⅱ：緊急に入院を必要とする状態（5日間）（入院日に救急医療管理加算又は夜間休日救急搬送医学管理料を算定した患者） | |

### C項目の見直し

➢ 手術の評価日数を実績を踏まえて延長する
➢ 入院で実施される割合が高い手術・検査を評価対象に追加する

| C | 手術等の医学的状況 | 点数 |
|---|---|---|
| 16 | 開頭手術（7日間） | |
| 17 | 開胸手術（7日間） | |
| 18 | 開腹手術（4日間） | |
| 19 | 骨の手術（5日間） | 1点 |
| 20 | 胸腔鏡・腹腔鏡手術（3日間） | |
| 21 | 全身麻酔・脊椎麻酔の手術（2日間） | |
| 22 | 救命等に係る内科的治療（2日間） | |

➡

| C | 手術等の医学的状況 | 点数 |
|---|---|---|
| 16 | 開頭手術（13日間） | |
| 17 | 開胸手術（12日間） | |
| 18 | 開腹手術（7日間） | |
| 19 | 骨の手術（11日間） | |
| 20 | 胸腔鏡・腹腔鏡手術（5日間） | 1点 |
| 21 | 全身麻酔・脊椎麻酔の手術（5日間） | |
| 22 | 救命等に係る内科的治療（5日間） | |
| 23 | 別に定める検査（2日間） | |
| 24 | 別に定める手術（6日間） | |

⬇

| | 対象となる検査・手術（例） |
|---|---|
| 別に定める検査 | 経皮的針生検法、EUS－FNA、縦隔鏡、腹腔鏡、胸腔鏡、関節鏡、心カテ（右心・左心） |
| 別に定める手術 | 眼窩内異物除去術、鼓室形成術、上・下顎骨形成術、甲状腺悪性腫瘍手術、乳腺悪性腫瘍手術、観血的関節固定術　等 |

**図2 -26　重症度、医療・看護必要度の評価項目の見直し**

者が多く、救急依存度が高い病院は打撃となる可能性がある。ただし、救急車搬送後の入院が2日から5日に評価が延長された。とはいえ、救急患者の在院日数は予定入院のおよそ2倍になるため、5日での退院は難しい。救急患者は転院するケースも多いため地域との連携強化、あるいは自院の地域包括ケア病棟の有効活用が功を奏するだろう。なお、重症度、医療・看護必要度Ⅱの場合に救急医療管理加算1・2あるいは夜間休日救急搬送医学管理料の算定となった。

さらにA項目については専門的な治療・処置のうち免疫抑制剤の管理が注射を除いて除外された。免疫抑制剤は外来で実施することが多いので、入院医療の評価としては妥当ではないという判断だ（図2-26）。B項目は従来「患者の状態等」とされていた評価をより精緻に把握するために、「患者の状態」と「介助の実施」に分けることとした。いずれがゼロ点であれば、掛け算になるのでゼロという評価になる。B項目は看護部を中心に評価するわけだが、院外研修の見直しや根拠となる記録を不要とするなどの簡素化を図った（図2-27）。

2020年度改定では、C項目の手厚い評価により、手術に注力する病院の重症度、医療・看護必要度が大幅に向上した。手術の評価日数が延長され、入院で実施される割合が高い手術・検査が評価に加えられたからだ。

許可病床400床以上及び特定機能病院（7対1のみ）について、重症度、医療・看護必要

**B項目の評価方法の見直し**

➢ 重症度、医療・看護必要度のB項目について、「患者の状態」と「介助の実施」に分けた評価とし、「評価の手引き」により求めている「根拠となる記録」を不要とする。

| B | 患者の状態等 | 患者の状態 0点 | 患者の状態 1点 | 患者の状態 2点 | | 介助の実施 0 | 介助の実施 1 | | 評価 |
|---|---|---|---|---|---|---|---|---|---|
| 9 | 寝返り | できる | 何かにつかまればできる | できない | | | | | 点 |
| 10 | 移乗 | 自立 | 一部介助 | 全介助 | × | 実施なし | 実施あり | = | 点 |
| 11 | 口腔清潔 | 自立 | 要介助 | | | 実施なし | 実施あり | | 点 |
| 12 | 食事摂取 | 自立 | 一部介助 | 全介助 | | 実施なし | 実施あり | | 点 |
| 13 | 衣服の着脱 | 自立 | 一部介助 | 全介助 | | 実施なし | 実施あり | | 点 |
| 14 | 診療・療養上の指示が通じる | はい | いいえ | | | | | | 点 |
| 15 | 危険行動 | ない | | ある | | | | | 点 |
| | | | | | | | | | B得点 点 |

**A・C項目の評価方法の見直し**

➢ A項目（専門的な治療・処置のうち薬剤を使用するものに限る）及びC項目について、必要度Ⅰにおいても、レセプト電算処理システム用コードを用いた評価とする。

**院外研修の見直し**

➢ 重症度、医療・看護必要度の院内研修の指導者に係る要件について、「所定の（院外）研修を修了したものが行う研修であることが望ましい」との記載を削除する。

**必要度Ⅱの要件化**

➢ 許可病床数400床以上の医療機関において、一般病棟入院基本料（急性期一般入院料1～6に限る）又は特定機能病院入院基本料（一般病棟7対1に限る）について重症度、医療・看護必要度Ⅱを用いることを要件とする。

［経過措置］
令和2年3月31日時点において現に一般病棟入院基本料（急性期一般入院料1～6に限る）又は特定機能病院入院基本料（一般病棟7対1に限る）を届け出ているものについては、令和2年9月30日までの間に限り、当該基準を満たすものとみなす。

※ B項目及び院外研修の見直しについて、特定集中治療室用・ハイケアユニット用の必要度についても同様。

図2-27　重症度、医療・看護必要度の測定に係る負担の軽減

度Ⅱでの届出が義務付けられ、これらの病院ではＡ項目とＣ項目は診療実績データを用い、Ｂ項目だけを評価すればよいことになった。今後、200床以上の病院に重症度、医療・看護Ⅱの評価が拡大されていくだろう。なお、基準値については図２-28のように設定された。

　重症度、医療・看護必要度のＡ項目の専門的な治療・処置にある無菌治療室での治療は血液内科の急性白血病患者などが対象となり、診療報酬でも評価されている。

無菌治療室管理加算１　3,000点
無菌治療室管理加算２　2,000点

（１）当該加算は、保険医療機関において、白血病、再生不良性貧血、骨髄異形成症候群、重症複合型免疫不全症等の患者に対して、必要があって無菌治療室管理を行った場合に算定する。なお、無菌治療室管理とは、当該治療室において、医師等の立入等の際にも無菌状態が保たれるよう必要な管理をいう。

（２）当該加算は、一連の治療につき、無菌室に入室した日を起算日として90日を限度として算定する。

> 重症度、医療看護必要度の評価項目及び判定基準の見直しに伴い、施設基準を以下のとおり見直す。

カッコ内は許可病床数200床未満の経過措置

| 現行 | | | 改定後 | | |
|---|---|---|---|---|---|
| | 必要度Ⅰ | 必要度Ⅱ | | 必要度Ⅰ | 必要度Ⅱ |
| 急性期一般入院料1 | 30% | 25% | 急性期一般入院料1 | 31% | 29% |
| 急性期一般入院料2 | −（27%） | 24%（22%） | 急性期一般入院料2 | 28%（26%）※1 | 26%（24%）※1 |
| 急性期一般入院料3 | −（26%） | 23%（21%） | 急性期一般入院料3 | 25%（23%）※2 | 23%（21%）※2 |
| 急性期一般入院料4 | 27% | 22% | 急性期一般入院料4 | 22%（20%）※3 | 20%（18%）※3 |
| 急性期一般入院料5 | 21% | 17% | 急性期一般入院料5 | 20% | 18% |
| 急性期一般入院料6 | 15% | 12% | 急性期一般入院料6 | 18% | 15% |
| 7対1入院基本料(特定) | 28% | 23% | 7対1入院基本料(特定) | − | 28% |
| 7対1入院基本料(専門) | 28% | 23% | 7対1入院基本料(専門) | 30% | 28% |
| 看護必要度加算1 （特定、専門） | 27% | 22% | 看護必要度加算1 （特定、専門） | 22% | 20% |
| 看護必要度加算2 （特定、専門） | 21% | 17% | 看護必要度加算2 （特定、専門） | 20% | 18% |
| 看護必要度加算3 （特定、専門） | 15% | 12% | 看護必要度加算3 （特定、専門） | 18% | 15% |
| 7対1入院基本料(結核) | 11% | 9% | 7対1入院基本料(結核) | 11% | 9% |
| 総合入院体制加算1・2 | 35% | 30% | 総合入院体制加算1・2 | 35% | 33% |
| 総合入院体制加算3 | 32% | 27% | 総合入院体制加算3 | 32% | 30% |
| 急性期看護補助体制加算 看護職員夜間配置加算 | 7% | 6% | 急性期看護補助体制加算 看護職員夜間配置加算 | 7% | 6% |
| 看護補助加算1 | 6% | 5% | 看護補助加算1 | 6% | 5% |
| 地域包括ケア病棟入院料 特定一般病棟入院料の注7 | 10% | 8% | 地域包括ケア病棟入院料 特定一般病棟入院料の注7 | 14% | 11% |

【経過措置】
<全体>
令和2年3月31日時点で施設基準の届出あり
⇒ 令和2年9月30日まで基準を満たしているものとする。

<急性期一般入院料4>
令和2年3月31日時点で施設基準の届出あり
⇒ 令和3年3月31日まで基準を満たしているものとする。

<200床未満>
許可病床数200床未満の病院
⇒ 令和4年3月31日まで割合の基準値を緩和する。
（※1～3）

※1
現に急性期1又は2を届け出ている病棟に限る。
※2
現に急性期1、2又は3を届け出ている病棟に限る。
※3
現に急性期4を届け出ている病棟に限る。

図2-28　重症度、医療・看護必要度の施設基準の見直し

### A）認知症ケア加算

　認知症ケア加算は2016年度診療報酬改定で評価されたものであり、認知症ケア加算1については総合入院体制加算の届出とも関係している。高齢化に伴い認知症患者が増大しており、認知症ケア加算1については多職種による認知症チームの評価が行われたものである。

　2020年度診療報酬改定では従来の加算1・2による2段階から3段階評価になり、医師要件が緩和され、さらに14日以内について10点プラスの評価が行われた（図2 -29、図2 -30）。重症度、医療・看護必要度において基準②といわれていたB14あるはB15に該当し、A項目1点かつB項目3点が削除された。B14・15は認知症・せん妄に対する評価であるが、認知症の対応は重症度、医療・看護必要度ではなく当該加算で行ってほしいという意味ととらえることができる。

### B）せん妄ハイリスク患者ケア加算

　2020年度診療報酬改定において、一般病棟入院基本料等を算定する病棟において、入院早期にせん妄のリスク因子をスクリーニングし、ハイリスク患者に対して非薬物療法を中心としたせん妄対策を行うことが評価された。

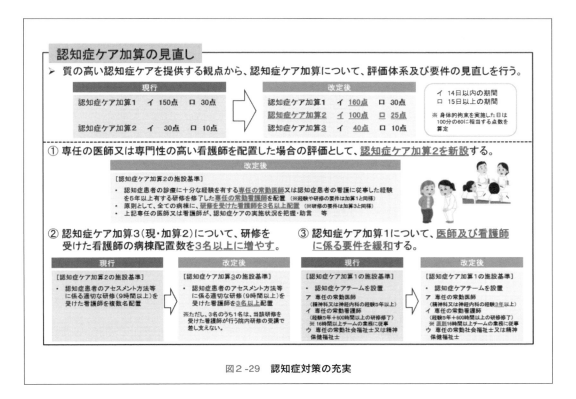

図2 -29　**認知症対策の充実**

**（参考）認知症ケア加算の主な要件等**

| | | 認知症ケア加算１ | （新）認知症ケア加算２ | 認知症ケア加算３ |
|---|---|---|---|---|
| | | 認知症ケアチームによる取組を評価 | 専任の医師又は専門性の高い看護師による取組を評価 | 研修を受けた病棟看護師による取組を評価 |
| 点数※1 | | イ　160点　ロ　30点 | イ　100点　ロ　25点 | イ　40点　ロ　10点 |
| 算定対象 | | 認知症高齢者の日常生活自立度判定基準ランクⅢ以上の患者（重度の意識障害のある者を除く） | | |
| 主な算定要件 | 身体的拘束 | 身体的拘束を必要としないよう環境を整える、身体拘束をするかどうかは複数の職員で検討する、やむを得ず実施する場合は早期解除に努める等 | | |
| | ケア実施等 | 認知症ケアチームと連携し、病棟職員全体で実施 | 病棟の看護師等が実施 | 病棟の看護師等が実施 |
| | 専任の職員の活動 | 認知症ケアチームが、<br>・カンファレンス（週１回程度）　・病棟巡回（週１回以上）<br>・認知症ケアの実施状況把握　・病棟職員へ助言 | 専任の医師又は看護師が、<br>・定期的に認知症ケアの実施状況把握　・病棟職員へ助言 | − |
| 主な施設基準 | 専任の職員の配置 | 認知症ケアチームを設置<br>・専任の常勤医師（精神科・神経内科３年又は研修修了）<br>・専任の常勤看護師（経験５年かつ600時間以上の研修修了）※2<br>…原則週16時間以上、チームの業務に従事<br>・専任の常勤社会福祉士又は精神保健福祉士 | いずれかを配置<br>・専任の常勤医師　（精神科・神経内科３年又は研修修了）<br>・専任の常勤看護師　（経験５年かつ600時間以上の研修修了）※2 | − |
| | 病棟職員 | 認知症患者に関わる全ての病棟の看護師等が、認知症ケアチームによる院内研修又は院外研修を受講<br>（全ての病棟に、加算２・３と同様の９時間以上の研修又は院内研修を受けた看護師を１名以上配置が望ましい） | 全ての病棟に、９時間以上の研修を受けた看護師を３名以上配置（うち１名は院内研修で可） | |
| | マニュアルの作成・活用 | 認知症ケアチームが認知症ケアに関するマニュアルを作成し、周知・活用 | 専任の医師又は看護師を中心に認知症ケアに関するマニュアルを作成し、周知・活用 | 認知症ケアに関するマニュアルを作成し、周知・活用 |
| | 院内研修 | 認知症ケアチームが定期的に研修を実施 | 専任の医師又は看護師を中心に、年１回は研修や事例検討会等を実施 | 研修を修了した看護師を中心に、年１回は研修や事例検討会等を実施 |

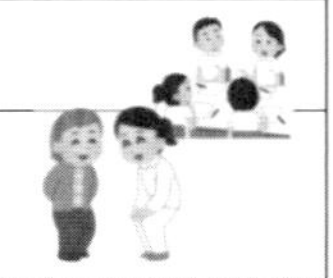

※１　イ：14日以内の期間、ロ：15日以上の期間（身体的拘束を実施した日は100分の60に相当する点数を算定）
※２　認知症ケア加算１・２の専任の常勤看護師の研修は以下のとおり。
① 日本看護協会認定看護師教育課程「認知症看護」の研修　② 日本看護協会が認定している看護系大学院の「老人看護」及び「精神看護」の専門看護師教育課程
③ 日本精神科看護協会が認定している「精神科認定看護師」（認定証が発行されている者に限る）

図２-30　**認知症対策の充実**

（新）　せん妄ハイリスク患者ケア加算　100点（入院中１回）

［施設基準］

（１）一般病棟入院基本料（急性期一般入院基本料に限る。）、特定機能病院入院基本料（一般病棟に限る。）、救命救急入院料、特定集中治療室管理料、ハイケアユニット入院医療管理料又は脳卒中ケアユニット入院医療管理料を算定する病棟であること。

（２）せん妄のリスク因子の確認のためのチェックリスト及びハイリスク患者に対するせん妄対策のためのチェックリストを作成していること。

## （3）2022（令和4）年度診療報酬改定

2022（令和４）年度診療報酬改定においても重症度、医療・看護必要度は変更が加えられた。兼ねてより議論があった心電図モニターの管理が削除され、点滴ライン同時３本以上の管理が注射薬剤３種類以上の管理に、さらに輸血・血液製剤の管理が１点から２点へと重みづけが行われた（図２-31）。

外科系診療科については特に2020（令和２）年度診療報酬改定においてＣ項目が手厚く評価されたため基準値を満たしやすい傾向が強いのに対して、内科系診療科では心電図モニターの管理を削除する影響は大きい。救急患者についてはＡ項目で、救急車搬送入院（重

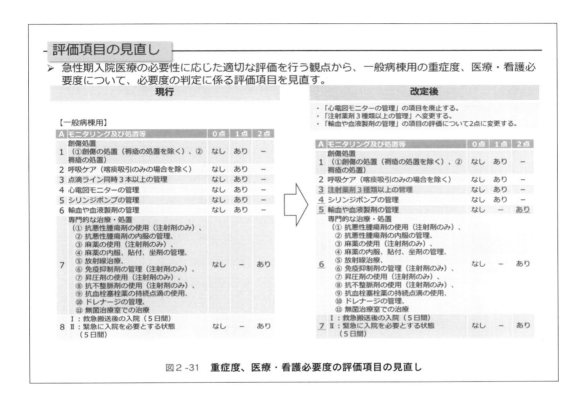

**図2-31　重症度、医療・看護必要度の評価項目の見直し**

症度、医療・看護必要度Ⅰ）、救急医療管理加算あるいは夜間休日救急搬送医学管理料（重症度、医療・看護必要度Ⅱ）で5日まで対象とされているが、救急患者の在院日数は長期化する。つまり、6日目以降に重症度、医療・看護必要度は著しく低下するわけだが、特に高齢者救急が増加し心不全などが増加している昨今、心電図モニターの管理を削除する影響は極めて大きい。それらも踏まえ、基準値については緩和された。特に200床未満の病院で影響が強いことが予想されていたため、200床未満について配慮することになった（図2-32）。

　入院医療等の調査・評価分科会では、「急性期」を掲げるのであれば、「ICU・HCU等の集中治療室を有することが本気で急性期に取り組んでいる証ではないか」という議論もあり、診療実績の違いも明らかにされた。しかし、ICU等の特定ユニットと一般病棟という場の違いもあるため、ICU等の高度医療機能を有するかは急性期充実体制加算に引き継がれることになった。

　さらに、2022年度診療報酬改定では、従来400床以上で要件化されてきた重症度、医療・看護必要度Ⅱについて、許可病床200床以上の病院で急性期一般入院料1を届け出る場合には重症度、医療・看護必要度Ⅱを用いて評価を行うことになった。また、2018（平成30）年度診療報酬改定において7区分とされた急性期一般入院料について6を廃止し、入院料7が入院料6に繰り上がることとなった。

> ➤ 重症度、医療看護必要度の評価項目の見直しに伴い、施設基準を右のとおり見直す。

**現行※**

| | 必要度Ⅰ | 必要度Ⅱ |
|---|---|---|
| 急性期一般入院料1 | 31% | 29% |
| 急性期一般入院料2 | 28%(26%) | 26%(24%) |
| 急性期一般入院料3 | 25%(23%) | 23%(21%) |
| 急性期一般入院料4 | 22%(20%) | 20%(18%) |
| 急性期一般入院料5 | 20% | 18% |
| 急性期一般入院料6 | 18% | 15% |
| 7対1入院基本料（特定） | – | 28% |
| 7対1入院基本料（専門） | 11% | 9% |
| 7対1入院基本料（結核） | 30% | 28% |
| 看護必要度加算1（特定、専門） | 22% | 20% |
| 看護必要度加算2（特定、専門） | 20% | 18% |
| 看護必要度加算3（特定、専門） | 18% | 15% |
| 総合入院体制加算1・2 | 35% | 33% |
| 総合入院体制加算3 | 32% | 30% |
| 急性期看護補助体制加算 看護職員夜間配置加算 | 7% | 6% |
| 看護補助加算1 | 6% | 5% |
| 地域包括ケア病棟入院料 特定一般病棟入院料の注7 | 14% | 11% |

**改定後**

| | | 必要度Ⅰ | 必要度Ⅱ |
|---|---|---|---|
| 急性期一般入院料1 | 許可病床200床以上 | 31% | 28% |
| | 許可病床200床未満 | 28% | 25% |
| 急性期一般入院料2 | 許可病床200床以上 | 27% | 24% |
| | 許可病床200床未満 | 25% | 22% |
| 急性期一般入院料3 | 許可病床200床以上 | 24% | 21% |
| | 許可病床200床未満 | 22% | 19% |
| 急性期一般入院料4 | 許可病床200床以上 | 20% | 17% |
| | 許可病床200床未満 | 18% | 15% |
| 急性期一般入院料5 | | 17% | 14% |
| 7対1入院基本料（特定） | | – | 28% |
| 7対1入院基本料（結核） | | 10% | 8% |
| 7対1入院基本料（専門） | | 30% | 28% |
| 看護必要度加算1（特定、専門） | | 22% | 20% |
| 看護必要度加算2（特定、専門） | | 20% | 18% |
| 看護必要度加算3（特定、専門） | | 18% | 15% |
| 総合入院体制加算1・2 | | 33% | 30% |
| 総合入院体制加算3 | | 30% | 27% |
| 急性期看護補助体制加算 看護職員夜間配置加算 | | 7% | 6% |
| 看護補助加算1 | | 5% | 4% |
| 地域包括ケア病棟入院料 特定一般病棟入院料の注7 | | 12% | 8% |

【経過措置】
令和4年3月31日時点で施設基準の届出あり ⇒ 令和4年9月30日まで基準を満たしているものとする。

※　カッコ内は許可病床数200床未満の経過措置

図2-32　重症度、医療・看護必要度の施設基準の見直し

　地域一般入院基本料についてもデータ提出が要件化されたため、従来の急性期一般入院料に加え、あらゆる急性期機能を有する病院のデータ提出が求められることになった。

# 4　DPC/PDPS

## ▋（1）DPC/PDPSの意義

　DPC（Diagnosis Procedure Combination）は日本版診断群分類であり、多様な患者を臨床的な視点から分類したものである。D（Diagnosis）は傷病名などの診断名を意味しており、P（Procedure）は手術・処置等の診療行為であり、その組み合わせ（Combination）がDPCである。つまり、どのような病名の患者に対して、どのような診療行為を行ったかを組み合わせ、臨床的な視点から分類したものである。このDPCは急性期入院医療の包括払いに用いられており、その観点からの名称をDPC/PDPS（Diagnosis Procedure Combination／Per Diem Payment System）というが、同質的な患者をグルーピングしていることから診療ベンチマークにも積極的に活用されており、医療の質や効率性の比較を行うことが可能となる。

　DPCの分類についてより具体的にみていくと、図2-33に示すように14桁のコードによる分類が行われている。最初の6桁は基本DPCといわれ、いわゆる病名を表している。

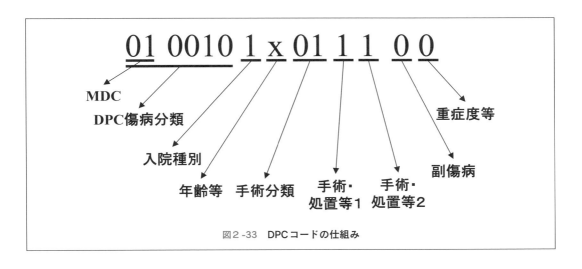

図2-33 DPCコードの仕組み

表2-2 主要診断群（MDC）

| MDC | MDC名称 | DPC傷病名分類の例 |
|---|---|---|
| 01 | 神経系疾患 | 脳腫瘍、くも膜下出血、破裂脳動脈瘤、脳梗塞、アルコール依存症候群等 |
| 02 | 眼科系疾患 | 白内障、緑内障、水晶体の疾患、急性前部ぶどう膜炎等 |
| 03 | 耳鼻咽喉科系疾患 | 伝染性単核球症、睡眠時無呼吸、めまい、突発性難聴、中耳炎等 |
| 04 | 呼吸器疾患 | 肺の悪性腫瘍、急性扁桃腺、急性咽頭喉頭炎、気胸、肺炎等 |
| 05 | 循環器系疾患 | 急性心筋梗塞、再発性心筋梗塞、狭心症、慢性虚血性心疾患等 |
| 06 | 消化器系疾患、肝臓・胆道・膵臓疾患 | 食道の悪性腫瘍、胃の悪性腫瘍、大腸の悪性腫瘍等 |
| 07 | 筋骨格系疾患 | 黒色腫、肩関節炎、手肘の関節炎、関節リューマチ、痛風等 |
| 08 | 皮膚・皮下組織の疾患 | 急性膿皮症、帯状疱疹、アトピー性皮膚炎、薬疹等 |
| 09 | 乳房の疾患 | 乳房の悪性腫瘍、乳房の良性腫瘍等 |
| 10 | 内分泌・栄養・代謝に関する疾患 | 甲状腺の悪性腫瘍、糖尿病性ケトアシドーシス、2型糖尿病等 |
| 11 | 腎・泌尿器科系 | 腎の悪性腫瘍、膀胱腫瘍、前立腺の悪性腫瘍、慢性腎不全等 |
| 12 | 産婦人科系 | 卵巣・子宮附属器の悪性腫瘍、切迫早産、妊娠中の糖尿病等 |
| 13 | 血液内科系 | 急性白血病、ホジキン病、非ホジキンリンパ腫、多発性骨髄腫等 |
| 14 | 新生児疾患 | 妊娠期間短縮、低出産体重に関連する障害等 |
| 15 | 小児疾患 | ウィルス性腸炎、細菌性腸炎、川崎病、染色体異常等 |
| 16 | 外傷・熱傷・中毒 | 化学熱傷、薬物中毒、骨折等 |
| 17 | 精神疾患 | 統合失調症、気分障害、神経症性障害 |
| 18 | その他 | 敗血症、性感染症等 |

そのうち初めの2桁が主要診断群（MDC：Major Diagnosis Category）であり、臓器別で編成された診療科を18に分類している（表2-2）。次の4桁はICD10（International statistical classification of disease and related health problems tenth revision）に対応する病名コードが付されている。さらに7桁目が入院種別を表す。「検査入院」・「教育入院」・

「その他」に分類され（2006年改定により廃止）、8桁目には年齢等が設けられている。同じ病名であっても年齢等によって医療資源の投入量が異なる場合が想定されるからである。その次の2桁が手術分類であり、手術の有無や種類等による分類が行われる。さらに手術・処置等1および手術・処置等2は、補助手術や人工腎臓・化学療法・放射線療法等の状況を示している。13桁目の副傷病（定義副傷病という）は、併存症や続発症の状況を示しており、最後の14桁目の重症度は、13桁目までで表しきれない医療資源の投入量の状況を反映している。

## （2）診療報酬の支払方式としてのDPC/PDPS

DPCは急性期入院医療の包括払いという点で有名であるが、急性期病院の入院収入のすべてが包括払いというわけではない。図2-34に示すように、この包括評価の範囲には、いわゆるホスピタルフィー的要素といわれる、入院基本料、検査、画像診断、投薬、注射、1,000点未満の処置料等が含まれている。それに対して、いわゆるドクターフィー的な要素として、手術料、麻酔料、放射線療法、カテーテル検査、内視鏡検査、1,000点以上の処置料等があり、これらは出来高評価になっている。病院の機能によって異なるが、包括収入の割合が内科系の病院では60%〜70%、外科系の病院では50%を下回ることもある。一般的には入院診療単価が高い病院ほど包括収入の割合が低く、出来高収入の割合が高くなる。

包括評価の範囲については、診断群分類ごとの1日当たり点数によって決定されている。原則的な包括評価の方法では、入院日数に応じて3段階に設定されている。図2-34に示すように、入院期間Iは入院日数の25パーセンタイル値であり、ここまでは全国のDPC

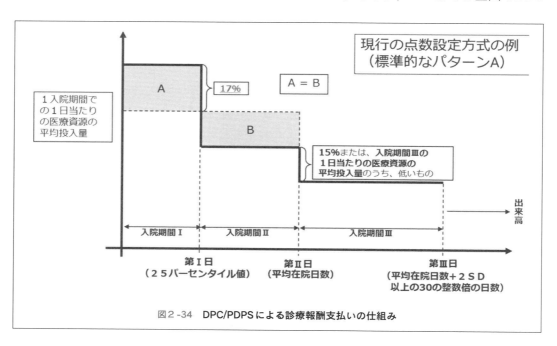

図2-34 DPC/PDPSによる診療報酬支払いの仕組み

対象病院の平均点数に17％が加算され、高い入院診療単価が期待できる。また25パーセンタイル値から平均在院日数までの入院期間Ⅱは、平均在院日数まで入院した場合の1日当たり点数の平均点が1日当たり平均点を段階を設けずに設定した場合と等しくなるように設定されている。つまり、図2-34のAとBの面積が等しくなるように入院期間Ⅱの点数は決定されていることになる。さらに入院期間Ⅱを超えると15％の減算、または入院期間Ⅲの1日当たりの医療資源の平均投入量のうち、低いものとされる。平均在院日数から標準偏差の2倍を超える入院期間Ⅲを超える30の整数倍の期間には出来高算定が行われる仕組みになっている。入院日数を短縮することが高い入院診療単価につながることを意味することから、DPC/PDPSの環境下ではクリニカル・パス等により標準化を進めながら入院日数を短縮することが重要となる。

## (3) 医療機関別係数

　DPC/PDPSでは、前述したように医療機関別係数が存在し、医療機関ごとの係数に基づき診療報酬の支払いを受けることになる。DPC/PDPSが包括払いであるからといって、必要な検査や投薬を行わないなどの粗診粗療は行うべきではなく、大切なことは王道に立ち返り医療機能を高め、医療機関別係数を向上させることである。DPC開始以来、行き過ぎた持参薬を行う病院があることが指摘されてきた。確かに包括払いというDPC環境下では入院中の投薬は経済的にマイナスになるが、患者にとっては二重払いとなるなどの不利益もあるため、2014年度診療報酬改定では入院の契機となる疾患に対して使用する薬剤を患者に持参させて使用することが禁止された。

　医療機関別係数は、基礎係数、機能評価係数Ⅰおよび機能評価係数Ⅱ、激変緩和係数の4つから構成されている。なお、激変緩和係数については、診療報酬改定時の激変を緩和するため、改定年度1年間に限り設定している係数であり、該当する医療機関のみに限って設定される。基礎係数は、2012年度診療報酬改定で導入されたものであり、医療機関群ごとに異なる係数設定が行われている。当初は、調整係数を廃止した後は、機能評価係数Ⅱに置き換えを行う方向であったが、すべてを置き換えることは困難であるとされ、調整係数に代わる係数の1つとして評価された。暫定調整係数は、前年度並みの収入を保証する役割を果たしてきたものだが、性格が不明瞭であるなどの批判もあり、2018年度改定で廃止された。また、機能評価係数Ⅰは医療機関の構造的な面が主に評価されたものであり、これらはDPC/PDPSに固有のものではなく、出来高での評価も行われている。最後に機能評価係数Ⅱが医療機関の質的側面からの機能を評価したものであり、6項目から構成されている。

## (4) 基礎係数と医療機関群

　医療機関群ごとに基礎係数が設定されており、診療報酬改定ごとに医療機関群の対象病

院の入れ替えとその資源投入量に基づき基礎係数が決まる。DPC特定病院群については、実績要件を充足した医療機関であるため、優れた診療機能を有しているととらえることができる。ここでは、医療機関群ごとの診療機能についてDPC評価分科会から公表されている2018年度の診療実績を用いて検証を行う。

図2 -35は、医療機関群別に診療実績を集計したものであり、ここから全身麻酔及び手術について大学病院本院群及びDPC特定病院群の実績が優れている。DPC特定病院群では、外保連手術指数等の評価があることが関係しているのであろう。一方で、救急医療については、救急車搬送入院及び重篤な緊急入院を意味する救急医療入院でDPC標準病院群の件数が大学病院本院群よりも多くなる。大学病院本院群全体の4分の3が予定入院であることが関係しているわけだが、救急に注力することによってDPC標準病院群になることもあるだろう。救急医療は入院初期の段階では医療資源投入量が多いが、入院の後半になると治療は終了しても退院できなかったり、転院待ちなども生じ、診療密度が下落する傾向がある。だとしたら、連携を強化することが重要になることは言うまでもないが、地域の事情によっては地域包括ケア病棟を院内で設置し一定期間経過後に転院させるという運用が功を奏することだろう。

救急が少ないことの裏返しでもあるが、化学療法及び紹介ありは大学病院本院で多くなる。がん患者などの紹介が多いことを意味している。そして何よりも重要なのは図2 -36にある1床1月当たりの退院患者数を増加させることだ。これは病床の回転をみたもので

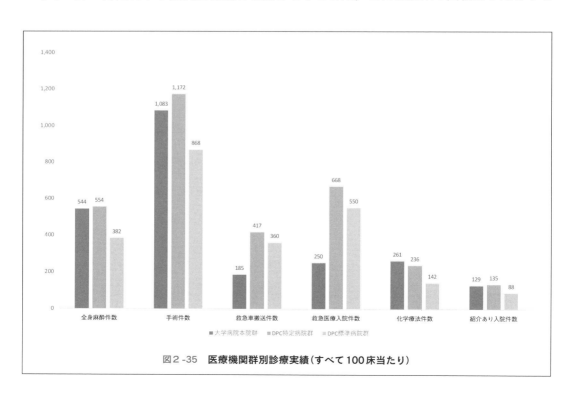

図2 -35　**医療機関群別診療実績（すべて100床当たり）**

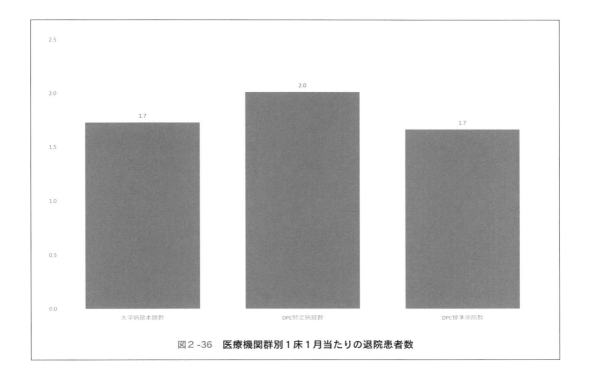

図2 -36　医療機関群別1床1月当たりの退院患者数

あり、限られた病床でできるだけ多くの新入院患者を獲得することがポイントになる。仮に新入院が獲得できないのであれば、分母の病床数（ここではDPC算定病床数を用いている）、を減らすという選択肢もあるだろう。なお、DPC特定病院群が優れているのは、より多くの新入院患者に選ばれ、獲得しているからこそ、平均在院日数も短くなるのだろう。大学病院本院群とDPC標準病院群の数値は同じであるが、分子の退院患者数には地域包括ケア病棟等への院内転棟患者は含まれていない。DPC標準病院群では地域包括ケア病棟等を有するケースも多いため、大学病院本院群は病床数に対して新入院患者の獲得に課題があるといえる。もちろん、患者構成が異なり単純な比較はできないが、手術と救急にバランスよく取り組み効率的な病床運用を行うことがDPC特定病院群のような高い評価を受けることにつながっている（図2 -37）。

## ▍（5）機能評価係数Ⅰ

　機能評価係数Ⅰは、医療機関の構造的な面が評価されたものであり、DPC/PDPSに特有のものではない。しかしながら、係数の金額的な重みは大きく、施設基準等の届出等を適切に行うことが期待される。

### A）総合入院体制加算

　総合入院体制加算は、総合的かつ専門的な急性期医療を提供する体制を評価したもので

DPC特定病院の実績
・下記の【実績要件1】〜【実績要件4】のそれぞれについて、大学病院本院の最低値（ただし、外れ値を除く）より高い医療機関をDPC特定病院とする。

| 【実績要件1】：診療密度 | 1日当たり包括範囲出来高平均点数（全病院患者構成で補正；外的要因補正） | | |
|---|---|---|---|
| 【実績要件2】：医師研修の実施 | 許可病床1床あたりの臨床研修医師数（基幹型臨床研修病院における免許取得後2年目まで） | | |
| 【実績要件3】：医療技術の実施（6項目のうち5項目以上を満たす） | 外保連試案 | （3a）：手術実施症例1件あたりの外保連手術指数 | |
| | | （3b）：DPC算定病床当たりの同指数 | |
| | | （3c）：手術実施症例件数 | |
| | 特定内科診療 | （3A）：症例割合 | |
| | | （3B）：DPC算定病床当たりの症例件数 | |
| | | （3C）：対象症例件数 | |
| 【実績要件4】：重症患者に対する診療の実施 | 複雑性指数（重症DPC補正後） | | |

図2-37　医療機関群の実績要件

あり（特定機能病院および専門病院入院基本料を算定する病棟を有する病院以外の病院）、2020年10月1日現在、総合入院体制加算1が45病院、総合入院体制加算2が185病院、総合入院体制加算3が153病院が届け出をしている。500床程度の病院で総合入院体制加算1を届け出ると、年間2億円程度の真水の増収になることが予想される。

　総合入院体制加算を届け出るためには、以下に示す要件に加え、積極的な逆紹介を推進することが求められ、診療情報提供料および退院時情報添付加算の算定状況が鍵を握る。診療情報提供料（Ⅰ）は、逆紹介を行った際に算定が可能であり（患者1人につき月1回250点）、また退院時情報添付加算は、心電図、脳波、画像診断の所見等診療上必要な検査結果、画像情報等および退院後の治療計画等を添付することが要件として求められている（200点）。積極的に逆紹介を推進し、診療情報提供料（Ⅰ）を算定することは必須であるが、退院時に情報等を添付することも求められる。責任のある逆紹介をするということは、画像や検査データ等を添付することであるし、仮に算定漏れがあるならば院内に仕組みを整備しなければならない（図2-38）。診療情報提供料（Ⅰ）および退院時情報添付加算は、地域中核病院にとって非常に重要な意義を有している。

　総合入院体制加算は小児科、産科または産婦人科を標榜していることが届出の要件とされてきたが、地域医療構想が目指す機能分化と連携に支障をきたす面もあるため、2020年度診療報酬改定では地域において質の高い医療提供体制を確保する観点から医療機関間で医療機能の再編統合を行うために、地域医療構想調整会議での合意を得た場合に限って、

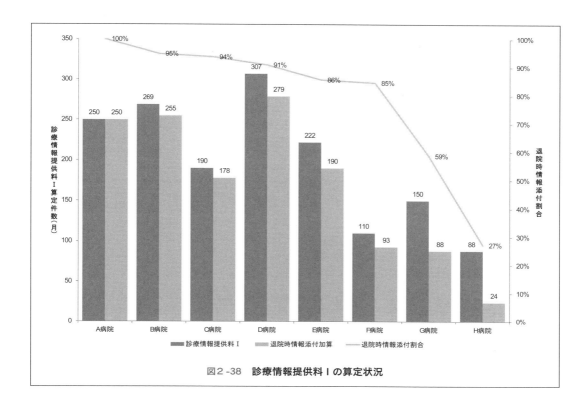

図2-38　診療情報提供料Ⅰの算定状況

当該診療科の届出がなくても施設基準を満たしていることになった。

　総合入院体制加算1・2（81ページ参照）あるいは総合入院体制加算3を2014年4月以降に届け出た場合には地域包括ケア病棟を設置することができない。地域包括ケア病棟は高度で総合的な医療機関が設置するものではないという趣旨なのであろう。総合入院体制加算の報酬が多額であるため、地域包括ケア病棟よりも総合入院体制加算が優先される傾向がある。両者の選択に当たっては、地域の実情を見据えた意思決定が求められている。（図2-39）。

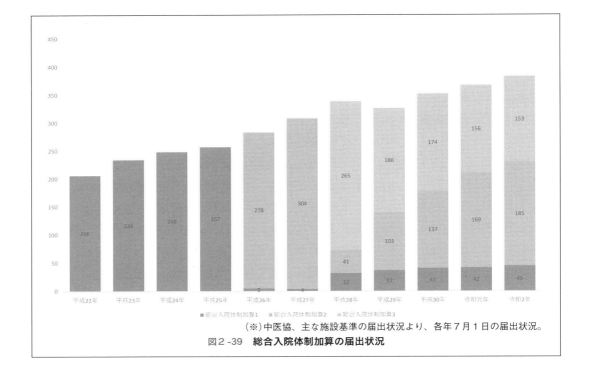

（※）中医協、主な施設基準の届出状況より、各年7月1日の届出状況。

図2 -39　総合入院体制加算の届出状況

## column ④　実績要件の特徴

　医療機関群の評価は2012（平成24）年度診療報酬改定時に導入され当初90病院からスタートし改定ごとに病院数は増加していき2020（令和2）年度には181になった（図2-40）。当初、医療機関群はⅠ・Ⅱ・Ⅲ群とされたが、上下関係や格付けのようだという批判もあり、大学病院本院群、DPC特定病院群、DPC標準病院群と名称が変更された。さらに、2016（平成28）年度改定において当時、高度な医療技術の実施とされていたものが、外保連試案だけであることは外科系に偏っていることから、特定内科診療が導入された（表2-3、表2-4、表2-5）。また、診療密度について後発医薬品が存在するものについては薬価の最低値に置き換えて試算を行うなどのマイナーチェンジが施された。しかし、基本的な思想は当初から一貫して変わっておらず、それなりの高度急性期病院がDPC特定病院群として高い基礎係数が付与されている。ただし、機能評価係数Ⅱについては医療機関群ごとで評価される項目もあり、DPC標準病院群の方が有利になる場合もある。

　DPC特定病院群は基準値が大学病院本院の最低値（明らかな外れ値を除く）に設定されるため、大学病院本院の診療実績によって影響を受けるわけで当落線上にある病院にとってそこに留まろうとするならば、どのような方針を採用するかが明暗を分けることになる。

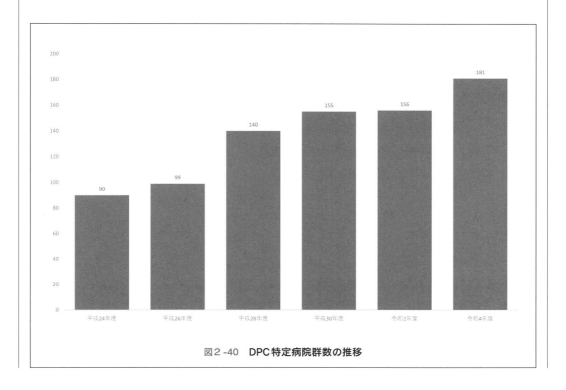

図2-40　DPC特定病院群数の推移

表2-3　特定内科診療（1/3）

| 疾患NO. | 疾患名 | 対象DPCコードと条件 | ポイント |
|---|---|---|---|
| 1 | 重症脳卒中<br>（入院時JCS30以上） | 010040x199x$$x（入院時JCS30以上）<br>010060x199$$$$（入院時JCS30以上）<br>010060x399$$$$（入院時JCS30以上）<br>DPC対象外コードを含む | 脳出血と脳梗塞<br>入院時JCS30以上 |
| 2 | 髄膜炎・脳炎 | （入院時JCS100以上、もしくは処置2ありのうち人工呼吸あり） | 処置2（人工呼吸） |
| 3 | 重症筋無力症クリーゼ | 010130xx99x$xx（処置2あり/なし）<br>（ICDG700のみ）（DPC外含） | 診断名（ICD10）で判断 |
| 4 | てんかん重積状態 | 010230xx99x$$x（処置2・副傷病あり/なし）<br>（ICDG41$のみ） | 診断名（ICD10）で判断 |
| 5 | 気管支喘息重症発作 | 040100xxxxx$$x（処置2あり）（J045人工呼吸）（ICDJ46$、J45$のみ） | 処置2（人工呼吸） |
| 6 | 間質性肺炎 | 040110xxxxx1xx（処置2あり）（ICD絞りなし）<br>040110xxxxx2xx（処置2あり）（ICD絞りなし）<br>のうちJ045人工呼吸あり | 処置2（人工呼吸） |
| 7 | COPD急性増悪 | 040120xx99$1xx（処置2あり）（DPC外含） | 処置2（人工呼吸） |
| 8 | 急性呼吸窮＜促＞迫症候群、ARDS | 040250xx99x$xx（処置2あり）（J045人工呼吸あれば可PGI2のみは除く） | 処置2（人工呼吸） |

表2-4　特定内科診療（2/3）

| 疾患NO. | 疾患名 | 対象DPCコードと条件 | ポイント |
|---|---|---|---|
| 9 | 急性心筋梗塞 | 050030xx975$$x（処置15あり）（ICDI21$のみ） | Kコードあり |
| 10 | 急性心不全 | 050130xx99$$$x（処置2ありSPECT・シンチ・中心静脈注射のみ除く）<br>050130xx975$xx（処置15あり） | 人工呼吸or緊急透析<br>Kコードあり |
| 11 | 解離性大動脈瘤 | 050161xx99$$xx（処置2あり中心静脈注射のみ除く）（DPC外含） | 処置2（人工呼吸・緊急透析） |
| 12 | 肺塞栓症 | 050190xx975xxx（処置15あり）（ICDI822を除く）050190xx99x$xx（処置2あり中心静脈注射のみ除外）（ICDI822を除く） | 処置2（人工呼吸・緊急透析）<br>Kコードあり |
| 13 | 劇症肝炎 | 060270xx$$x$xx 060270xx97x40x<br>060270xx97x41x（手術あり/なし、処置2あり中心静脈注射のみ除外）（ICD絞りなし） | 処置2（人工呼吸、PMX等） |
| 14 | 重症急性膵炎 | 060350xx$$$1x$（手術あり/なし、処置2あり中心静脈注射のみ除外）（ICDK85のみ）（DPC外含） | 処置2（人工呼吸、CHDF等） |
| 16 | 糖尿性ケトアシドーシス | 100040（DPC6桁全て） | 診断名あればすべて |
| 17 | 甲状腺クリーゼ | 100140xx99x$$x（処置2あり/なし）（ICDE055のみ） | 診断名と手術なし |
| 18 | 副腎クリーゼ | 100202xxxxxxxx（処置2あり/なし）（ICDE272のみ） | 診断名あればすべて |

表2-5　特定内科診療(3/3)

| 疾患NO. | 疾患名 | 対象DPCコードと条件 | ポイント |
|---|---|---|---|
| 19 | 難治性ネフローゼ症候群 | 110260xx99x$xx(処置2あり/なし)(腎生検D412必須) | 診断名と腎生検 |
| 21 | 急速進行性糸球体腎炎 | 110270xx99x$xx(処置2あり/なし)(腎生検D412必須)(DPC外含)診断 | 診断名と腎生検 |
| 22 | 急性白血病 | 130010xx99x$xx(化学療法あり)(ICDC910、C920、C950のみ) 130010xx97x$xx(化学療法あり)(ICDC910、C920、C950のみ)(DPC外含) | 化学療法、実症例数 |
| 23 | 悪性リンパ腫 | 130020xx$$x3xx(DPC外含) 130020xx$$x4xx(DPC外含) 130030xx99x$$x(化学療法あり) 130030xx97x$$x(化学療法あり)(ICD絞りなし)(DPC外含) | 化学療法、実症例数 |
| 24 | 再生不良性貧血 | 130080(DPC6桁全て)(ICD絞りなし) | 実症例数 |
| 26 | 頸椎頸髄損傷 | 160870(DPC6桁全て)(ICD絞りなし)(リハビリ実施必須) | リハビリ |
| 27 | 薬物中毒 | 161070(DPC6桁全て)(処置2あり中心静脈注射のみ除外)(ICD絞りなし)(DPC外含) | 処置2(人工呼吸・PMX 等)あり |
| 28 | 敗血症性ショック | 180010x$xxx3xx(処置23あり)(ICD絞りなし)(DPC外含) | 処置23(PMX・CHDF)あり |

表2-6　DPC特定病院群実績要件の基準値

| 要件 | 平成24年度改定基準値 | 平成26年度改定基準値 | 平成28年度改定基準値 | 平成30年度改定基準値 | 令和2年度改定基準値 | 令和4年度改定基準値 |
|---|---|---|---|---|---|---|
| 【実績要件1】診療密度 | 2,438.6 | 2,482.9 | 2,513.24 | 2413.38 | 2476.99 | 2,544.49 |
| 【実績要件2】医師研修の実施 | 0.0163 | 0.0233 | 0.0222 | 0.0180 | 0.0211 | 0.019 |
| 【実績要件3】医療技術の実施(6項目のうち5項目以上) | | | | | | |
| 外保連試案 (3a):手術実施症例1件当たりの外保連手術指数 | 14.69 | 12.39 | 12.99 | 14.08 | 13.72 | 14.14 |
| (3b):DPC算定病床当たりの同指数 | 134.59 | 102.68 | 118.18 | 119.18 | 141.45 | 128.86 |
| (3c):手術実施症例件数 | 3,200 | 2,529 | 4,695 | 4,837 | 5,972 | 5,223 |
| 特定内科診療 (3A):症例割合 | – | – | 0.0101 | 0.0095 | 0.0101 | 0.0126 |
| (3B):DPC算定病床当たりの症例件数 | – | – | 0.1940 | 0.2020 | 0.2348 | 0.2495 |
| (3C):対象症例件数 | – | – | 115 | 124 | 141 | 154 |
| 【実績要件4】補正複雑性指数 | 0.1248 | 0.1197 | 0.0855 | 0.0954 | 0.1077 | 0.0918 |

　表2-6は、2012(平成24)年度改定時からの各実績要件についての基準値の推移である。当初2012年度改定時に基礎係数ができた際には、手術実施症例1件当たりの外保連手術指数のハードルが高く、これだけ満たせない病院が多かった。当時は、特定内科診療の評価がなかったため、(3a)～(3c)の全てを満たす必要があった。

　その後、2014年度改定時は医師研修の実施が大きくハードルが上がった。大学病院本院において初期研修医が充実してきたことを意味する。2016年度改定では特定内科診療が評価に入り、医療技術の実施のうち6項目のうち5項目を満たせばよくなった。特定内科診療についてはハードルが非常に低く救急に注力するか血液内科を有していれば基準値をクリアしやすいことから、外保連試案の(3a)、(3b)のいずれかを満たせばよくなり、ある程度の規模の病院であれば、DPC特定病院群になりやすくなった。ただし、診療密度が基準値を下回れば、他を全て満たしてもだめなわけである。診療密度の基準値が引きあがったこともありこれが注目を集め、この傾向は2018年度

改定時も同様であった。

　そして2020年度診療報酬改定であるが、1日当たり包括範囲出来高点数である診療密度については前回よりも基準値は上がったが、それほどハードルが高くなかった印象だ。DPC/PDPSの包括範囲に含まれる検査や画像診断を入院中に無駄に実施すれば診療密度は高くなるが、そのような選択は通常しないであろうから、ポイントは「1日当たり」であり、治療が終了したらすみやかに退院させることが重要だ。また、包括範囲に含まれる入院中のエコーなどをオーダリングに適切に入力するなどの取り組みも評価を高めるだろう。一方で、手術実施症例件数は前回改定時に比べ1,000件を超えるほど上回り600床以上ある病院であっても軒並み基準値を満たせなかった。もちろん、それでも医療技術の実施は6項目のうち5つでよいわけであるから、優れた実績を有するならばどちらかでカバーできるだろう。ただし、比較的小手術の割合が多ければ（3a）が厳しくなるし、過剰にDPC病床を保有している割には手術が多くなければ（3b）を落とすことになる。中には地域包括ケア病棟を設置し、DPC算定病床数を減らし（3b）の分母を減らそうという病院もある。さらに、地域包括ケア病棟に外保連手術指数の評価が低い白内障患者を入院させることで（3a）を満たそうという病院もある。

　なお、特定内科診療については重症脳卒中、心不全や血液系疾患への注力状況が問われているが、大学病院本院の最低値が基準であり、救急よりも予定入院が多いのが大学病院本院であるからハードルは低い。

　さらに、2020年度改定では補正複雑性指数の基準値のハードルが今までよりも高くなったことから、これだけを下回った病院も少なくない。これらの病院は循環器内科に強みを有しており、CAG、PCIなどの短期症例を多数実施する病院が多いようだ。実施できることとしては、CAGや白内障手術患者など外来で実施できるものは外来化を行うということだ。補正複雑性指数で高い評価になるのは急性白血病や悪性リンパ腫などの血液系疾患であり、血液内科の存在が医療機関群に影響を及ぼす可能性もある。なお、2022年度改定の実績要件は比較的緩く、クリアしやすい印象があった。

　DPC特定病院群になるためには、在院日数を短縮し、集中治療を行うことにより診療密度は高まる。そして、手術と救急をバランスよく実施することによって外保連、特定内科診療の基準を満たす。そして、外来化できるものは外来で行うことが求められている。

**【総合入院体制加算1の主な要件】**

　①年間の手術件数が800件以上であること。また、実績要件をすべて満たしていること。

ア　人工心肺を用いた手術および　　　　　　40件／年以上
　　人工心肺を使用しない冠動脈、
　　大動脈バイパス移植術
イ　悪性腫瘍手術　　　　　　　　　　　　　400件／年以上
ウ　腹腔鏡下手術　　　　　　　　　　　　　100件／年以上
エ　放射線治療(体外照射法)　　　　　　　　4,000件／年以上
オ　化学療法　　　　　　　　　　　　　　　1,000件／年以上
カ　分娩件数　　　　　　　　　　　　　　　100件／年以上

　②救命救急医療(第三次救急医療)として24時間体制の救急を行っていること。

　③医療法上の精神病床を有する医療機関であること。また、精神病棟入院基本料、精神科救急入院料、精神科急性期治療病棟入院料、精神科救急・合併症入院料、児童・思春期精神科入院医療管理料のいずれかを届け出ており、現に精神疾患患者の入院を受け入れていること。

　④公益財団法人日本医療機能評価機構等が行う医療機能評価を受けている病院又はこれらに準ずる病院であること。

　など


**【総合入院体制加算2の主な要件】**

　①年間の手術件数が800件以上であること、年間の救急用の自動車等による搬送件数が2,000件以上であること。また、実績要件について全て満たしていることが望ましく、少なくとも4つ以上満たしていること。

　②精神科については、24時間対応できる体制(自院又は他院の精神科医が、速やかに診療に対応できる体制も含む)があり、以下のいずれも満たすこと。

イ　精神科リエゾンチーム加算、又は認知症ケア加算1の届け出を行っていること。
ロ　精神疾患診療体制加算2又は救急搬送患者の入院3日以内の入院精神療法若しくは救命救急入院料の注2の加算の算定件数が年間20件以上であること。

　③公益財団法人日本医療機能評価機構等が行う医療機能評価を受けている病院又はこれらに準ずる病院であること。

　など

　※認知症ケア加算は、2016年度診療報酬改定で新設された項目であり、多職種での認知症チームの評価が行われた。

**【急性期充実体制加算】**

　地域において急性期・高度急性期医療を集中的・効率的に提供する体制を確保する観点から、手術や救急医療等の高度かつ専門的な医療に係る実績を一定程度有した上で急性期入院医療を実施するための体制について、2022年度診療報酬改定において新たな評価が行われた。総合入院体制加算を上回る点数設定であり、これからの高度急性期病院像が示されたことになるだろう。なお、当該加算は機能評価係数ではなく、出来高項目となる。

（新）　急性期充実体制加算（1日につき）
1　7日以内の期間　　　　　　　　　　　460点
2　8日以上11日以内の期間　　　　　　　250点
3　12日以上14日以内の期間　　　　　　 180点

［施設基準］
（1）　一般病棟入院基本料（急性期一般入院料1に限る。）を算定する病棟を有する病院であること。
（2）　地域において高度かつ専門的な医療および急性期医療を提供するにつき十分な体制が整備されていること。
（3）　高度かつ専門的な医療および急性期医療に係る実績を十分有していること。
（4）　入院患者の病状の急変の兆候を捉えて対応する体制を確保していること。
（5）　感染対策向上加算1に係る施設基準の届出を行っている保険医療機関であること。
（6）　当該保険医療機関の敷地内において喫煙が禁止されていること。
（7）　公益財団法人日本医療機能評価機構等が行う医療機能評価を受けている病院またはこれに準ずる病院であること。
（※）なお、当該加算を算定する場合には、総合入院体制加算は別に算定できない。

1．手術等の実績
ア　以下のうち、（イ）および、（ロ）から（ヘ）までのうち4つ以上を満たしていること。
（イ）全身麻酔による手術について、2,000件／年以上（うち、緊急手術350件／年以上）または許可病床数300床未満の保険医療機関にあっては、許可病床1床あたり6.5件／年以上（うち、緊急手術1.15件／年以上）
（ロ）悪性腫瘍手術について、400件／年以上または許可病床数300床未満の保険医療機関にあっては、許可病床1床あたり1.0件／年以上
（ハ）腹腔鏡下手術または胸腔鏡下手術について、400件／年以上または許可病床数300床未満の保険医療機関にあっては、許可病床1床あたり1.0件／年以上
（ニ）心臓カテーテル法による手術について、200件／年以上または許可病床数300床未

満の保険医療機関にあっては、許可病床1床あたり0.6件／年以上

（ホ）消化管内視鏡による手術について、600件／年以上または許可病床数300床未満の保険医療機関にあっては、許可病床数1床あたり1.5件／年以上

（ヘ）化学療法の実施について、1,000件／年以上または許可病床数300床未満の保険医療機関にあっては、許可病床1床あたり3.0件／年以上

２．救急医療

　救命救急センターであること、あるいは救急用の自動車または救急医療用ヘリコプターによる搬送件数が、年間で2,000件以上、または許可病床数300床未満の保険医療機関にあっては、許可病床1床あたり6.0件／年以上であること。

３．精神系疾患への対応

　精神科に係る体制として、自院または他院の精神科医が速やかに診療に対応できる体制を常時整備していること。また、区分番号「A248」の「2」精神疾患診療体制加算2の算定件数または救急搬送患者の入院3日以内における区分番号「I001」入院精神療法もしくは区分番号「A300」救命救急入院料の注2に規定する精神疾患診断治療初回加算の算定件数が合計で年間20件以上であること。精神科リエゾンチーム加算または認知症ケア加算1または2の届出を行っていること。

４．外来機能

　区分番号「A000」初診料の「注2」および「注3」並びに区分番号「A002」外来診療料の「注2」および「注3」に規定する紹介割合・逆紹介割合について、紹介割合の実績が50‰以上かつ逆紹介割合の実績が30‰以上であること。

イ　紹介受診重点医療機関であること。

５．勤務医の負担軽減

　病院の医療従事者の負担の軽減および処遇の改善に資する体制として、医科点数表第2章第9部処置の通則の5に掲げる休日加算1、時間外加算1および深夜加算1の施設基準の届出を行っていることが望ましい。なお、届出を行っていない場合は、別添7の様式14にその理由を記載すること。

６．その他

ア　療養病棟入院基本料または地域包括ケア病棟入院料（地域包括ケア入院医療管理料を含む）の届出を行っていない保険医療機関であること。

イ　一般病棟における平均在院日数が14日以内であること。

　なお、平均在院日数の算出方法については、入院基本料等における算出方法にならうものとする。

ウ　一般病棟の退棟患者（退院患者を含む。）に占める、同一の保険医療機関の一般病棟以外の病棟に転棟したものの割合が、1割未満であること。

エ　当該保険医療機関と同一建物内に特別養護老人ホーム、介護老人保健施設、介護医療

　　　院または介護療養型医療施設を設置していないこと。
オ　特定の保険薬局との間で不動産の賃貸借取引がないこと。
　　　また、感染対策向上加算の届出が要件とされている。

### B）感染対策向上加算

　従来の感染防止対策加算が、2022年度診療報酬改定において名称変更等が行われ、感染対策向上加算となった。加算1については、感染防止対策につき、加算2または加算3の届出医療機関等と連携し、新興感染症の発生を想定した訓練を行い、発生時には患者を受け入れる体制を整備し、患者受け入れ時には汚染区域や清潔区域のゾーニングの実施などが求められている。

| 1 | 感染対策向上加算1 | 710点 |
|---|---|---|
| 2 | 感染対策向上加算2 | 175点 |
| 3 | 感染対策向上加算3 | 75点 |

### C）地域医療支援病院入院診療加算

　地域医療支援病院入院診療加算は、地域医療支援病院における紹介患者に対する医療提供、病床や高額医療機器等の共同利用、24時間救急医療の提供等が評価されたものであり、入院初日に1,000点を算定でき、逆紹介を推進し、紹介患者に注力する戦略を採用し、実行することが地域医療支援病院への道を切り拓く。地域医療支援病院の承認を受けるためには、外来患者を絞り込む施策が求められるが、それは地域によって容易ではないのも事実である。しかし、今後の急性期病院は、外来を縮小し、入院診療に注力することが医療政策の方向性として掲げられており、一定の紹介率と逆紹介率を維持することが求められる。

　地域医療支援病院制度は、地域で必要な医療を確保し、地域の医療機関の連携等を図る観点から、かかりつけ医等を支援する医療機関として、1997（平成9）年の第三次医療法改正において創設され、2020（令和2）年10月現在で652病院が承認を受けている。

　具体的には、①紹介率80％を上回っていること　②紹介率が65％を超え、かつ、逆紹介率が40％を超えること　③紹介率が50％を超え、かつ、逆紹介率が70％を超えることが求められている。

紹介率＝紹介患者の数÷初診患者の数×100（％）
逆紹介率＝逆紹介患者の数÷初診患者の数×100（％）

　2020（令和2）年度診療報酬改定では、特定機能病院及び従来、許可病床400床以上で

あった地域医療支援病院に対する初再診時の選定療養費の義務化が一般病床200床以上に拡大されることになった。これは、紹介状なしで受診した患者から定額負担の徴収を義務化したものであり、定額負担を徴収しなかった場合の事由についての報告も求められる。

なお、特定機能病院は高度医療の提供、高度の医療技術の開発及び高度医療に関する研修を実施する能力等を備えた病院として、第二次医療法改正において1993（平成５）年から制度化され、2021（令和３）年４月１日現在で87病院が承認されている。そのうち79施設が大学病院の本院であるが、国立がん研究センター中央病院や国立循環器病研究センターなど、大学病院本院以外でも承認されている一方で、全ての大学病院本院が特定機能病院というわけでもない。原則として400床以上で医師配置が通常の２倍程度の配置が最低水準とされるなどの要件が義務付けられている（図２-41）。特定機能病院は、一般病棟とは異なる高い報酬水準の入院料が設定されている。

### D）紹介受診重点医療機関入院診療加算

医療資源を重点的に活用する外来を地域で基幹的に担う医療機関である紹介受診重点医療機関における入院医療の提供に係る評価が2022年度診療報酬改定において新たに行わ

**特定機能病院制度の概要**

**趣　旨**

医療施設機能の体系化の一環として、高度の医療の提供、高度の医療技術の開発及び高度の医療に関する研修を実施する能力等を備えた病院について、厚生労働大臣が個別に承認するもの。

※承認を受けている病院（平成31年4月1日現在）… 86病院（大学病院本院79病院）

**役　割**

○高度の医療の提供　　○高度の医療技術の開発・評価
○高度の医療に関する研修　　○高度な医療安全管理体制

**承認要件**

○ 高度の医療の提供、開発及び評価、並びに研修を実施する能力を有すること
○ 他の病院又は診療所から紹介された患者に対し、医療を提供すること（紹介率50%以上、逆紹介率40%以上）
○ 病床数 ……400床以上の病床を有することが必要
○ 人員配置
　・医　師‥‥通常の２倍程度の配置が最低基準。医師の配置基準の半数以上がいずれかの専門医。
　・薬剤師‥‥入院患者数÷30が最低基準。（一般は入院患者数÷70）
　・看護師等‥入院患者数÷２が最低基準。（一般は入院患者数÷３）
　・管理栄養士１名以上配置。
○ 構造設備‥‥集中治療室、無菌病室、医薬品情報管理室が必要
○ 医療安全管理体制の整備
　・医療安全管理責任者の配置
　・専従の医師、薬剤師及び看護師の医療安全管理部門への配置
　・監査委員会による外部監査
　・高難度新規医療技術及び未承認新規医薬品等を用いた医療の提供の適否を決定する部門の設置
○ 原則定められた16の診療科を標榜していること
○ 査読のある雑誌に掲載された英語論文数が年70件以上あること　等

※　がん等の特定の領域に対応する特定機能病院は、診療科の標榜、紹介率・逆紹介率等について、別途、承認要件を設定。

図２-41　特定機能病院制度の概要

れた。入院機能の強化や勤務医の外来負担の軽減等が推進され、入院医療の質が向上することを図るためである。一般病床200床以上が対象であり、地域医療支援病院の承認を受ける場合には算定できないため、手を挙げる病院はそれほど多くないかもしれない。ただ、2022年4月からはじまる外来機能報告ともリンクしており、選定療養費の徴収義務も課されるなど今後の外来医療のあり方には影響を及ぼすという意味において注目される。

（新）　紹介受診重点医療機関入院診療加算（入院初日）　800点

［算定要件］
（1）外来機能報告対象病院等（医療法第30条の18の4第1項第2号の規定に基づき、同法第30条の18の2第1項第1号の厚生労働省令で定める外来医療を提供する基幹的な病院として都道府県により公表されたものに限り、一般病床の数が200未満であるものを除く）である保険医療機関に入院している患者（第1節の入院基本料（特別入院基本料等を除く）のうち、紹介受診重点医療機関入院診療加算を算定できるものを現に算定している患者に限る。）について、入院初日に限り所定点数に加算する。
（2）区分番号A204に掲げる地域医療支援病院入院診療加算は別に算定できない。

### E）医師事務作業補助体制加算

　医師事務作業補助体制加算は、地域の急性期医療を担う保険医療機関において、病院勤務医の負担の軽減および処遇の改善に対する体制を確保することを目的として、医師、医療関係職員、事務職員等との間での業務の役割分担を推進し、医師の事務作業を補助する専従者を配置している体制が評価されたものである。

　なお、医師以外の職種の指示の下に行う業務、診療報酬の請求業務、看護業務の補助、物品搬送業務等は当該業務には含まれないことに留意する必要がある。2014年度診療報酬改定では、医師事務作業補助体制加算が2区分となり、上位加算となる医師事務作業補助体制加算1を届け出るためには、外来または病棟における業務が80％以上であることが求められ、勤務場所に一定の制限が設けられることになった。2016年度診療報酬改定では医師の指示に基づく診断書作成補助及び診療録の代行入力に限っては、当該保険医療機関内での実施の場所を問わず、外来または病棟における医師事務作業補助の業務時間に含めることになった。さらに医師事務作業補助体制加算1については、特定機能病院でも算定できることになった。

　2020年度診療報酬改定では、医師の働き方改革を推進する観点から2018年度診療報酬改定で引き上げられた点数がさらに評価された（図2 -42）。また、回復期リハビリテーション病棟（療養病棟）、地域包括ケア病棟入院料・地域包括ケア入院医療管理料（療養病棟）等でも算定可能となった。2022年度改定では従来の外来または病棟への配置から当該医

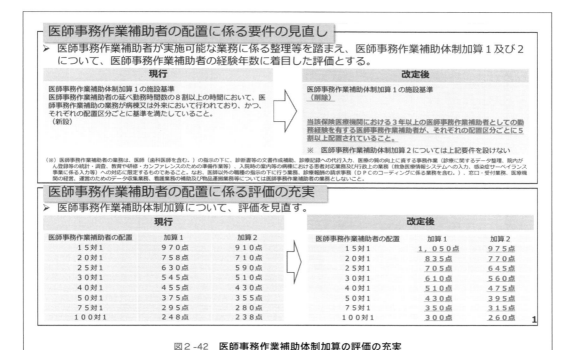

**図2-42　医師事務作業補助体制加算の評価の充実**

療機関において３年以上の勤務経験を有する職員を50％以上配置する場合に加算１の届出が可能となった。今後も対象拡大に伴い届出病院数は増加していくことだろう（図２-43）。

　人手不足の時代であり、医師事務作業補助者を簡単には採用できないかもしれないし、いったん採用しても定着しないというケースも多い。人間関係などにも配慮しながら、やりがいのある魅力的な職場をつくることが必要である。届出のためには人材の充実が求められるわけだが、単純に採用して人件費を支払えば当該加算でペイしないかもしれない。ただし、図２-44に示すように当該加算の点数は以前に比べて着実に引き上げが行われている。だとすれば、受付や医事課周りなどの業務を精査して、医師事務作業補助者の業務だけを切り出すという方策もあり、これで上位の届出を実現したケースもある。そのためには誰が何をしているのかについて実態把握を行うことが出発点になる。

### F）急性期看護補助体制加算

　2012年度診療報酬改定において、地域の急性期医療を担う保険医療機関において、病院勤務医および看護職員の負担軽減および処遇改善に資する体制を確保することを目的として、さらなる重点的な人員配置である25対１急性期看護補助体制加算が評価された。金額的なインパクトが大きいことから、当該加算の届け出を目指す病院が多い。

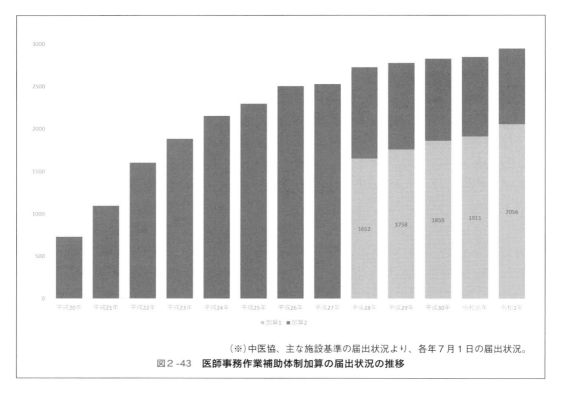

（※）中医協、主な施設基準の届出状況より、各年7月1日の届出状況。

図2-43 医師事務作業補助体制加算の届出状況の推移

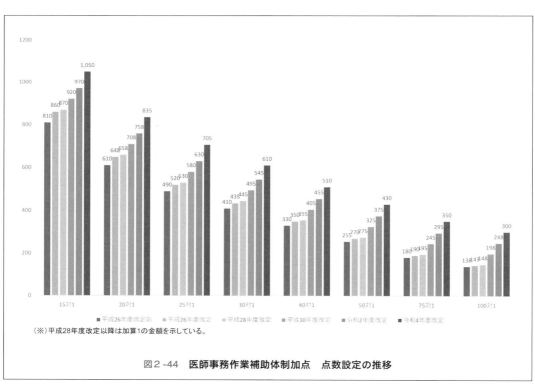

（※）平成28年度改定以降は加算1の金額を示している。

図2-44 医師事務作業補助体制加点 点数設定の推移

夜間急性期看護補助体制加算は、みなし看護補助者では届出ができず、看護補助者を夜間に配置している場合に算定可能である。

## G）看護職員夜間配置加算

看護職員夜間配置加算は、看護職員の手厚い夜間の人員配置を評価したものであり、夜勤の看護職員が各病棟3名以上等であることが求められる。

1．看護職員夜間12対1配置加算
　　イ　看護職員夜間12対1配置加算1　　　110点
　　ロ　看護職員夜間12対1配置加算2　　　 90点
2．看護職員夜間16対1配置加算
　　イ　看護職員夜間16対1配置加算1　　　 70点
　　ロ　看護職員夜間16対1配置加算2　　　 45点

急性期看護補助体制加算及び看護職員夜間配置加算は2018年度診療報酬改定に引き続き、2020年度も看護職員の負担軽減等のために大幅に引き上げられた。さらに2022年度改定ではプラス5点の評価が行われた。ただし、人手不足の時代であるから看護補助者の採用はとても難しい。かといって、看護師との適切な役割分担の推進のためにも補助者は不可欠であるし、何よりも極めて高い報酬がついている。一言に「看護補助者を募集します」では何をするのかがわからない。もちろん報酬的な魅力度も必要になるが、どんな業務をするのか、そして個人の要望に応える柔軟な発想も届出のためには重要になる（図2 -45、図2 -46）。

## H）地域医療体制確保加算

働き方改革の一環として、地域の救急医療体制において年間2,000件以上の救急車搬送（ドクターヘリを含む）の実績を有する医療機関について、適切な労務管理等を実施することを前提として、2020年度診療報酬改定で評価が行われた。さらに、2022年度改定では100点プラスされ、救急車搬送2,000台以上の要件に加え、周産期医療あるいは小児救急医療において重要な役割を担う病院が要件に追加された。

病院勤務医の負担の軽減及び処遇の改善に資する体制として、次の体制を整備している。
ア　病院勤務医の負担の軽減及び処遇の改善のため、病院勤務医の勤務状況の把握とその改善の必要性等について提言するための責任者を配置する。
イ　病院勤務医の勤務時間及び当直を含めた夜間の勤務状況を把握している。
ウ　当該保険医療機関内に、多職種からなる役割分担推進のための委員会または会議を設

## 看護補助者の更なる活用に係る評価の新設

➤ 看護職員及び看護補助者の業務分担・協働を更に推進する観点から、看護職員及び看護補助者に対してより充実した研修を実施した場合等について、新たな評価を行う。

（新）　看護補助体制充実加算（1日につき）

［施設基準］
・看護職員の負担の軽減及び処遇の改善に資する十分な体制が整備されていること。

| 現行 | | 改定後 | |
|---|---|---|---|
| 【急性期看護補助体制加算】 | | 【急性期看護補助体制加算】 | |
| 25対1急性期看護補助体制加算（看護補助者5割以上） | 240点 | 25対1急性期看護補助体制加算（看護補助者5割以上） | 240点 |
| 25対1急性期看護補助体制加算（看護補助者5割未満） | 220点 | 25対1急性期看護補助体制加算（看護補助者5割未満） | 220点 |
| 50対1急性期看護補助体制加算 | 200点 | 50対1急性期看護補助体制加算 | 200点 |
| 75対1急性期看護補助体制加算 | 160点 | 75対1急性期看護補助体制加算 | 160点 |
| （新設） | | （新）　看護補助体制充実加算として、1日につき5点を更に所定点数に加算 | |
| 【看護補助加算】 | | 【看護補助加算】 | |
| 看護補助加算1 | 141点 | 看護補助加算1 | 141点 |
| 看護補助加算2 | 116点 | 看護補助加算2 | 116点 |
| 看護補助加算3 | 88点 | 看護補助加算3 | 88点 |
| （新設） | | （新）　看護補助体制充実加算として、1日につき5点を更に所定点数に加算 | |
| 夜間看護加算（療養病棟入院基本料の注加算） | 45点 | イ　夜間看護加算（療養病棟入院基本料の注加算）　50点 （新）ロ　看護補助体制充実加算　55点 | |
| 看護補助加算（障害者施設等入院基本料の注加算） （1）14日以内の期間 （2）15日以上30日以内の期間 | 141点 116点 | イ　看護補助加算（障害者施設等入院基本料の注加算） （1）14日以内の期間　146点 （2）15日以上30日以内の期間　121点 （新）ロ　看護補助体制充実加算 （1）14日以内の期間　151点 （2）15日以上30日以内の期間　126点 | |
| 看護補助者配置加算（地域包括ケア病棟入院料の注加算）　160点 | | イ　看護補助者配置加算（地域包括ケア病棟入院料の注加算）　160点 （新）ロ　看護補助体制充実加算　165点 | |

図2-45　看護職員と看護補助者との業務分担・協働の推進

## 夜間における看護業務の負担軽減に資する業務管理等の項目の見直し

➤ 看護職員の夜間における看護業務の負担軽減を一層促進する観点から、業務管理等の項目を見直す。
　①「ア　11時間以上の勤務間隔の確保」又は「ウ　連続する夜勤の回数が2回以下」のいずれかを満たしていることを**必須化**する。
　②看護職員夜間配置加算（精神科救急急性期医療入院料及び精神科救急・合併症入院料）の施設基準における満たすべき項目の数について、**2項目以上から3項目以上に変更**する。

| ※1　3交代制勤務又は変則3交代勤務の病棟のみが対象 ※2　夜間30・50・100対1急性期看護補助体制加算の届出が該当 | 看護職員夜間配置加算 12対1加算1 16対1加算1 | 夜間看護体制加算 急性期看護補助体制加算の注加算 | 夜間看護体制加算 看護補助加算の注加算 | 夜間看護体制加算 障害者施設等入院基本料の注加算 | 看護職員夜間配置加算 精神科救急急性期医療入院料、精神科救急・合併症入院料の注加算 |
|---|---|---|---|---|---|
| 満たす必要がある項目数（ア又はウを含むこと） | 4項目以上 | 3項目以上 | 4項目以上 | 4項目以上 | 3項目以上 |
| ア　11時間以上の勤務間隔の確保 | ○ | ○ | ○ | ○ | ○ |
| イ　正循環の交代周期の確保（※1） | ○ | ○ | ○ | ○ | ○ |
| ウ　夜勤の連続回数が2連続（2回）まで | ○ | ○ | ○ | ○ | ○ |
| エ　夜勤後の翌日の休日確保 | ○ | ○ | ○ | ○ | ○ |
| オ　夜勤帯のニーズに対応した柔軟な勤務体制の工夫 | ○ | ○ | ○ | ○ | ○ |
| カ　夜間を含めた各部署の業務量を把握・調整するシステムの構築 | ○ | ○ | ○ | ○ | ○ |
| キ　看護補助業務のうち5割以上が療養生活上の世話 | | | ○ | ○ | |
| ク　看護補助者の夜間配置（※2） | ○ | | | | |
| ケ　みなし看護補助者を除いた看護補助者比率5割以上 | ○ | ○ | ○ | ○ | |
| コ　夜間院内保育所の設置、夜勤従事者の利用実績 ※ただし、利用者がいない日の開所は求めない | ○ | ○ | ○ | ○ | ○ |
| サ　ICT、AI、IoT等の活用による業務負担軽減 | ○ | ○ | ○ | ○ | ○ |

図2-46　夜間看護体制の見直し

置し、「医師労働時間短縮計画作成ガイドライン」に基づき、「医師労働時間短縮計画」を作成する。また、当該委員会等は、当該計画の達成状況の評価を行う際、その他適宜必要に応じて開催している。

エ 病院勤務医の負担の軽減及び処遇の改善に関する取組事項を当該保険医療機関内に掲示する等の方法で公開する。

地域医療体制確保加算　620点（入院初日）

## I）病棟薬剤業務実施加算

　病棟専任の薬剤師が病棟薬剤業務を1病棟1週間につき20時間相当以上実施することによる評価が、2012年度診療報酬改定で評価された。さらに、2016年度診療報酬改定で病棟薬剤業務実施加算が2区分となった。薬剤師を病棟に配置することは、薬剤関連のインシデント減少や、患者のQOLの向上につながるだけではなく、医師や看護職員の負担軽減にもつながる。薬剤管理指導や栄養サポートチーム加算に係る業務時間は、病棟薬剤業務実施加算の病棟における実施時間として計上することができないが、前向きに届出を行うことが期待される。なお、一般病床100床当たり4〜5名程度の薬剤師が配置されていれば業務の見直し等により算定可能性があるものと考えられる。

　2020年度診療報酬改定では、薬剤師を病棟に配置することにより医師の負担軽減を図るために、病棟薬剤業務実施加算について評価が見直され、ハイケアユニット入院医療管理料についても病棟薬剤業務実施加算2で評価された（図2-47）。さらに、常勤薬剤師の複数配置を求めている要件について、週3日以上かつ週22時間以上の勤務を行っている複数の非常勤職員を組み合わせた常勤換算でも配置可能となった（ただし、1名は常勤薬剤師であることが必要となる）。病棟薬剤業務実施加算の届出病院数は増加傾向にあり、病棟業務に注力すべく前向きな届出を検討すべきである（図2-48）。

## J）データ提出加算

　2012年度診療報酬改定においてデータ提出加算が新設された。これにより、一般病棟入院基本料・専門病院入院基本料・特定機能病院（一般病棟）の7対1または10対1を算定する病院で、DPC対象病院でなくともデータ提出により報酬を得ることができるようになった。提出されたデータについては、厚生労働省に帰属し、個別患者を特定できないように集計した後、医療機関ごとに公開されることになる。今までDPC調査に参加しない急性期病院があったが、今後はさらなるデータ提出が予想され、今後の地域医療計画や診療報酬改定に影響することは必至であろう。また、2014年度診療報酬改定では7対1入院基本料を届け出るすべての病院や地域包括ケア病棟についてデータ提出加算が必須とされ、精神病床や療養病床でも届け出が可能となった。さらに、2016年度診療報酬改定

| 2020年度改定前 | 2020年度改定後 |
|---|---|
| 【病棟薬剤業務実施加算】<br>1 病棟薬剤業務実施加算1（週1回）　　100点<br>2 病棟薬剤業務実施加算2（1日につき）　80点 | 【病棟薬剤業務実施加算】<br>1 病棟薬剤業務実施加算1（週1回）　　120点<br>2 病棟薬剤業務実施加算2（1日につき）　100点 |

図2-47

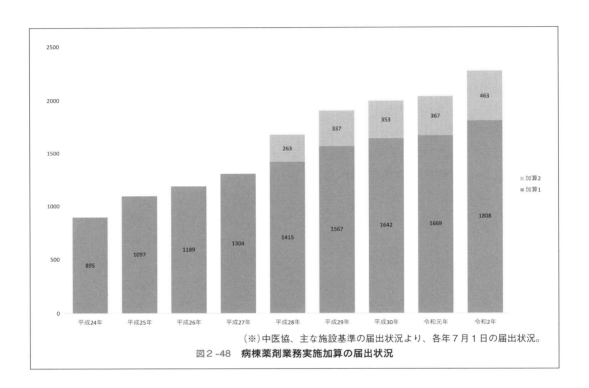

（※）中医協、主な施設基準の届出状況より、各年7月1日の届出状況。

図2-48　病棟薬剤業務実施加算の届出状況

では10対1入院基本料についても、データ提出加算が必須とされた（一般病床200床未満の病院を除く）。さらに、2020年度および2022年度診療報酬改定ではデータ提出の範囲が拡大され、データ提出の評価方法見直し、評価充実が行われた。さらに療養病棟のような回転率が高くない届出に配慮し、評価方法を見直し、評価の充実を行った。これにより急性期以外の機能を持つ医療機関についても診療実態が明らかになるため、中長期的には客観的なデータが医療政策にあらゆる影響を及ぼすことになる。

### K）検体検査管理加算

　検体検査管理加算（Ⅰ）は入院中の患者及び入院中の患者以外の患者に対し、検体検査管理加算（Ⅱ）、検体検査管理加算（Ⅲ）及び検体検査管理加算（Ⅳ）は入院中の患者に対して検体検査を実施し検体検査判断料のいずれかを算定した場合に、患者1人につき月1回に限り算定する。高機能な急性期病院においては検体検査管理加算（Ⅳ）を届け出るケースが多いがハードルは高い。適切な体制を整備することが期待される。

　　　　　検体検査管理加算（Ⅰ）　　40点
　　　　　検体検査管理加算（Ⅱ）　　100点
　　　　　検体検査管理加算（Ⅲ）　　300点
　　　　　検体検査管理加算（Ⅳ）　　500点

検体検査管理加算（Ⅳ）に関する施設基準（一部）

（1）臨床検査を専ら担当する常勤の医師が1名以上、常勤の臨床検査技師が10名以上配置されている。なお、臨床検査を専ら担当する医師とは、勤務時間の大部分において検体検査結果の判断の補助を行うとともに、検体検査全般の管理・運営並びに院内検査に用いる検査機器及び試薬の管理についても携わる者をいい、他の診療等を行っている場合はこれに該当しない。

（2）院内検査に用いる検査機器及び試薬のすべてが受託業者から提供されていない。

　2016年度診療報酬改定において、検査ISO15189の認証を受けている場合に、国際標準検査管理加算40点を算定することが可能となった。検査ISOについてはコスト・ベネフィットの観点から賛否両論あるだろうが、治験やがんゲノム医療等に注力しようとする中核病院にとっては必須の取り組みといえるだろう。

### L）後発医薬品使用体制加算

　後発医薬品使用体制加算は、当該保険医療機関において調剤した後発医薬品のある先発医薬品及び後発医薬品を合算した規格単位数量に占める後発医薬品の割合が一定以上である病院を評価したものである（図2-49）。

### M）診療録管理体制加算

　診療録管理体制加算は適切な診療記録の管理を行っている体制が評価されたものであり、加算1を届出るためには年間の退院患者数2,000名ごとに1名以上の専任の常勤診療記録管理者が配置されており、うち1名以上が専従であることが求められる。なお、診療記録管理者は診療情報管理士の有資格者であることは求められていない。下記の点数は入院初日に算定することができる。

診療録管理体制加算1　　100点

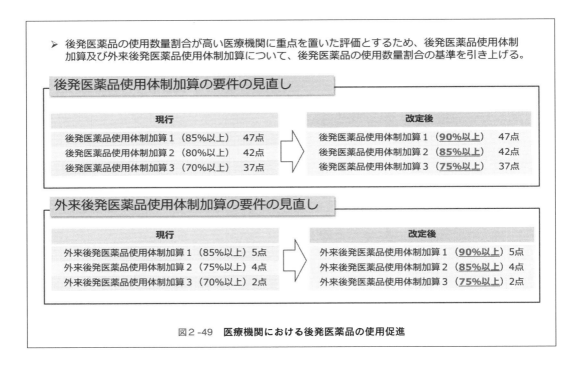

> 後発医薬品の使用数量割合が高い医療機関に重点を置いた評価とするため、後発医薬品使用体制加算及び外来後発医薬品使用体制加算について、後発医薬品の使用数量割合の基準を引き上げる。

**後発医薬品使用体制加算の要件の見直し**

| 現行 | | 改定後 | |
|---|---|---|---|
| 後発医薬品使用体制加算1（85%以上） | 47点 | 後発医薬品使用体制加算1（**90%以上**） | 47点 |
| 後発医薬品使用体制加算2（80%以上） | 42点 | 後発医薬品使用体制加算2（**85%以上**） | 42点 |
| 後発医薬品使用体制加算3（70%以上） | 37点 | 後発医薬品使用体制加算3（**75%以上**） | 37点 |

**外来後発医薬品使用体制加算の要件の見直し**

| 現行 | | 改定後 | |
|---|---|---|---|
| 外来後発医薬品使用体制加算1（85%以上） | 5点 | 外来後発医薬品使用体制加算1（**90%以上**） | 5点 |
| 外来後発医薬品使用体制加算2（75%以上） | 4点 | 外来後発医薬品使用体制加算2（**85%以上**） | 4点 |
| 外来後発医薬品使用体制加算3（70%以上） | 2点 | 外来後発医薬品使用体制加算3（**75%以上**） | 2点 |

図2-49　医療機関における後発医薬品の使用促進

診療録管理体制加算2　30点

## （6）機能評価係数Ⅱ

DPC/PDPSにおける機能評価係数Ⅱは、6項目から構成されている。

### A）保険診療係数

DPC/PDPSでは、適切なデータを提出することがきわめて重要であり、あらゆる分析もデータの正確性が担保されることが前提となる。当該係数は従来のデータ提出係数がマイナーチェンジされたものであり、様式1と各ファイル間の整合性など、データ提出の精度をより高くすることが求められる。

### B）効率性係数

効率性係数は、包括評価の対象となっている診断群分類において、在院日数を短縮する努力が評価されたものである。在院日数の短縮は、診断群分類の患者1人1日当たりの入院診療単価を高めるだけでなく、効率性係数においても評価されることになり、DPC/PDPSの環境下においては、在院日数短縮が成長のための重要な鍵を握っている。入院期間Ⅱ以内の退院患者割合を高めることが当該係数の向上につながる。

図2-50は、入院期間Ⅱ以内の退院患者割合と効率性係数を病院別にみたものであり、両者は有意に正の相関をしている。入院期間Ⅱ以内は1日当たりの診療報酬設定が高く、

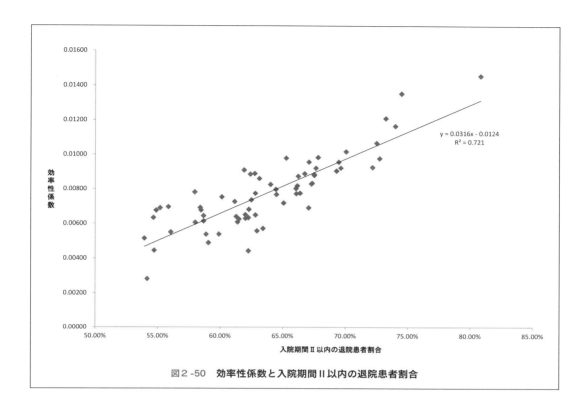

図2-50　効率性係数と入院期間Ⅱ以内の退院患者割合

かつ効率性係数でも評価されることになる。

## C）複雑性係数

　複雑性係数は、各医療機関の患者構成の差を1入院当たり点数に補正して評価したものであり、重症な患者割合を意味している。ここでいう重症とは、全国平均でみたときに在院日数が長く、1入院当たりの包括点数が高い疾患がどのくらいの割合を占めているかが重要なポイントとなる。つまり、白内障やポリペクなどの短期入院が多い病院では、複雑性係数は低くなるであろうし、がん、特に血液系や脳卒中などの患者が多い病院は当該係数が高くなる。患者構成については、中長期的には地域の実情を見据えたうえで注力領域を変更することも考えられるが、短期では医師の大量退職や入職がない限り、ほとんど変わらないのが一般的である。その際にできることは、定義副傷病名を実態に合わせて入力することである。副傷病名とは、疾患コード・疾患名を決定するに至った主傷病名以外の傷病名であり、入院時併存症と入院後発症疾患の両方が含まれる。漏れがちな病名記載を適切に行うことが求められる。

## D）カバー率係数

　カバー率係数は、多様な疾患への対応力を持つ総合的な医療機関を評価したものである。

診断群分類のカバー率が高いということは、いつ来るかわからない患者へも対応するだけのマンパワーと設備を有しているのであるから、そのことを評価しようという趣旨である。図2 -51に示すように、カバー率はDPC算定病床数と有意な相関がみられ、規模が大きい病院ほど高くなる傾向がある。つまり、大規模病院でないと高い評価は受けづらい。しかし、年間12症例以上の診断群分類が評価対象となるため、病床回転率を高めることが当該係数の向上につながる。

### E）救急医療係数

　救急医療係数は、救急医療入院患者であり、かつ救急医療管理加算あるいは特定集中治療室管理料等の特定入院料を入院初日に算定した患者について、入院後2日目までの包括範囲出来高点数と診断群分類点数表の設定点数の差額の総和を症例当たりに補正したものであり、重篤な緊急入院における入院初期の医療資源の投入量が多い場合の、持ち出し分が評価されたものである。つまり、救急車搬送などの重症な緊急入院が多い病院が高い傾向がある。また、救急の件数よりも、退院患者に対する救急入院患者割合が多い病院ほど係数が高い。

　救急医療係数は病院ごとに毎年、厚生労働省から通知されるものであるが、これを都道府県別に集計したものが図2 -52になる。ここから救急医療係数が高い地域は、緊急入院

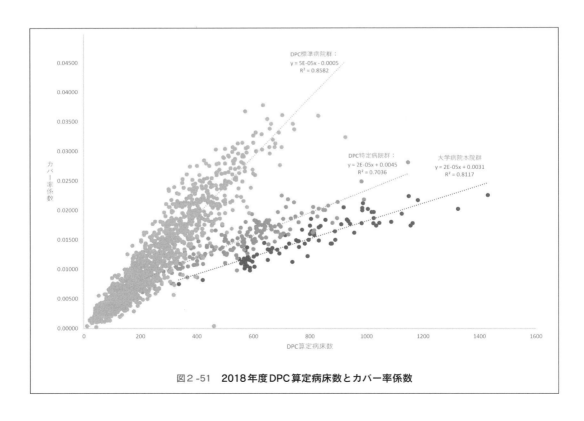

図2 -51　**2018年度DPC算定病床数とカバー率係数**

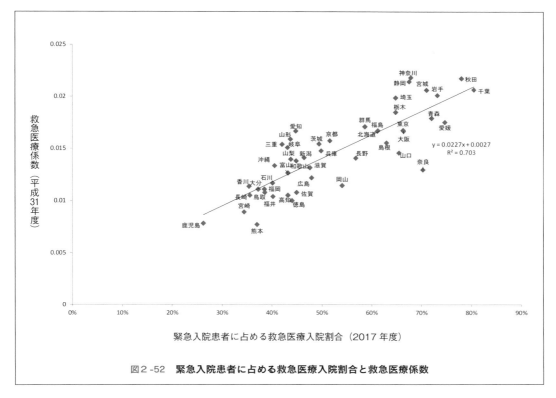

図2-52 緊急入院患者に占める救急医療入院割合と救急医療係数

患者に占める救急医療入院の割合が高いことがわかる。救急医療入院は、ICU等の集中治療室に入った患者はもちろんのこと、救急医療管理加算1・2を算定した患者を意味する。重篤な緊急入院が多い地域は、救急医療係数が高くなることを意味している。このことは、個別の病院でも当てはまることから救急医療管理加算の適切な算定が実態に応じた評価を受けることにつながっていく。

　この地域差については、患者の重症度というよりも保険審査の事情が異なることが関係しており、今後は地域差の解消を図るべく何らかの基準設定が行われる可能性もある。例えば、「意識障害」は何を意味するかなどである。入院時JCSがゼロでなければ意識障害とするのか、あるいは2桁なのか、3桁なのかなど地域によって保険審査の基準が異なっている可能性があり、それらを統一できないかということである。

　2020年度診療報酬改定では救急医療管理加算1・2ともに50点のプラス評価が行われた。これは働き方改革が重点課題の1つ目に掲げられ、忙しい救急医療に対する評価であると捉えることができる一方で、診療報酬明細書の摘要欄に一定の情報を記載する手間が増えた。これはある意味、働き方改革に反するわけなので、それに対する手間賃という考え方もできる。具体的には意識障害の場合には入院時JCS、心不全で重篤な状態の場合にはNYHAなどを、さらに3日以内に実施した主な診療行為を記載する。これらの情報を

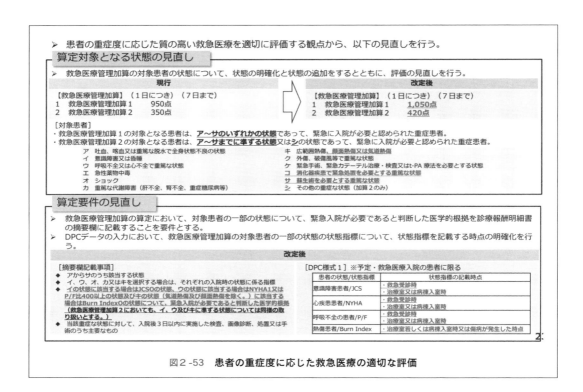

図2-53　患者の重症度に応じた救急医療の適切な評価

もとにどのような患者に対して救急医療管理加算の算定が行われているか、何が妥当かを中長期的に模索される道が拓かれた。

　さらに、2022年度改定では加算1・2ともに点数が引き上げられ、対象患者の状態のうち、消化器疾患で緊急処置を必要とする重篤な状態、蘇生術を必要とする重篤な状態が追加され、従来の広範囲熱傷については、広範囲熱傷、顔面熱傷または気道熱傷とされた（図2-53）。また、入院時JCS 0 [*1]（意識障害が無い）の患者等について、緊急入院が必要であると判断した医学的根拠を摘要欄に記載することが求められた。

## F）地域医療係数

　地域医療係数は地域医療への貢献が評価されたものである。体制評価指数が半分のウェイトを占め、定量評価指数では小児（15歳未満）とそれ以外（15歳以上）の所属地域における患者シェアが評価されている。体制評価については、5疾病5事業に係る事業のうち、特に入院医療において評価すべき項目であって、客観的に評価できる項目が採用されている。地域医療係数は、都市部に位置する病院には不利な傾向があり、中山間部やへき地で

---

*1：JCSジャパン・コーマ・スケール（JCS、日本昏睡スケール）。意識障害レベルの分類法。患者の状態を覚醒の程度によって分類したもので、3桁（開眼しない）、2桁（刺激を与えると開眼する）、1桁（開眼している）に分類し、さらにそれぞれを3段階に評価することから、3-3-9度方式とも呼ばれる。数値が大きくなるほど意識障害が重いことを示し、簡便かつ短時間で評価を行うことができるところから、緊急時等に用いられる。

地域医療を支える病院に配分が行われている。

## 5 手術料・麻酔料

### ▌（1）診療報酬における手術料の評価と手術室の稼働率向上

　2010年度診療報酬改定において、D・Eなどの高難易度手術が30〜50％引き上げられたのに続き、2012年度診療報酬改定でもC・DおよびE難度の手術料の評価が行われた。しかし、2014年度診療報酬改定では一部の緊急手術等で点数が増加したが、引き下げられたものもあり全体としては大きく上昇したわけではない。これらは、外保連手術試案に基づき科学的根拠に基づいて行われたものであり、われわれ病院側が適切なエビデンスを提示することの重要性を示唆している（手術室の稼働率向上については、医療経営士実践テキストシリーズ2『診療科別・病院経営戦略の「理論」と「実践」』を参照のこと）。

### ▌（2）高額な診療材料の償還価格の下落と算定漏れ

　循環器や整形外科領域では、高額な診療材料を使用する手術が多い。これらの償還価格は、診療報酬改定ごとに見直されており、改定ごとに引き下げが行われる可能性がある。高額の診療材料については、適正価格での購入を行うことも重要な鍵を握る。また、手術時に使用した薬剤や診療材料等は出来高で算定できるため、手術室あるいはカテーテル室での請求漏れを起こさないことも重要である。

### ▌（3）適切なKコードのコーディングの重要性

　前述した医療機関群の決定において重要な鍵を握るのが、手術コード（Kコード）である。DPC提出データの様式1に手術コードを入力することになっており、それに基づき医療機関群が分類される。実態を反映した手術コードを入力することが重要であり、不明な場合には手術直後に執刀医等に尋ねることが求められる。

### ▌（4）休日加算、時間外加算（特例）等

　急性期病院で行われる手術は予定ばかりではなく、緊急手術も多い。緊急手術も入院中の患者の病態が急変した場合と、入院中の患者以外に実施する場合があり、後者の場合には休日加算、時間外加算または深夜加算を算定することができる。2014年度診療報酬改定では、勤務医の負担の大きな原因となっている当直や夜間の呼び出しなど、時間外・休日・深夜の対応についての改善を図るため、手術および一部の処置の休日・時間外・深夜加算の見直しが行われた。当該加算は500床程度の病院では年間5,000万円以上になることもある。当該加算の引き上げは、手術症例の集約化を図ることを狙ったものであろう。

当該加算を前向きに検討し、体制を整備することは急性期病院として極めて重要である。

【改定前】　手術・150点以上の処置　　　【改定後】　手術・1,000点以上の処置

| 休日加算 | 80/100 | 休日加算1 | 160/100 |
| 時間外加算 | 40/100 | 時間外加算1 | 80/100 |
| 深夜加算 | 80/100 | 深夜加算1 | 160/100 |

　休日、保険医療機関の表示する診療時間以外の時間及び深夜の処置に対応するための十分な体制が整備されている、急性期病院に対して、交替勤務制やチーム制、あるいは手当を支給するなど勤務医の負担軽減策をとっている場合に当該加算を算定することができる。なお、診療科単位での届出可能である。

　なお、2016年度診療報酬改定で、手術前日の当直回数の制限が緩和され、当直等を行った日が年間12日以内（当直医師を毎日6人以上配置する保険医療機関が、すべての診療科について届け出を行う場合にあっては24日以内）であることとなった。さらに、2022年度改定では2日以上連続の当直回数に関する制限が行われ、各医師について、手術前日の当直が年間4日以内、かつ2日以上連続の当直が年間4日以内に変更された。

## ■（5）麻酔管理料（Ⅰ）・（Ⅱ）

　手術室の稼働率向上の鍵を握る重要な要素として、麻酔科医の存在を挙げることができる。充足していない病院が多いであろうが、麻酔科標榜医が5名以上勤務している場合には、麻酔管理料（Ⅰ）だけでなく、麻酔管理料（Ⅱ）を算定することができる（ただし、同一の患者について、麻酔管理料（Ⅰ）と麻酔管理料（Ⅱ）を併算定することはできないが、同一保険医療機関において麻酔管理料（Ⅰ）と麻酔管理料（Ⅱ）の双方を異なる患者に算定することは可能である。なお、麻酔管理料（Ⅰ）は常勤の麻酔科標榜医が行った場合に算定し、麻酔管理料（Ⅱ）は常勤の麻酔科標榜医の指導のもと、麻酔科標榜医以外の医師が行った場合に算定する。2010年度改定により麻酔管理料（Ⅱ）が新設された。）。規模や機能にもよるが、まずはこの加算の算定を目指すことが手術室の機能向上に役立つであろう（図2-54）。麻酔科医も労働条件がいいところには、集まる傾向がある。充実した体制を整備することは、麻酔科医の負担軽減にも寄与すると考えられ、魅力度が増すことにつながるものと予想される。2018年度改定では常勤麻酔科医に対する評価として、麻酔管理料の引き上げが行われた。さらに、2020年度改定では、以下のようになった。

1．麻酔管理料（Ⅱ）について、麻酔を担当する医師の一部の行為を、特定行為研修を修了した看護師が実施しても算定できることになった。

2．麻酔前後の診察について、当該保険医療機関の常勤の麻酔科標榜医が実施した場合についても、算定できるよう見直しが行われた。

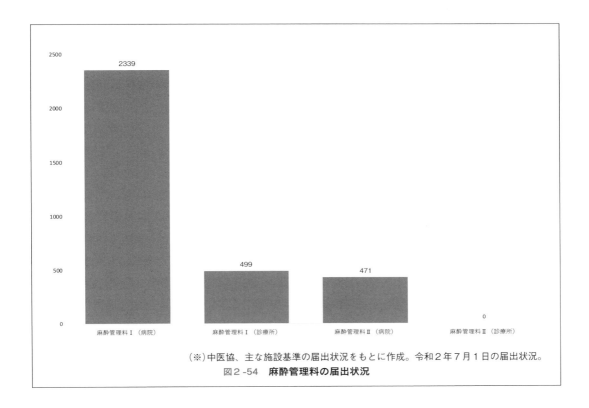

（※）中医協、主な施設基準の届出状況をもとに作成。令和2年7月1日の届出状況。

図2-54　麻酔管理料の届出状況

　当該保険医療機関において常態として週3日以上かつ週22時間以上の勤務を行っている医師であって、当該保険医療機関の常勤の麻酔科標榜医の指導の下に麻酔を担当するものまたは当該保険医療機関の常勤の麻酔科標榜医が、麻酔前後の診察を行い、担当医師が、硬膜外麻酔、脊椎麻酔又はマスクまたは気管内挿管による閉鎖循環式全身麻酔を行った場合に算定する（図2-55）。なお、この場合において、緊急の場合を除き、麻酔前後の診察は、当該麻酔を実施した日以外に行われなければならない。また、麻酔前後の診察を麻酔科標榜医が行った場合、当該麻酔科標榜医は、診察の内容を担当医師に共有することが求められる。

**【麻酔管理料（Ⅰ）の施設基準】**
1．麻酔科を標榜している保険医療機関であること。
2．常勤の麻酔科標榜医が配置されていること。
3．常勤の麻酔科標榜医により、麻酔の安全管理体制が確保されていること。
**【麻酔管理料（Ⅱ）の施設基準】**
1．麻酔科を標榜している保険医療機関であること。
2．常勤の麻酔科標榜医が5名以上配置されていること。
3．常勤の麻酔科標榜医により麻酔の安全管理体制が確保されていること。

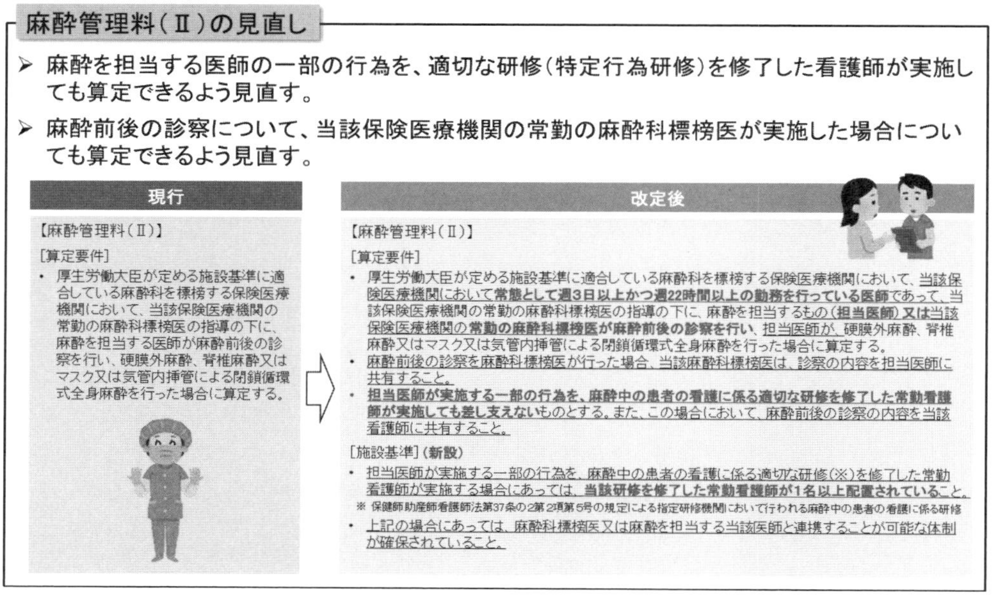

図2-55　麻酔科領域における医師の働き方改革の推進

4．24時間緊急手術の麻酔に対応できる体制を有していること。

5．麻酔科標榜医と麻酔科標榜医以外の医師が共同して麻酔を実施する体制が確保されていること。

6．担当医師が実施する一部の行為を、麻酔中の患者の看護に係る適切な研修を修了した常勤看護師が実施する場合にあっては、当該研修を修了した専任の常勤看護師が1名以上配置されていること。

7．担当する医師が実施する一部の行為を6.に規定する看護師が実施する場合にあっては、麻酔科標榜医または担当医師と連携することが可能な体制が確保されている。

## 6　急性期病院における主なユニット（特定入院料）

　急性期病院では、一般病棟よりも手厚い人員配置で集中治療が必要である患者に対して、ICUなどのユニットでの医療提供を行う場合があり、これらは診療報酬では特定入院料として算定することになる。これらのユニットでは、限られた病床に医師や看護師を手厚く配置するため、医療の質向上への期待が高いとともに、空床であることは経済的には不採算につながる。ただし、図2-56に示すように、患者1人1日当たりの特定入院料の占める割合は、小児科・小児外科やリハビリテーション科を除いては、全国平均では約5％程度に過ぎない。つまり、ICUなどは、1日当たりの診療報酬は高いが、病床数も限られ

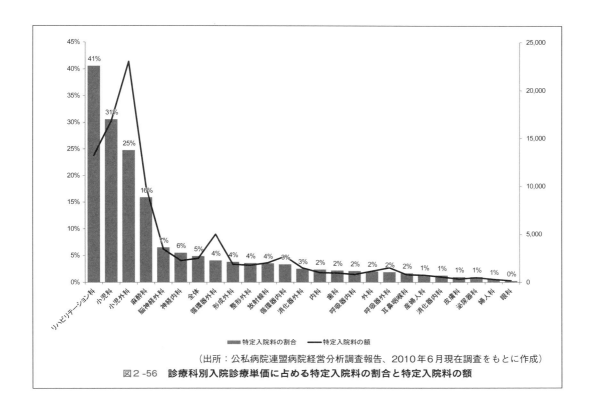

（出所：公私病院連盟病院経営分析調査報告、2010年6月現在調査をもとに作成）

図2-56　診療科別入院診療単価に占める特定入院料の割合と特定入院料の額

ており、必ずしも病院全体に与える影響は大きくないことを意味している。ただし、有効活用が重要な鍵を握るため、その活用方法についても診療報酬と絡めて解説する。なお、小児科・小児外科は小児入院医療管理料等、リハビリテーション科は回復期リハビリテーション病棟入院料で有利な施設基準の届け出ができるか、つまり体制が整備されるかどうかが重要となる。

## ■ (1)ER(ICU・HCU)に関する特定入院料

　救急医療を提供する医療機関にとってER (Emergency Rescue) の機能は重要である。一般的に、ER機能を持つ病院では、ICU(Intensive Care Unit)とHCU(High Care Unit)の2つのユニットを併設する傾向がある。前者のICUは超重症者を受け入れるユニットであり、HCUはICUと一般病棟の間と位置づけることができる。

　救命救急センターの承認を受ける病院では、救命救急入院料を算定することができるため、ICUおよびHCUは救命救急入院料の施設基準を届け出ることが多い。それに対して、救命救急センターの承認を受けない二次救急医療機関等の場合には、救命救急入院料を算定することができないため、ICUを特定集中治療室管理料、HCUをハイケアユニット入院医療管理料として届け出るのが一般的である。なお、2012年度診療報酬改定で、救命救急入院料1と3については、常時4対1の看護師配置が求められることになった。それ

以前から救命救急入院料2・4については、常時2対1の看護師配置が求められており、これは特定集中治療室管理料で求められる施設基準と同じである。それに対して、救命救急入院料1・3では、重篤な救急患者に対する手術等の診療体制に必要な看護師が常時救命救急センター内に勤務していることが求められ、実際には7対1の看護師配置で対応している病院も多かった。それに対して、二次救急医療機関などでは、ハイケアユニット入院医療管理料を算定し、常時4対1の看護師を配置してきた。そのため、これらの整合性が図られた。救命救急入院料の約8割は、救命救急入院料1あるいは3であるため、看護師を重点的に配置できなければ、救命救急センターが縮小され、地域の救急医療の提供体制に影響を及ぼす恐れもある。救急病床がそもそも何床必要なのかを見極め、過剰な病床を整備しないことが効率性の向上につながる。

## ■（2）Surgical ICU・HCUに関する特定入院料

ICUの運営方法として、General ICUとして多様な患者を混合で受け入れるスタイルがある一方で、利用率が高い病院ほど機能ごとにユニットを分ける傾向がある（ユニットの有効活用ついては、医療経営士実践テキストシリーズ2　診療科別・病院経営戦略の「理論」と「実践」を参照のこと）。術後患者の集中治療を行うユニットがSurgical ICU・HCUであるが、これらの機能については、救命救急入院料を算定するユニットで行った場合には、特定入院料を算定できず一般病棟入院基本料の算定となる（予定手術の場合）。救命救急入院料では、大手術を必要とする状態の患者は対象となるが、大手術後の院内転床の患者は算定対象とはならない。大手術後の患者は、特定集中治療室管理料あるいはハイケアユニット入院医療管理料では算定の対象とされているため、Surgical ICUなどの機能は、救命救急入院料を算定するユニットではなく、特定集中治療室管理料あるいはハイケアユニット入院医療管理料を算定するユニットが診療報酬上は適することになる。ただし、術後の集中治療が必要な患者が多数いない場合には、必ずしも重点的な人員配置を行う、Surgical ICUを設置する必要性は乏しい。むしろ手術室に看護師等を配置するほうが効率的である。

なお、特定集中治療室管理料管理料及びハイケアユニット入院医療管理料は予定手術の術後患者だけでなく、緊急入院患者の受け入れも可能である。救命救急入院料は救命救急センターだけしか届出ができないため、救命救急センターの承認を受けない施設の場合には、全般的な集中治療室の機能としてこれらの届出を検討することになる。特定集中治療室管理料は2対1、ハイケアユニット入院医療管理料1は4対1、管理料2は5対1の看護師配置であり、それぞれ重症度、医療・看護必要度の評価票及び基準値も異なるので自院の患者像とスタッフ構成に合わせた届出が期待される（図2 -57）。

2016年度診療報酬改定で重症度、医療・看護必要度について重みづけをしたうえでA項目4点、B項目3点をいずれも満たすことが求められた。さらに、従来、特定集中治療

**重症度、医療・看護必要度の測定に用いる評価票の変更**

➤ 高度急性期入院医療を必要とする患者の状態に応じた適切な評価を行う観点から、救命救急入院料１及び３における、重症度、医療・看護必要度の測定に用いる評価票について、特定集中治療室の評価票からハイケアユニット用の評価票に変更する。

**現行**

| 入院料 | 必要度の測定に用いる評価票 | 必要度Ⅰ |
|---|---|---|
| 救命救急入院料１ | 特定集中治療室用 | − |
| 救命救急入院料２ | 特定集中治療室用 | 8割 |
| 救命救急入院料３ | 特定集中治療室用 | − |
| 救命救急入院料４ | 特定集中治療室用 | 8割 |

**改定後**

| 入院料 | 必要度の測定に用いる評価票 | 必要度Ⅰ | 必要度Ⅱ |
|---|---|---|---|
| 救命救急入院料１ | ハイケアユニット用 | − | − |
| 救命救急入院料２ | 特定集中治療室用 | 8割 | 7割 |
| 救命救急入院料３ | ハイケアユニット用 | − | − |
| 救命救急入院料４ | 特定集中治療室用 | 8割 | 7割 |

【経過措置】
令和４年３月31日時点で救命救急入院料１及び3の届出を行っている病棟にあっては、
令和４年９月30日までの間に限り、令和４年度改定前の評価票を用いて評価をしても差し支えない。

図２-57　救命救急入院料１および３における重症度、医療・看護必要度の評価票の見直し

室管理料を算定した患者に対する重症度、医療・看護必要度の基準だったのが、ICU入室患者に対する基準となり、厳格化が行われた。さらに、2022年度改定では心電図モニターの管理が削除されA項目３点のみとされ、B項目について評価は継続するものの基準からは削除されることになった。B項目を基準に入れることは、早期離床を阻害する要因となり得るものであるし、そもそもB項目を満たさない患者はわずかしかいなかったという現実を踏まえた改定である（図２－58）。

## (3)脳卒中ケアユニット入院医療管理料(SCU)

脳卒中に関しては、脳卒中ケアユニット入院医療管理料があり、JCS(Japan Coma Scale)等の重症度にかかわらず、脳卒中患者であれば当該ユニット（以下、SCUとする）での患者受け入れが可能となる。このSCUは、脳卒中ガイドライン2009でもグレードAとされ、行うよう強く勧められている。SCUに関しては全国で180病院、1,479床ときわめて限られている（図２-59）。救急隊から選ばれる病院となるためには、医療の質をアピールすることが有効であり、SCUを有する病院ならば救急隊も安心して搬送できることであろう。また、質向上だけでなく、入院診療単価が向上し、経済性も期待できる。

なお、救命救急センターを有する病院等の場合には、救命救急センター内に院内呼称のSCUを設けている場合がある。救命救急センター等の一角を脳卒中専用病床としていることを意味する。これが悪いわけではないが、脳卒中治療ではチームによる専門職の果たす意義が大きい。脳神経内科または脳神経外科の経験を５年以上有する専任の医師を常時配置し、看護師は常時３対１以上、常勤の理学療法士または作業療法士が１名以上配置されているチーム医療が徹底された脳卒中ケアユニットのほうが、質が高い。なお、2016

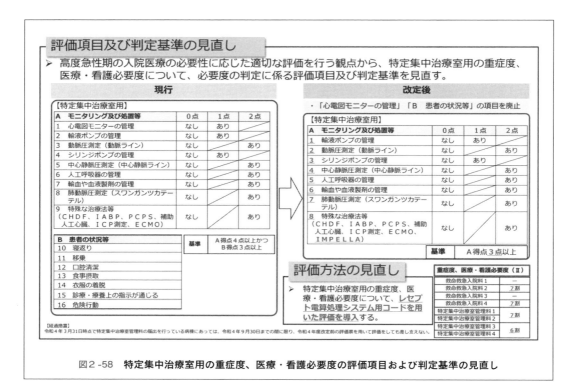

図2-58　特定集中治療室用の重症度、医療・看護必要度の評価項目および判定基準の見直し

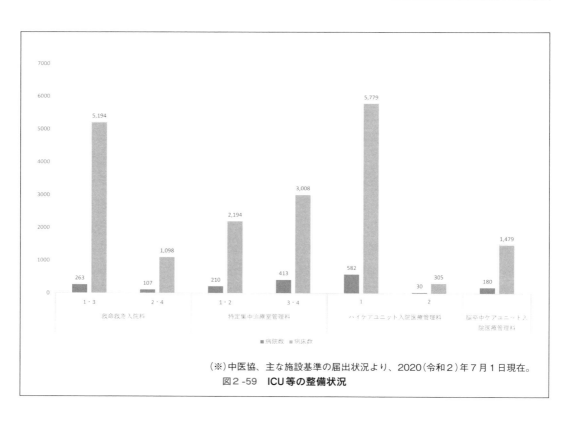

（※）中医協、主な施設基準の届出状況より、2020（令和2）年7月1日現在。

図2-59　ICU等の整備状況

年度診療報酬改定において、夜間または休日であって、脳神経内科または脳神経外科の経験を5年以上有する担当の医師が院外にいる場合に常時連絡が可能であり、頭部の精細な画像や検査結果を含め診療上必要な情報を直ちに送受信できる体制を用いて、当該医師が迅速に判断を行い、必要な場合には当該保険医療機関に赴くことが可能な体制が確保されている時間に限り、当該保険医療機関内に、脳神経内科または脳神経外科の経験を3年以上有する専任の医師が常時1名以上いればよいこととなった。

### 【超急性期脳卒中加算】

　超急性期脳卒中加算は、脳梗塞と診断された患者に対し、発症後4.5時間以内に組織プラスミノーゲン活性化因子を投与した場合に入院初日に限り加算できる。

　2020年度診療報酬改定において、超急性期脳卒中加算の薬剤師及び放射線技師及び臨床検査技師の常時配置が見直されるとともに点数設定が変更になり、さらに地域の医療機関で連携し、一次搬送施設でrt-PAを投与り、より高次の医療機関へ二次搬送を行い入院管理を行った場合においても算定が可能となった（図2-60）。

［施設基準］

　当該保険医療機関において、専ら脳卒中の診断および治療を担当する常勤の医師（専ら脳卒中の診断および治療を担当した経験を10年以上有する者に限る）が1名以上配置されており、日本脳卒中学会等の関係学会が行う脳梗塞t-PA適正使用に係る講習会を受講していること。

　救命救急入院料1・3はハイケアユニット入院医療管理料の評価票で、脳卒中ケアユニット入院医療管理料については一般病棟用で重症度、医療・看護必要度の評価を行うことが求められている。また、ICU等の重症系ユニットで医師の常時配置が求められているが、治療に支障がない程度であれば一時的に離れることが可能とされた。

## ▌（4）特定集中治療室管理料

　2018年度診療報酬改定で特定集中治療室管理料1・2に生理学的指標であるSOFAスコアの提出が義務付けられ、2020年度診療報酬改定ではさらに特定集中治療室管理料3・4にも提出が拡大された（図2-61）。

　2016年度改定前は、重症度、医療・看護必要度ではA項目3点を満たせばよかったが、A項目3点は心電図モニター、輸液ポンプの管理、シリンジポンプの管理に加え、動脈圧の測定を行えば基準を満たす。従来、手術室で動脈圧の測定を終えた病院が多いのに対して、2016年度診療報酬改定以降、手術室からICUまでAラインを抜かず、動脈圧の測定を行う病院が出てきた。今後は生理学的指標であるSOFAスコアでの基準設定も検討される可能性がある。なお、SOFAスコアでは予定入院よりも緊急入院の重症度が高くなる（図

## 超急性期脳卒中加算の施設基準の見直し

➤ 超急性期脳卒中加算の施設基準及び算定要件について、学会の指針の改訂や、安全性の向上等を踏まえ、人員配置や検査の体制に係る要件及び評価を見直す。

| 現行 |
| --- |
| 【超急性期脳卒中加算】<br>A205－2　超急性期脳卒中加算（入院初日）　12,000点<br>〔施設基準〕<br>・薬剤師が常時配置されていること。<br>・診療放射線技師及び臨床検査技師が常時配置されていること。<br>・コンピューター断層撮影、磁気共鳴コンピューター断層撮影、脳血管造影等の必要な脳画像撮影及び診断が常時行える体制であること。 |

| 改定後 |
| --- |
| 【超急性期脳卒中加算】<br>A205－2　超急性期脳卒中加算（入院初日）　10,800点<br>〔施設基準〕<br>（削除）<br>（削除）<br>・コンピューター断層撮影、磁気共鳴コンピューター断層撮影等の必要な脳画像撮影及び診断、一般血液検査及び凝固学的検査並びに心電図検査が常時行える体制であること。<br><br>〔算定要件〕<br>（4）投与に当たっては、必要に応じて、薬剤師、診療放射線技師及び臨床検査技師と連携を図ること。 |

➤ 地域の医療機関間で連携し、一次搬送された施設でrt－PA（アルテプラーゼ）を投与した上で、より専門的な医療機関に二次搬送を行って、入院治療及び管理する場合も算定できるよう見直す。

一次搬送施設　　　　二次搬送施設

rt-PA投与　　　　　　投与後の入院管理

※一次搬送施設でrt-PAを投与して、二次搬送施設で入院管理を行った場合

| | 一次搬送施設 | 二次搬送施設 |
| --- | --- | --- |
| 薬剤料算定 | ○ | × |
| 加算算定 | × | ○ |
| 施設基準届出 | 必要 | 必要 |

20

図2-60　脳卒中対策の推進

## 専門の研修を受けた看護師の配置要件の見直し

➤ 特定集中治療室管理料1・2の専門の研修を受けた看護師の配置について、より柔軟な働き方に対応する観点から要件の緩和を行う。

※専門性の高い看護師の配置に係る経過措置は、予定通り令和2年3月31日で終了

| 現行 |
| --- |
| 【特定集中治療室管理料1及び2】<br>〔施設基準〕<br>・集中治療を必要とする患者の看護に従事した経験を5年以上有し、集中治療を必要とする患者の看護に係る適切な研修を修了した専任の常勤看護師を当該治療室内に週20時間以上配置すること。 |

| 改定後 |
| --- |
| 【特定集中治療室管理料1及び2】<br>〔施設基準〕<br>・集中治療を必要とする患者の看護に従事した経験を5年以上有し、集中治療を必要とする患者の看護に係る適切な研修を修了した専任の常勤看護師を当該治療室内に週20時間以上配置すること。<br>・専任の常勤看護師を2名組み合わせることにより、当該治療室内に週20時間以上配置しても差し支えないが、当該2名の勤務が重複する時間帯については1名についてのみ計上すること。 |

## 生理学的スコアの測定に係る要件の見直し

➤ 特定集中治療室管理料1・2において提出が要件となっている生理学的スコア（SOFAスコア）について、特定集中治療室管理料3・4についても要件とする。　※令和2年10月1日以降に当該治療室に入室した患者が提出対象

**生理学的スコア（SOFAスコア）**
呼吸機能、凝固機能、肝機能、循環機能、中枢神経機能、腎機能の6項目を、それぞれ5段階の点数でスコア化し、全身の臓器障害の程度を判定するもの

| | | 0 | 1 | 2 | 3 | 4 |
| --- | --- | --- | --- | --- | --- | --- |
| 呼吸機能 | PaO2/FiO2 (mmHg) | >400 | ≦400 | ≦300 | ≦200　呼吸器補助下 | ≦100　呼吸器補助下 |
| 凝固機能 | 血小板数（×103/mm2） | >150 | ≦150 | ≦100 | ≦50 | ≦20 |
| 肝機能 | ビリルビン値（mg/dL） | <1.2 | 1.2-1.9 | 2.0-5.9 | 6.0-11.9 | >12.0 |
| 循環機能 | 血圧低下 | なし | 平均動脈圧<70mmHg | ドパミン≦5γあるいはドブタミン投与（投与量は問わない） | ドパミン>5γあるいはエピネフリン≦0.1γあるいはノルエピネフリン≦0.1γ | ドパミン>15γあるいはエピネフリン>0.1γあるいはノルエピネフリン>0.1γ |
| 中枢神経機能 | Glasgow Coma Scale | 15 | 13-14 | 10-12 | 6-9 | <6 |
| 腎機能 | クレアチニン値（mg/dL） | <1.2 | 1.2-1.9 | 2.0-3.4 | 3.5-4.9あるいは尿量500ml/日未満 | >5.0あるいは尿量200ml/日未満 |

11

図2-61　特定集中治療室管理料の見直し

２-62）。心臓血管外科を除きがんの予定手術をICUに入室させる場合にSOFAスコア０点というケースが多くなり、その扱いをどうするかが今後問われる可能性もある（図２-63）。予定手術の術後はハイケアユニット入院医療管理料で十分という考え方もあるだろう。

　2018年度診療報酬改定では、ICUに早期離床・リハビリテーション加算 500点（１日につき、14日まで）が評価された。入室後、早期・離床、リハビリテーションに関する多職種で構成されるチームによる介入が評価されたものである。ただし、当該加算を算定した場合には疾患別リハビリテーションは包括される。なお、2022年度改定では特定集中治療室管理料だけでなく、救命救急入院料あるいはハイケアユニット入院医療管理料等の他の重症系ユニットにも当該加算の対象が拡大されている。

　2020年度診療報酬改定では、重症患者のICUへの入室後、早期（48時間以内）に経口移行・維持及び低栄養の改善等の栄養管理を実施した場合の評価として、早期栄養介入管理加算が評価された。さらに、2022年度改定では点数が２段階の設定となり、入院栄養食事指導料との併算定ができなくなった。当該加算についても、特定集中治療室管理料のみでなく、救命救急入院料、ハイケアユニット入院医療管理料等の重症系ユニットでの算定が可能となった。

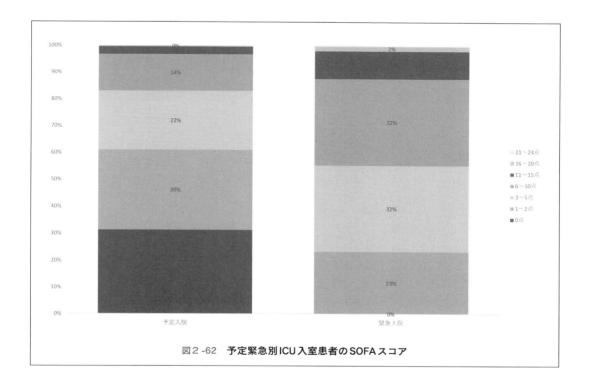

**図2-62　予定緊急別ICU入室患者のSOFAスコア**

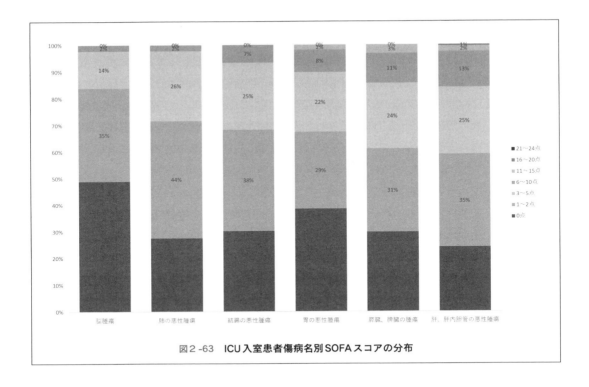

図2-63　ICU入室患者傷病名別SOFAスコアの分布

早期栄養介入管理加算　400点（1日につき、7日間まで）


［施設基準］
（1）特定集中治療室に次の要件を満たす管理栄養士が専任で配置されていること。
①栄養サポートチーム加算の施設基準にある研修を修了し、栄養サポートチームでの栄養
　管理の経験を3年以上有すること
②特定集中治療室における栄養管理の経験を3年以上有すること
③特定集中治療室管理料を算定する一般病床の治療室における管理栄養士の数は、当該治
　療室の入院患者の数が10またはその端数を増すごとに1以上であること。


**【重症患者対応体制強化加算】**
　集中治療領域における重症患者対応の強化および人材育成の重要性を踏まえ、特定集中
治療室等における重症患者対応に係る体制について、2022年度診療報酬改定において新
たな評価が行われた。
　特殊な治療法に係る実績を有する保険医療機関の特定集中治療室等において、専門性の
高い看護師および臨床工学技士を配置するとともに、医師、看護師または臨床工学技士が、
重症患者への看護に当たり必要な知識・技術の習得とその向上を目的とした院内研修を実

施するなど、重症患者対応の強化に資する体制を確保している場合の評価が新設された。

　手厚い人員配置を行うことに加え、特殊な治療法等の該当する患者が15％以上とハードルが極めて高い。急性期充実体制加算の届出が前提であり、特定機能病院は算定対象にはならないため、届出病院数は限定されるだろう。ただし、今後の集中治療のあり方が示されたという意味においては重要な加算である。

（新）　重症患者対応体制強化加算
イ　3日以内の期間　　　　　　　　　　　　750点
ロ　4日以上7日以内の期間　　　　　　　　500点
ハ　8日以上14日以内の期間　　　　　　　　300点

［対象患者］
　特定集中治療室管理料1から4までまたは救命救急入院料2もしくは4を算定する病室に入院している患者

［施設基準］
（1）当該治療室を有する保険医療機関内において、重症患者の対応につき十分な体制が整備されていること。
（2）集中治療を必要とする患者の看護に従事した経験を5年以上有し、集中治療を必要とする患者の看護に関する適切な研修を修了した専従の常勤看護師（以下「常勤看護師」という）が1名以上配置されていること。
（3）救命救急入院料または特定集中治療室管理料に係る届出を行っている保険医療機関において5年以上勤務した経験を有する専従の常勤臨床工学技士が1名以上配置されていること。
（4）常勤看護師のほか、集中治療を必要とする患者の看護に従事した経験を3年以上有する看護師が2名以上配置されていること。
（5）（4）に規定する看護師は、集中治療を必要とする患者の看護に関する以下のいずれかの研修を受講していること。
　ア　国または医療関係団体等が主催する600時間以上の研修（修了証が交付されるものに限る）であって、講義および演習により集中治療を要する患者の看護に必要な専門的な知識および技術を有する看護師の養成を目的とした研修
　イ　保健師助産師看護師法第37条の2第2項第5号に規定する指定研修機関において行われる集中治療を必要とする患者の看護に関する研修
（6）医師、（4）に規定する看護師または臨床工学技士により、集中治療を必要とする患者の看護に従事する看護職員を対象とした院内研修を、年1回以上実施すること。

なお、院内研修は重症患者への看護実践のために必要な知識・技術の習得とその向上を目的とした研修であり、講義および演習に、次のいずれの内容も含むものであること。

ア　重症患者の病態生理、全身管理の知識・看護

イ　人工呼吸器および体外式膜型人工肺（ECMO）を用いた重症患者の看護の実際

（7）（4）に規定する看護師は、地域の医療機関等が主催する集中治療を要する患者の看護に関する研修に講師として参加するなど、地域の医療機関等と協働した活動に参加することが望ましいこと。

（8）（4）に規定する看護師の年間の研修受講状況や地域活動への参加状況について記録すること。

（9）新興感染症の発生等の有事の際に、都道府県等の要請に応じて、他の医療機関等の支援を行う看護師が2名以上確保されていること。なお、当該看護師は、（4）に規定する看護師であることが望ましいこと。

（10）区分番号「A200－2」急性期充実体制加算および区分番号「A234－2」感染対策向上加算1に係る届出を行っている保険医療機関であること。ただし、2023（令和5）年3月31日までの間に限り、「A200－2」急性期充実体制加算に係る届出を行っていなくても差し支えない。

（11）（4）に規定する看護師は、当該治療室に係る特定集中治療室管理料（救命救急入院料）の施設基準に係る看護配置に含めないこと。

（12）（4）に規定する看護師が当該治療室以外の治療室または病棟において勤務した場合、勤務した治療室または病棟における看護師の勤務時間数に含めないこと。

（13）特定集中治療室管理料（救命救急入院料）の算定に係る治療室に入院している全ての患者の状態を、特定集中治療室用等の重症度、医療・看護必要度に係る評価票を用いて測定および評価し、その結果、「特殊な治療法等」に該当する患者が1割5分以上であること。ただし、該当患者の割合については、暦月で6か月を超えない期間の1割以内の一時的な変動にあっては、施設基準に係る変更の届出を行う必要はないこと。

## 【重症患者初期支援充実加算】

重症患者初期支援充実加算は、2022年度診療報酬改定において新たに評価されたものであり、集中治療領域において、患者の治療に直接関わらない専任の担当者（入院時重症患者対応メディエーター）が、特に重篤な状態の患者の治療を行う医師・看護師等の他職種とともに、当該患者およびその家族等に対して、治療方針・内容等の理解および意向の表明を支援する体制を評価したものであり、入院から3日を限度として算定できる。

重症患者初期支援充実加算（1日につき）　　300点

## （5）小児・周産期に関する特定入院料

### A）小児入院医療管理料

　小児科を標榜する医療機関で、入院医療を提供する場合には小児入院医療管理料の届け出を行うことにより、入院診療単価の向上が期待できる。当該管理料は、小児科の体制が評価されているものであり、適切な体制を整備している場合には小児入院医療管理料1〜5のいずれかに該当するであろうから、より上位を積極的に届け出ることが求められる（**表2-7、図2-64**）。なお、2012年度診療報酬改定により、放射線治療、在宅患者緊急入院診療加算が包括の範囲から除かれ、出来高評価とされた。

## （6）緩和ケア病棟入院料

　緩和ケア病棟の設置状況には地域差があり、地域によっては不足する診療機能である可能性がある（**図2-65、図2-66**）。全般的には西高東低の傾向があり、病床数が多い西日本で多く設置されている。激戦区では一般病棟を開いたところで埋まらないことから、差別化の手段の1つになっているかもしれない。

　緩和ケア病棟入院料は非常に高い点数設定であり、稼働率さえ上がれば収益性は優れることが予想される。収益性がよいと言われる地域包括ケア病棟入院料は届出状況等によるが全国平均は1日3.2万円程度の単価になる。緩和ケア病棟入院料は7対1の看護師配置で、夜勤も複数名であることが求められ、単純には比較できないが急性期病棟よりは採算が良い。もちろん、スペースやアメニティーなど異なる面はあるものの、緩和ケア病棟の病床数の半分までは室料差額を設定することも可能だ。

表2-7　**小児入院医療管理料**

| | 常勤医師数 | 看護師配置 | 病棟 | 看護師比率 | 平均在院日数 |
|---|---|---|---|---|---|
| 小児入院医療管理料1 | 20名以上 | 7対1以上 | 専ら15歳未満の小児を入院させる病棟 | － | 21日以下 |
| 小児入院医療管理料2 | 9名以上 | 7対1以上 | 専ら15歳未満の小児を入院させる病棟 | － | 21日以下 |
| 小児入院医療管理料3 | 5名以上 | 7対1以上 | 専ら15歳未満の小児を入院させる病棟 | － | 21日以下 |
| 小児入院医療管理料4 | 3名以上 | 10対1以上 | 専ら小児を入院させる病床が10床以上 | 7割以上 | 28日以下 |
| 小児入院医療管理料5 | 1名以上 | 15対1以上 | － | 4割以上 | － |

※小児入院医療管理料に係る加算があり、当該病棟に小児入院患者を専ら対象とする保育士が1名以上常勤しており、内法による測定で30㎡のプレイルームがある場合等の要件を満たすと1日につき100点を加算することができる。

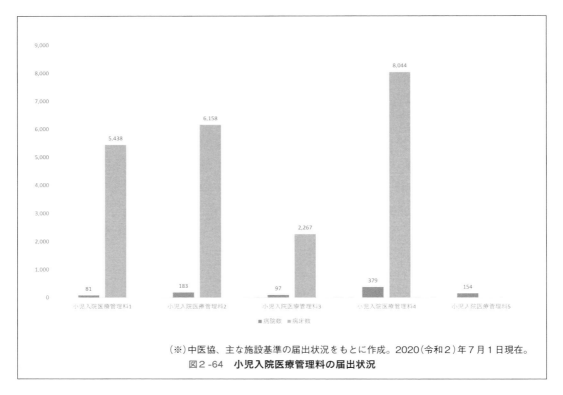

（※）中医協、主な施設基準の届出状況をもとに作成。2020（令和2）年7月1日現在。

図2-64　小児入院医療管理料の届出状況

（※）厚生労働省、第1回NDBオープンデータ及び国立社会保障・人口問題研究所データをもとに作成。

図2-65　人口当たり緩和ケア病棟入院料の算定回数には地域差がある。

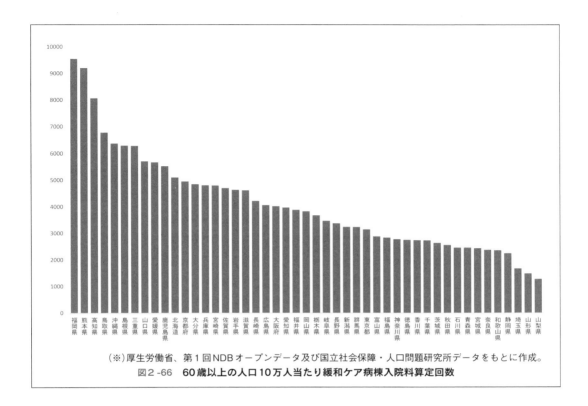

（※）厚生労働省、第1回NDBオープンデータ及び国立社会保障・人口問題研究所データをもとに作成。

図2-66　60歳以上の人口10万人当たり緩和ケア病棟入院料算定回数

緩和ケア病棟入院料1

| | |
|---|---|
| 30日以内 | 5,107点 |
| 60日以内 | 4,554点 |
| 61日以上 | 3,350点 |

緩和ケア病棟入院料2

| | |
|---|---|
| 30日以内 | 4,870点 |
| 60日以内 | 4,401点 |
| 61日以上 | 3,298点 |

　当該病棟は全国的に入院待機期間が長いことが指摘されており、診療報酬でも待機期間を減らすべく、15％患者を在宅復帰させることが求められている（図2-67）。それだけ需要があるということを意味するのだろう。実際に緩和ケア病棟入院料の届出が少ない地域では、30日以内の患者割合が多くなっている（図2-68）。不足する地域では待機期間が長く入院して即死亡退院であるか、できるだけ在宅復帰させている運用をしていることが予想される。

　2020年度診療報酬改定では、平均在棟日数30日未満という基準がなくなったが、これ

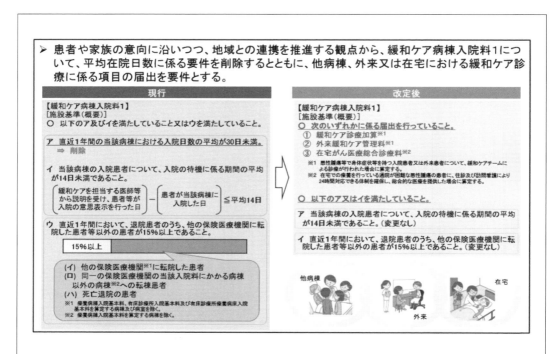

図2-67　緩和ケア病棟と地域との連携の推進

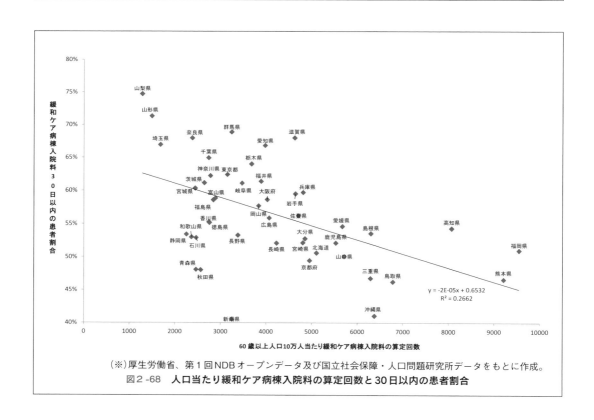

（※）厚生労働省、第1回NDBオープンデータ及び国立社会保障・人口問題研究所データをもとに作成。

図2-68　人口当たり緩和ケア病棟入院料の算定回数と30日以内の患者割合

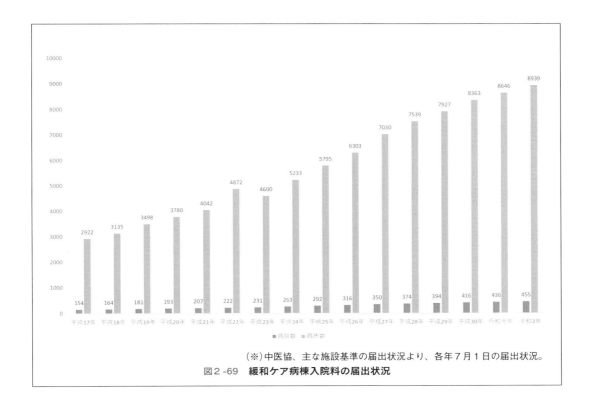

（※）中医協、主な施設基準の届出状況より、各年7月1日の届出状況。

図2 -69　**緩和ケア病棟入院料の届出状況**

は在宅復帰をさせ、待機期間が短縮されるからであえて基準に入れる意味がなくなったことを意味している。

　緩和ケア病棟入院料1について緩和ケア診療加算、外来緩和ケア診療加算、在宅がん医療総合診療料のいずれかを届出ていることが要件とされた。ここ最近、中核病院での緩和ケア病棟の設置が増加傾向にあるが、在宅がん医療総合診療料は在宅療養支援病院でなければならないため、緩和ケア診療加算の届出が上位加算に必要だ（図2 -69、図2 -83）。

　2022年度改定では緩和ケア疼痛評価加算が新設され、疼痛の評価や指導を行った場合に1日につき100点が加算されることになった。

## 7　その他　主に急性期病院で出来高算定可能な重要項目

### （1）入退院支援加算

　入退院支援加算1を届け出るためには3日以内に退院困難な患者を抽出し、7日以内に患者・家族と面談し、カンファレンスを実施することなどが求められる。

　入退院支援加算1の退院調整部門および病棟への退院支援職員の配置については、手厚い人員配置であり2病棟に1名以上の専従職員の配置には、点数だけでの採算が合うかと

いうと必ずしもそうではない。ただ、高齢化が進む外部環境の中で特に救急医療に積極的に取り組む病院では、退院困難である患者は確実に増加していき、地域全体で連携し支えあっていくことが強く求められている。そういう点からすると退院支援について手厚い人員配置が望ましく、できるだけ早期の届け出を実現したいものだ（**表2-8**）。

2018年度改定では入院時支援加算が新設され、入院前に外来で栄養状態や持参薬の確認などを行ってきた取り組みが評価された。

**図2**-70は75歳以上の緊急入院患者患者に占める入退院支援加算の算定率を病院別にみたものであり、かなりのバラつきがある。75歳以上でないと算定できないわけではないが、左にある病院は一定の年齢で緊急入院であれば全例に対応しようと考えているのだろう。一方で右に位置する病院は本当に退院困難症例だけに対応している結果として算定件数が少なくなっているのだろう。退院困難な要因には緊急入院が入っていることから、自院がどのような対応をすべきか皆でよく考えるべきだろう。ただし、入退院支援部門だけで完結する問題ではなく、病棟の協力も必要になる。さらに**図2**-71は予定入院でがん患者に対する入退院支援加算の算定率であり、やはりここでも差がある。

しばしば施設基準の届出をしていることで安心してしまうことがあるが、届出をしていることと、算定していることは異なるケースも多い。他院と比較しながら実態に応じた適

**表2-8　入退院支援に関する評価の充実**

入退院支援加算1
   イ　一般病棟入院基本料等の場合　　　　700点
   ロ　療養病棟入院基本料等の場合　　　1,300点
入退院支援加算2
   イ　一般病棟入院基本料等の場合　　　　190点
   ロ　療養病棟入院基本料等の場合　　　　635点

| | 入退院支援加算1 | 入退院支援加算2<br>（改定前の退院調整加算と同要件） |
|---|---|---|
| 退院困難な患者の早期抽出 | 3日以内に退院困難な患者を抽出 | 7日以内に退院困難な患者を抽出 |
| 入院早期の患者・家族との面談 | 7日以内に患者・家族と面談 | できるだけ早期に患者・家族と面談 |
| 多職種によるカンファレンスの実施 | 7日以内にカンファレンスを実施 | カンファレンスを実施 |
| 退院調整部門の設置 | 専従1名(看護師または社会福祉士) | 専従1名(看護師または社会福祉士) |
| 病棟への退院支援職員の配置 | 退院支援業務等に専従する職員を病棟に配置(2病棟に1名以上) | - |
| 医療機関間の顔の見れる連携の構築 | 25か所以上の連携する医療機関等の職員と年間3回以上の面会を実施(ビデオ通話が可能な機器を用いて実施することも可能) | - |
| 介護保険サービスとの連携 | 100床当たり年15回以上の介護支援連携指導料の算定(療養病棟等では10回) | |

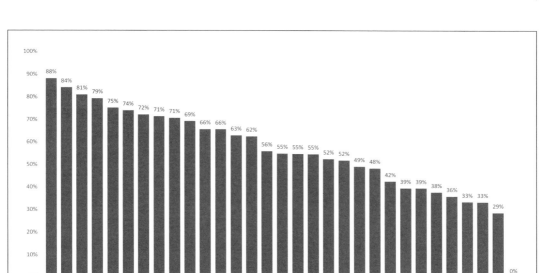

（※）第8回病院経営戦略研究会資料より。

図2-70　75歳以上緊急入院患者に占める入退院支援加算の算定率

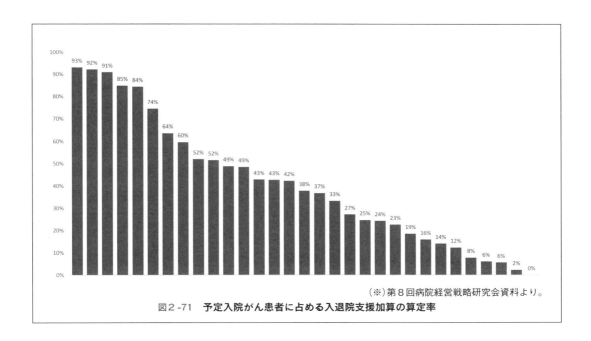

（※）第8回病院経営戦略研究会資料より。

図2-71　予定入院がん患者に占める入退院支援加算の算定率

切な算定をする仕組みを病院全体で構築していくことが求められる。

　2020年度診療報酬改定で、入退院支援加算及び入院時支援加算について、入退院支援部門における職員を非常勤職員でも可能となった。なお、当該専従の看護師又は社会福祉士については、週3日以上常態として勤務しており、かつ、所定労働時間が22時間以上

の勤務を行っている専従の非常勤の看護師又は社会福祉士（入退院支援及び地域連携業務に関する十分な経験を有する看護師又は社会福祉士に限る。）を2名以上組み合わせることにより、常勤看護師等と同じ時間帯にこれらの非常勤看護師等が配置されている場合には、当該基準を満たしているとみなすことができるようになった。

## （2）入院時支援加算

　さらに2020年度診療報酬改定で、入院時支援加算の外来での実施項目のうちア、イ、クが必須（2020年度改定前）とされていたが、全て実施する医療機関が多かったため、ア〜ク全てを実施した場合の評価としてプラス30点の評価が行われた（入院時支援加算1）（図2-72、図2-73）。さらに2020年度改定前の総合評価加算（100点）について、入退院支援加算と重複する点も多いことから、総合機能評価加算（50点）と再整理することになった。

　入院時支援加算は予定入院患者で入退院支援加算を算定する患者が対象である。当該算の届出のためには、200床以上の病院では専従の看護師あるいは社会福祉士が求められ、決して当該加算だけでペイすることはないだろう。ただし、円滑な予定入院のためには、外来での事前の説明等の取り組みは不可欠である。特に急性期病院では週末の稼働率が下落する傾向が顕著であるため、日曜日の予定入院を円滑に進めるためにも当該加算を有効活用することが期待される。週末は病棟等のマンパワーは少なくなるため、外来で事前に

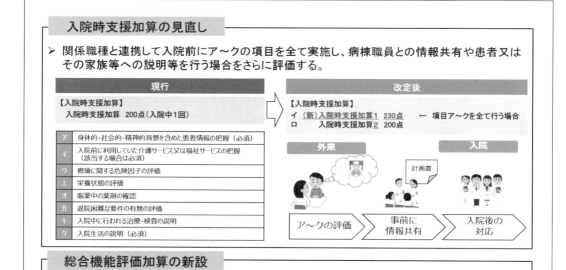

図2-72　入退院支援の取組の推進

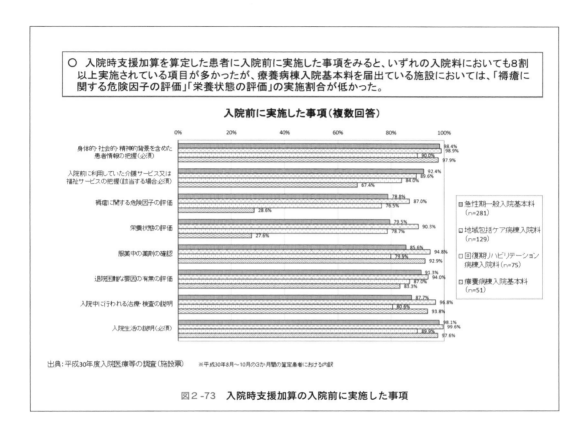

図2-73　入院時支援加算の入院前に実施した事項

説明等を行うことが有効である。そして、月曜日の朝から濃厚に治療等を行う仕組みを構築することが病床コントロールという意味でも、患者にとっても大切である。

［算定対象］
（1）自宅等（他の保険医療機関から転院する患者以外）から入院する予定入院患者であること。
（2）入退院支援加算を算定する患者であること。

［施設基準］
（1）入退院支援加算の届出を行っている保険医療機関であること。
（2）入退院支援加算1、2または3の施設基準で求める人員に加え、専従の看護師が1名以上又は入退院支援及び地域連携業務に関する十分な経験を有する専任の看護師及び専任の社会福祉士がそれぞれ1名以上配置されていること。200床未満については要件緩和あり。
（3）地域連携を行うにつき十分な体制が整備されていること。

## ■（3）肺血栓塞栓症予防管理料

　肺血栓塞栓症とは、深部静脈等で形成された血栓が肺に運ばれて肺動脈が閉塞する病態をいい、手術（特に全身麻酔）、分娩、長期臥床等による血液のうっ血が関係し、近年増加傾向にある。肺血栓塞栓症予防管理料は、手術等の入院患者に対して、肺血栓塞栓症を予防するために弾性ストッキングまたは間歇的空気圧迫装置を用いて医学管理を行った場合に、入院中1回に限り算定することができる（305点）。なお、予防処置の費用（機器、材料等を含む）は所定点数に含まれる。

　肺血栓塞栓症に対して、多くの病院では、全身麻酔手術を実施した患者等に対して弾性ストッキングあるいは間歇的空気圧迫装置（フットポンプ）で予防を行っているはずである。しかし、全身麻酔患者に対する予防の割合は病院によって異なっている（図2-74）。表2-9に示す、中リスク以上が対象となると考えられるため、例えば、整形外科の上肢の手術などは原則として算定できない。病院ごとに、患者のリスクは異なるものと考えられるが、心臓血管外科などで大手術を行った場合でも算定されていない事例が散見される。もしも予防を行っていないならば、安全のために実施すべきであるし、算定漏れならばきちんと診療録への記載を徹底するなどの対策が必要である。金額的なインパクトはそれほど大きくないものと予想されるが、質的に重要な項目である。

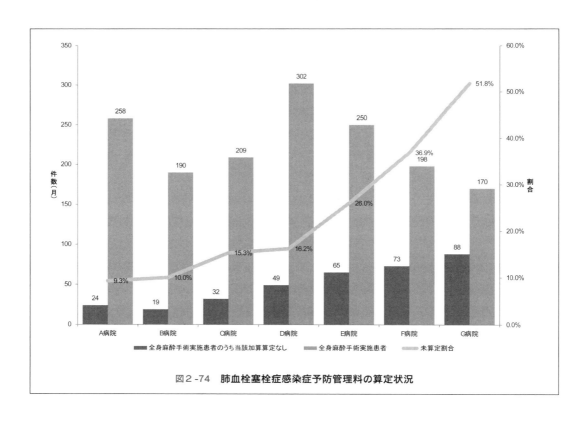

図2-74　肺血栓塞栓症感染症予防管理料の算定状況

表2-9　各領域の静脈血栓塞栓症のリスクの階層化

| リスクレベル | 一般外科・泌尿器科・婦人科手術 | 整形外科手術 | 産科領域 |
|---|---|---|---|
| 低リスク | 60歳未満の非大手術<br>40歳未満の大手術 | 上肢の手術 | 正常分娩 |
| 中リスク | 60歳以上、あるいは危険因子のある非大手術<br>40歳以上、あるいは危険因子がある大手術 | 腸骨からの採骨や下肢からの神経や皮膚の採取を伴う上肢手術<br>脊椎手術<br>下肢手術<br>大腿骨遠位部以下の単独外傷 | 帝王切開術（高リスク以外） |
| 高リスク | 40歳以上の癌の大手術 | 人工関節置換術・人工膝関節置換術・股関節骨折術（大腿骨骨幹部を含む）<br>骨盤骨切り術（キアリ骨盤骨切り術や寛骨臼回転骨切り術など）<br>下肢手術にVTEの付加的な危険因子が合併する場合<br>下肢悪性腫瘍手術<br>重度外傷（多発外傷）・骨盤骨折 | 高齢肥満妊婦の帝王切開<br>静脈血栓塞栓症の既往あるいは血栓性素因の経腟分娩 |
| 最高リスク | 静脈血栓塞栓症の既往あるいは血栓性素因のある大手術 | 「高リスク」の手術を受ける患者に静脈血栓塞栓症の既往あるいは血栓性素因の存在がある場合 | 静脈血栓塞栓症の既往あるいは血栓性素因の帝王切開術 |

（出所：肺血栓塞栓症および深部静脈血栓症の診断、治療、予防に関するガイドライン〔2009年改定版〕）

## ▎（4）画像診断管理加算

　急性期病院にとっては、放射線科医の確保はきわめて重要であり、それがCTやMRIの稼働率にも一定の影響を及ぼす。また、表2-10に示すように、2016年度診療報酬改定において、64列以上のマルチスライス型CTや3テスラ以上のMRIがさらに評価されたが、施設基準として画像診断管理加算2あるいは3を算定していることが求められている。高性能機種を有していても、画像診断管理加算2あるいは3を算定できないがゆえに、高い点数を算定できない医療機関も存在する。放射線の読影医師を確保することは容易ではないが当該加算は実質的に医療機器の配置規制を行ったことに等しい。高性能機種を購入するのは自由だが、読影の体制がない医療機関には高い報酬を与えないという措置だからだ。高機能急性期病院では、画像診断管理加算2はぜひとも算定したい（図2-75）。

　画像診断管理加算1（70点）は、専ら画像診断を担当する医師（地方厚生局長等に届け出た、専ら画像診断を担当した経験を10年以上有するものに限る）が読影結果を文書により当該専ら画像診断を担当する医師の属する保険医療機関において当該患者の診療を担当する医師に報告した場合に、月の最初の診断の日に算定する。

　画像診断管理加算2（180点）は、当該保険医療機関において実施される核医学診断、CT撮影およびMRI撮影について、専ら画像診断を担当する医師（地方厚生局長等に届け出た、専ら画像診断を担当した経験を10年以上有するものに限る）が診断を行い、読影結果を文書により当該専ら画像診断を担当する医師の属する保険医療機関において当該患者の診療を担当する医師に報告した場合に、月の最初の診断の日に算定する。

　なお、当該加算を届け出るためには、当該保険医療機関における核医学診断及びコン

表2-10　放射線撮影等の適正な評価

| 2016年度改定前 | 2016年度改定後 |
|---|---|
| 【コンピューター断層撮影】<br>CT撮影<br>　イ　64列以上のマルチスライス型の機器の場合<br>　　　　　　　　　　　　　　　　1,000点<br>（新設）<br><br>（新設） | 【コンピューター断層撮影】<br>CT撮影<br>　イ　64列以上のマルチスライス型の機器の場合<br>（1）　施設共同利用において行われる場合<br>　　　　　　　　　　　　　1,020点（新）<br>（2）　その他の場合　　　1,000点（新） |
| 　ロ　16列以上64列未満のマルチスライス型の<br>　　　機器による場合<br>　　　　　　　　　　　　　　　　900点 | 　ロ　16列以上64列未満のマルチスライス型の<br>　　　機器による場合<br>　　　　　　　　　　　　　　　　900点 |
| 　ハ　4列以上16列未満のマルチスライス型の機<br>　　　器による場合<br>　　　　　　　　　　　　　　　　770点 | 　ハ　4列以上16列未満のマルチスライス型の機<br>　　　器による場合<br>　　　　　　　　　　　　　　　　750点 |
| 　ニ　イ、ロ、ハ以外の場合　　　580点 | 　ニ　イ、ロ、ハ以外の場合　　　560点 |
| 【磁気共鳴コンピューター断層撮影】<br>1．3テスラ以上の機器による場合<br>　　　　　　　　　　　　　　　1,600点<br>（新設）<br><br>（新設） | 【磁気共鳴コンピューター断層撮影】<br>1．3テスラ以上の機器による場合<br>　イ　施設共同利用において行われる場合　1,620<br>　　　点（新）<br>　ロ　その他の場合　　　　　1,600点（新） |
| 2．1.5テスラ以上3テスラ未満の機器による場合<br>　　　　　　　　　　　　　　　1,330点 | 2．1.5テスラ以上3テスラ未満の機器による場合<br>　　　　　　　　　　　　　　　1,330点 |
| 3．1、2以外の場合　　　　　920点 | 3．1、2以外の場合　　　　　900点 |

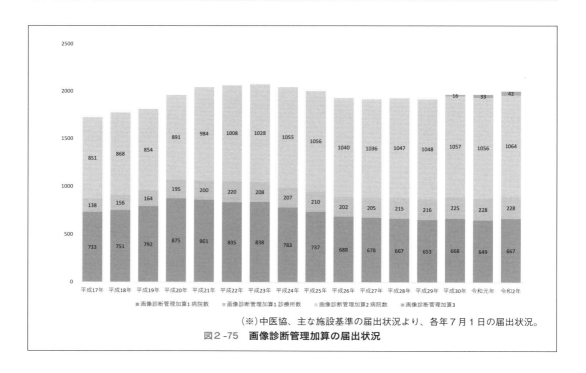

（※）中医協、主な施設基準の届出状況より、各年7月1日の届出状況。

図2-75　画像診断管理加算の届出状況

ピューター断層撮影診断のうち、少なくとも8割以上のものの読影結果が、遅くとも撮影日の翌診療日までに主治医に報告されていることが求められており、読影の体制を整備しなければならない。

　これらの加算を算定する場合は、報告された文書またはその写しを診療録に貼付する。

　2014年度診療報酬改定で以下の記述が追加された。

●画像診断を専ら担当する常勤の医師（専ら画像診断を担当した経験を10年以上有するもの又は当該療養について関係学会から示されている2年以上の所定の研修（専ら放射線診断に関するものとし、画像診断、IVR及び各医学に関する事項をすべて含むものであること。）を修了し、その旨が登録されている医師に限る。）が1名以上配置されていること。なお、画像診断を専ら担当する医師とは、常勤時間の大部分において画像情報の撮影又は読影に携わっている者をいい、他の診療等を行っている場合はこれに該当しない。

●当該保険医療機関以外の施設に読影又は診断を委託していないこと。

　2016年度診療報酬改定では施設共同利用の場合の点数が設定されたがハードルが高く、届け出られる施設は限られるだろう。

　2018年度改定では特定機能病院を対象にさらなる手厚い人員配置である画像診断管理加算3が新設された（図2-76）。

---

(1) 放射線科を標榜している<u>特定機能病院</u>であること。
(2) 画像診断を専ら担当する常勤の医師（専ら画像診断を担当した経験を10年以上有するもの又は当該療養について関係学会から示されている2年以上の所定の研修（専ら放射線診断に関するものとし、画像診断、Interventional Radiology(IVR)及び核医学に関する事項を全て含むものであること。）を修了し、その旨が登録されている医師に限る。）が<u>6名以上配置されていること</u>。
なお、画像診断を専ら担当する医師とは、勤務時間の大部分において画像情報の撮影又は読影に携わっている者をいう。
(3) 当該保険医療機関において実施される全ての核医学診断、CT撮影及びMRI撮影について、(2)の医師の下に画像情報の管理が行われていること。
(4) 当該保険医療機関における核医学診断及びコンピューター断層診断のうち、<u>少なくとも8割以上の読影結果が、(2) の医師により遅くとも撮影日の翌診療日までに</u>当該患者の診療を担当する医師に報告されていること。
(5) 当該保険医療機関において、<u>夜間及び休日に読影を行う体制</u>が整備されていること。
(6) 画像診断管理を行うにつき十分な体制が整備されており、当該保険医療機関において実施される全ての核医学診断、CT撮影及びMRI撮影について、夜間及び休日を除いて、検査前の画像診断管理を行っていること。
(7) 当該保険医療機関以外の施設に読影又は診断を委託していないこと。
(8) 電子的方法によって、個々の患者の診療に関する情報等を送受信する場合は、端末の管理や情報機器の設定等を含め、厚生労働省「医療情報システムの安全管理に関するガイドライン」を遵守し、安全な通信環境を確保していること。
(9) 関係学会の定める指針に基づいて、適切な被ばく線量管理を行っていること。その際、施設内の全てのCT検査の線量情報を電子的に記録し、患者単位及び検査プロトコル単位で集計・管理の上、被ばく線量の最適化を行っていること。

図2-76　**画像診断管理加算3に関する施設基準**

## ▌(5)薬剤管理指導料

　薬剤師が入院中の患者に対して、服薬指導を実施した際に、薬剤管理指導料を週に1回算定することができる。点数は、以下に示すとおりであるが、プロフェッショナルとしての責務を果たすためには重要な行為であると考えられる。図2-77は、薬剤師1人1月当たりの薬剤管理指導料の算定件数と院外処方率の状況を病院ごとにみたものである。病院の機能や薬剤師の担当する業務範囲が異なるため、件数だけで単純な比較はできないものの、そのパフォーマンスには著しい違いがみられる。院内処方を行う病院では、薬剤管理指導に充てる時間は少なくなるであろうし、がん化学療法患者に対する混注件数、その他のハイリスク薬の状況によっても状況は異なる。おおむね全国平均の薬剤師1人1月当たりの算定件数は、38件程度であることから、これらを参考にしながら、自院の今後の目標設定を行うことが望ましい。

　また、2012年度診療報酬改定で、薬剤師の病棟配置が評価され、病棟薬剤業務実施加算が新設された。この加算1ではすべての病棟（一般病棟入院基本料、療養病棟入院基本料、結核病棟入院基本料、精神病棟入院基本料、特定機能病院入院基本料、専門病院入院基本料、小児入院医療管理料）に専任の薬剤師（1週間につき20時間相当以上）を配置することが求められており、また、この週20時間には薬剤管理指導の時間は含まれていない。薬

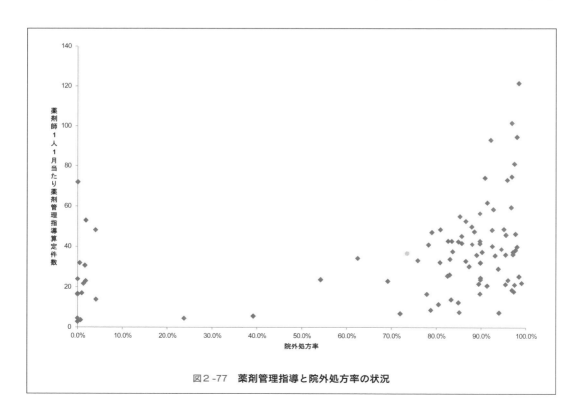

図2-77　薬剤管理指導と院外処方率の状況

剤管理指導を重視するか、病棟配置(病棟薬剤業務実施加算)を重視するかは、病院の考え方に左右されるものと考えられる。しかしながら、薬剤師1人1月当たり全国平均程度の薬剤管理指導を実施したとしても、おおむね一般病床100床当たり4〜5名の薬剤師が勤務していれば、病棟薬剤業務実施加算は算定可能であると思われる。これらの要件を満たさない病院は、院外処方率を高めるなどの業務の見直しを図ることが有効である。

薬剤管理指導料
1．特に安全管理が必要な医薬品が投薬または注射されている患者に対して行う場合

380点
2．1の患者以外の患者に対して行う場合　　　　　　　　　　　325点

## (6)薬剤総合評価調整加算・管理料

　薬剤総合評価調整加算は2016年度診療報酬改定で評価されたものである。高齢者に対する多剤投与は肉体的にも経済的にも不利益があり、当然のことながら医療費の高騰につながる。そこで、当該加算(外来では管理料)では6種類以上の内服薬を処方されていた患者について、処方内容を総合的に評価及び調整し、内服薬を2種類以上減少した場合の評価を行うものである。社会的には非常に意義がある加算であるにもかかわらず遅々として進まない現状がある。そこで、2018年度診療報酬改定では地域包括ケア病棟等での算定が可能となった。地域包括ケア病棟では高齢で、かつ、かりつけ患者が入院するケースがあり、多剤投与されているケースも多い。平均在院日数も長めであるから、在宅復帰までに対応を図ることも可能となるだろう。

　2020年度診療報酬改定では、従来の2種類以上の内服薬の減薬が行われた場合の評価を、①処方の総合的な評価及び調整の取り組み(100点)と、②減薬に至った場合(150点)、に分けた段階的な報酬体系とした(図2-78)。

　さらに、入院前の処方薬の内容に変更、中止等の見直しがあった場合について、退院時に見直しの理由や見直し後の患者の状態等を記載した文書を薬局に対して情報提供を行った場合について、退院時薬剤情報管理指導料の加算が新設された。
退院時薬剤情報管理指導料　90点
退院時薬剤情報連携加算　60点

## (7)がん患者指導管理料

イ　医師が看護師と共同して診療方針等について話し合い、その内容を文書等により提供した場合　500点
ロ　医師、看護師または公認心理士が心理的不安を軽減するための面接を行った場合　200点

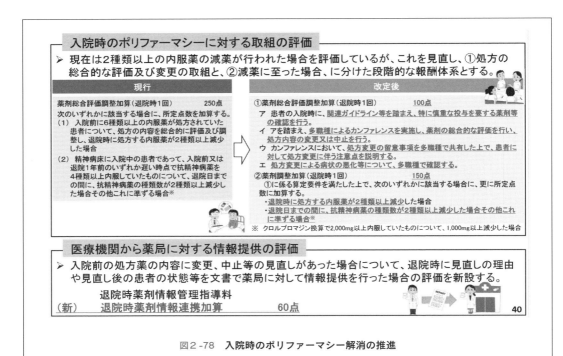

図2-78　入院時のポリファーマシー解消の推進

ハ　医師または薬剤師が抗悪性腫瘍剤の投薬または注射の必要性等について文書により説明を行った場合　200点

　ロ、ハについては患者1人につき6回に限って算定することができるものであり、認定看護師やがん薬物療法認定薬剤師等の評価が行われたものである。

ニ　医師が遺伝子検査の必要性等について文書により説明を行った場合 300点

　ニについては、乳癌、卵巣癌又は卵管癌と診断された患者のうち遺伝性乳がん卵巣がん症候群が疑われる患者に対して、臨床遺伝学に関する十分な知識を有する医師及びがん診療の経験を有する医師が共同で、診療方針、診療計画及び遺伝子検査の必要性等について患者が十分に理解し、納得した上で診療方針を選択できるように説明及び相談を行った場合に患者1人につき1回に限り算定する。

## ▎(8)がん診療連携拠点病院を中心とした連携

### A)がん拠点病院加算

　がん拠点病院加算は、キャンサーボードの設置を含めたがんの集学的治療、緩和ケアの提供、地域医療との連携、専門医師その他の専門の医療従事者の配置、院内がん登録の適切な実施、相談支援センター等の体制を備えた、がん診療連携拠点病院等として指定され

た病院が評価されたものであり、今後、がんの手術等を行う病院は当該加算を算定する病院に集約されていくものと予想される。

　がん診療連携拠点病院加算は、別の保険医療機関または健康診断を実施した医療機関の医師により、悪性腫瘍の疑いがあるとされた患者（最終的に悪性腫瘍と診断された患者に限る）または悪性腫瘍と診断された患者であって、これらの保険医療機関等からの紹介により、当該がん診療連携拠点病院に入院した患者について、入院初日に500点を算定できる。なお、地域がん診療病院では300点、小児がん拠点病院加算は750点に設定されている。

　がん診療連携拠点病院の整備指針が見直されたことに対応し、地域がん診療連携拠点病院（高度型）については500点、地域がん診療連携拠点病院（特例型）については300点を算定する。なお、ゲノム情報を用いたがんゲノム医療中核拠点病院及びがんゲノム医療拠点病院に入院している患者については、がんゲノム拠点病院加算としてさらに250点が加算される。

## B）がん治療連携計画策定料（表2-11）・がん治療連携指導料

　がん診療連携計画策定料、がん治療連携指導料は、がん診療連携拠点病院等を中心に策定された地域連携診療計画に沿ったがん診療に係る医療機関の連携により、がん患者に対して地域における切れ目のない医療提供が評価されたものである。計画策定病院において、がん治療連携計画策定料（1においては750点、2においては300点）が退院時に算定され、連携医療機関において診療情報の提供時にがん治療連携指導料（300点）が算定される。がん連携の推進を前提としたものであり、地域におけるがん連携に注力することが期待される。

表2-11　がん治療連携計画策定料

　がん治療連携計画策定料について、退院後一定期間の外来診療の後に連携医療機関に紹介した場合についても算定可能とするとともに、患者の状態の変化等により、がん治療連携計画に基づく治療方針の変更が必要となった場合についても評価が行われた。

| 【がん治療連携計画策定料】 | |
| --- | --- |
| 1　がん治療連携計画策定料1 | 750点 |
| 2　がん治療連携計画策定料2 | 300点 |

【算定要件】
がん治療連携計画策定料1
　入院中または退院の日から30日以内にがん治療連携計画を策定し、別の保険医療機関に当該患者に係る診療情報を文書により提供した場合。
がん治療連携計画策定料2
　がん治療連携計画策定料1を算定した患者であって、状態の変化等により計画の変更が必要となり、連携医療機関から計画策定病院に紹介され、計画の変更を行った場合（がん治療連携指導料を算定した場合に限る）、月1回に限り算定する。

### C）がん治療連携管理料

　がん治療連携管理料は、別の保険医療機関または健康診断を実施した医療機関の医師により、悪性腫瘍の疑いがあるとされた患者(最終的に悪性腫瘍と診断された患者に限る)または悪性腫瘍と診断された患者に対し、これらの保険医療機関等から紹介を受けたがん診療連携拠点病院が、外来における化学療法または放射線治療を行った場合に、患者1人につき1回に限り500点が算定可能である。

1．がん診療連携拠点病院の場合　　500点
2．地域がん診療病院の場合　　　　300点
3．小児がん拠点病院の場合　　　　750点

## ▍（9）退院時共同指導料等

### A）退院時共同指導料1・2

　退院時共同指導料1または2は、保険医療機関に入院中の患者について、地域において当該患者の退院後の在宅療養を担う保険医療機関の保険医または当該保険医の指示を受けた当該保険医療機関の保健師、助産師、看護師もしくは准看護師(以下、看護師等とする)、薬剤師、管理栄養士、理学療法士、作業療法士、言語聴覚士もしくは社会福祉士が、患者の同意を得て、退院後の在宅での療養上必要な説明および指導を、入院中の保険医療機関の保険医または看護師等、薬剤師、管理栄養士、理学療法士、作業療法士、言語聴覚士、社会福祉士と共同して行った場合に文書により情報提供した場合に、当該入院中に1回に限り、それぞれの保険医療機関において算定できる。2018年度改定で職種の範囲が拡大され、特別の関係に該当する場合であっても算定が可能となった。自院で訪問看護ステーションを併設する場合等に算定が可能となったため積極的な取り組みが求められる。

#### 【退院時共同指導料2の加算】

　退院時共同指導料2の多機関共同指導加算(2,000点)は、退院後の在宅での療養上必要な説明および指導を、当該患者が入院している保険医療機関の保険医もしくは看護師等が、在宅療養担当医療機関の保険医もしくは看護師等、保険医である歯科医師もしくはその指示を受けた歯科衛生士、保険薬局の保険薬剤師、訪問看護ステーションの保健師、助産師、看護師、理学療法士、作業療法士、もしくは言語聴覚士、介護支援専門員または相談支援専門員のいずれかのうち3者以上と共同した場合に算定できる。

### B）介護支援等連携指導料（400点）

　介護支援等連携指導料は、2018年度改定で連携先が拡大されたことに伴い、名称が変更された。当該保険医療機関に入院中の患者に対して、当該患者の同意を得て、医師または医師の指示を受けた看護師、社会福祉士等が介護支援専門員または相談支援専門員と共

同して、患者の心身の状態等を踏まえて導入が望ましい介護サービスまたは障害福祉サービス等退院後に利用可能な介護サービスまたは障害福祉サービス等について説明および指導を行った場合に当該入院中に2回算定できる。

**【在宅療養支援病院】**

　許可病床数が200床未満の病院または半径4km以内に診療所が存在せず、24時間往診・訪問看護が提供可能な体制等の要件を満たした病院をいう。中小規模の病院にとっては、在宅医療に注力することが成功の鍵を握る。

　なお、2014年度診療報酬改定において、200床以上の病院に対して在宅療養を行う患者の後方受入を担当する在宅療養後方支援病院が新設され、当該医療機関が後方受入を行った場合の評価が行われた（在宅患者緊急入院診療加算　入院初日2,500点）。

## ▌(10) リハビリテーション

　疾患別リハビリテーション料の点数は、20分以上の個別療法をもって1単位とされ、患者1人につき1日合計6単位（別に厚生労働大臣が定める患者については1日合計9単位）に限り算定できる。また、心大血管、脳血管、運動器、呼吸器などの疾患別に対象患者や従事者1人1日の算定単位数等が定められている。

　2014年度診療報酬改定では廃用症候群に対するリハビリテーションが引き下げられ、疾患別リハビリテーションに対する評価が行われた。より効果がある患者に重点的にリハビリテーションを実施することが望ましい。

　心大血管リハビリテーションについては、2010年度診療報酬改定前は施設基準を届出ている施設が48施設に限られていたことから要件が緩和され、その後増加した（図2-79）。また、がん患者リハビリテーション料は、がん患者の機能低下を最小限に抑えるために、治療前あるいは治療後早期からのリハビリテーションによる早期回復を図る取り組みが評価されたものであり、今後の充実が期待される。

　2014年度診療報酬改定において、ADL維持向上等体制加算が新設された。当該加算は金額的なインパクトは大きくないが、急性期病棟に入院している患者について、ADLの低下が一部に見られることから、急性期病棟におけるリハビリテーション専門職を専従で配置することが評価されたものである。

　2016年度診療報酬改定では、心大血管および呼吸器リハビリテーション料の算定起算日が見直され、手術もしくは急性増悪または最初に診断された日となり、より早期の介入が求められることとなる。また、廃用症候群リハビリテーションが、脳血管リハビリテーション料から独立した。ADL維持向上等体制加算にも、一部質的評価の要件が加わっており、今後さらにリハビリテーションは質を求められることになるだろう。

　2020年度診療報酬改定では、リハビリテーション実施計画書の位置づけが明確にされ、

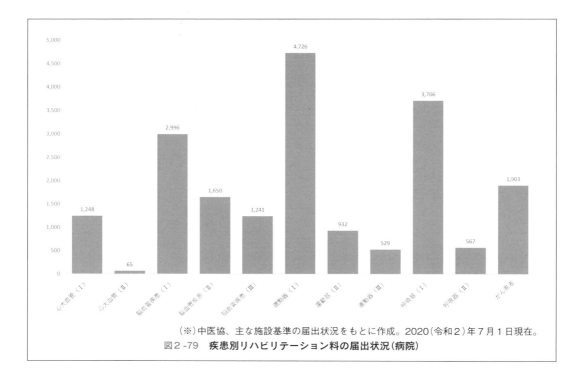

（※）中医協、主な施設基準の届出状況をもとに作成。2020（令和2）年7月1日現在。
図2-79　疾患別リハビリテーション料の届出状況（病院）

疾患別リハビリテーションの実施計画書を作成し、ADL項目として、BIあるいはFIMを用いること、リハビリテーション実施計画書の作成は、疾患別リハビリテーションの開始後、原則として7日以内で遅くとも14日以内とされた。また、リハビリテーション実施計画書を作成する前の疾患別リハビリテーションは、医師の具体的な指示の下に行われる場合に限り算定できることになった。

## ■（11）チーム医療の評価

### A）栄養サポートチーム加算

　栄養サポートチーム加算は、栄養障害の状態にある患者や栄養管理をしなければ栄養障害の状態になることが見込まれる患者に対し、患者の生活の質の向上、原疾患の治癒促進および感染症等の合併症予防等を目的として、栄養管理に係る専門的知識を有した多職種から構成される栄養サポートチームによる診療が評価されたものであり、2010年度診療報酬改定で新設された。また、2012年度診療報酬改定では、算定対象が一般病棟入院基本料13対1・15対1、専門病院入院基本料13対1、療養病棟入院基本料に拡大された。

　当該加算は、週1回200点、1日当たりの算定患者数は1チームにつきおおむね30人以内（医療従事者の確保等が困難かつ医療機関が少ない二次医療圏や離島にある病院（特定機能病院・許可病床200床以上の病院・DPC対象病院・一般病棟7対1・10対1入院基本料の算定病院を除く）については、1チームにつきおおむね15人以内）とされており、

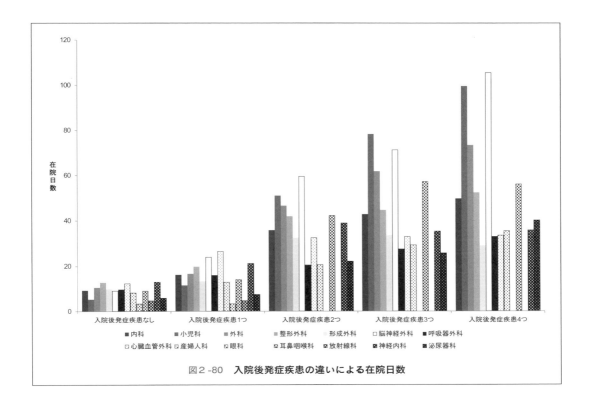

図2-80 **入院後発症疾患の違いによる在院日数**

原則として専従者が求められる(管理栄養士が専従者となることが多い)ことからも、加算単独の経済性を評価すればマイナスになるものと予想される。しかしながら、医療の質向上のためには必須の取り組みであり、在院日数の短縮、輸液・抗生剤の減少などの効果も期待できる。栄養状態を改善することにより、入院後発症疾患を減少することができるなどのメリットもあり、加算算定に向けてぜひとも積極的な取り組みを行いたいところである。仮に入院後発症疾患が発生すると在院日数が長くなるなど、経済性も悪化することには留意すべきである(図2-80)。

［施設基準］

当該保険医療機関内に、以下から構成される栄養管理に係るチームが設置されていること。また、以下のうちいずれか1人は専従である。

ア　栄養管理に係る所定の研修を修了した専任の常勤医師

イ　栄養管理に係る所定の研修を修了した専任の常勤看護師

ウ　栄養管理に係る所定の研修を修了した専任の常勤薬剤師

エ　栄養管理に係る所定の研修を修了した専任の常勤管理栄養士

なお、ア～エのほか、歯科医師、歯科衛生士、臨床検査技師、理学療法士、作業療法士、社会福祉士、言語聴覚士が配置されていることが望ましい。

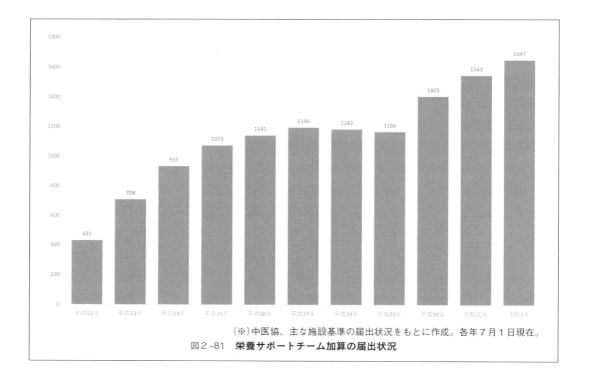

（※）中医協、主な施設基準の届出状況をもとに作成。各年7月1日現在。

図2-81　**栄養サポートチーム加算の届出状況**

　2018年度診療報酬改定で、1日の診察が15件以内の場合には、いずれの職種も専任で よいこととされた。専従にこだわることなく、柔軟な働き方を模索することが望ましい。

　2020年度診療報酬改定では、結核病棟、精神病棟に対して栄養サポートチーム加算の 算定対象が拡大された。なお、当該加算の届出病院数が増加したのは、2018年度診療報 酬改定で1日15人以内の診察の場合には、専従でなく専任でよくなったことが関係して いる。1日15人を超えるケースは稀であるので、専任のチームとして届け出ることが望 ましい（図2-81）。


［対象患者］

　栄養管理計画を策定している患者のうち、以下のア〜エのいずれかに該当する者。

ア　栄養管理計画の策定に係る栄養スクリーニングの結果、血中アルブミン値が3.0g/dL 以下であって、栄養障害を有すると判定された患者

イ　経口摂取または経腸栄養への移行を目的として、現に静脈栄養法を実施している患者

ウ　経口摂取への移行を目的として、現に経腸栄養法を実施している患者

エ　栄養サポートチームが、栄養治療により改善が見込めると判断した患者


　対象患者については、アのアルブミン値を基準とすれば、相当数になると思われる。ア ルブミン値を参考としながらも、栄養サポートチームが栄養治療により改善が見込めると

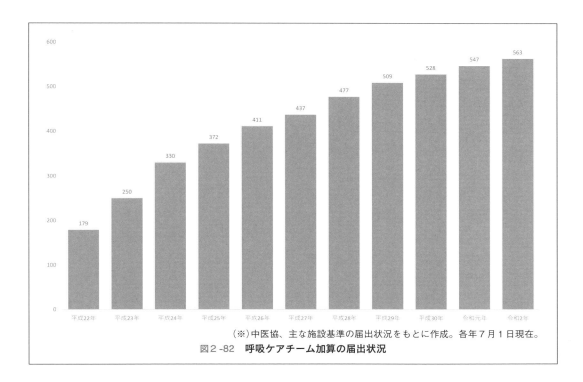

（※）中医協、主な施設基準の届出状況をもとに作成。各年7月1日現在。

図2-82　呼吸ケアチーム加算の届出状況

判断した患者に限定することが望ましい。

## B) 呼吸ケアチーム加算（図2-82）

　呼吸ケアチーム加算は、人工呼吸器の離脱に向けて、医師、看護師、臨床工学技士、理学療法士などから構成される専任のチームにより患者の状態に応じて診療を行い、その評価を実施した際に週1回150点を算定することができる。呼吸ケアチームについても、人工呼吸器の早期離脱は、患者のためにも、また経済性の向上にもつながることであろう。対象となる患者を抱える病院は、積極的に取り組みたいものである。

　呼吸ケアチーム加算は、栄養サポートチーム加算とは異なり、専任でよいが5年以上の呼吸ケアを必要とする患者の看護に従事し、呼吸ケアに係る研修を修了しているなどの要件が施設基準で求められており、人材育成が必要になるであろう。また、2012年度診療報酬改定により、当該保険医療機関の屋内において喫煙が禁止されているという基準も加わっている。

　［対象患者］

　　次のいずれにも該当する患者であること

ア　48時間以上継続して人工呼吸器を装着している患者であること

イ　次のいずれかに該当する患者であること

①人工呼吸器を装着している患者で当該加算を算定できる病棟に入院（転棟および転床を含む）した患者であって、当該病棟に入院した日から起算して1月以内のもの

②当該加算を算定できる病棟に入院した後に、人工呼吸器を装着した患者であって、装着した日から起算して1月以内のもの

### C）緩和ケア診療加算

緩和ケア診療加算は、緩和ケア病棟入院料とは異なり、一般病床に入院する悪性腫瘍または後天性免疫不全症候群の患者のうち、疼痛、倦怠感、呼吸困難等の身体的症状または不安、抑うつなどの精神症状を持つ者に対して、当該患者の同意に基づき、症状緩和に係る専従のチームによる診療が行われた場合に算定する（1日につき390点、1日当たりの算定患者数は、1チームにつきおおむね30人以内とする。ただし、医療従事者の確保等が困難かつ医療機関が少ない二次医療圏や離島にある病院〔特定機能病院・許可病床200床以上の病院・DPC対象病院・一般病棟7対1・10対1入院基本料の算定病院を除く〕は、1チームにつきおおむね15人以内）。当該加算を算定する病院は、全国でも決して多くない。しかしながら、増加するがん患者に対して、急性期治療の一環として緩和ケアを行う意義は大きい。今後、がん診療連携拠点病院にとって必須の機能として、緩和ケアは浸透していくものと予想される。なお、2018年改定で末期心不全にも対象が広がった。

さらに、2018年度診療報酬改定で専従要件が緩和されたことにより届出がしやすくなった。これにより、従来、ハードルが高かった緩和ケア診療加算の届出病院数が増加した（図2 -83）。さらに2020年度診療報酬改定で医師については、複数の非常勤職員を組み合わせた常勤換算でも配置可能となった。

［施設基準］

当該保険医療機関内に、以下の4名から構成される緩和ケアに係るチームが設置されていること。

ア　　　　身体症状の緩和を担当する常勤医師
イ　　　　精神症状の緩和を担当する常勤医師
ウ　　　　緩和ケアの経験を有する常勤看護師
エ　　　　緩和ケアの経験を有する薬剤師

なお、ア〜エのうちいずれか1人は専従であること。ただし、当該緩和ケアチームが診察する患者数が1日に15人以内である場合は、いずれも専任で差し支えない。

なお、外来緩和ケア管理料についても同一チームでの届出が可能である。

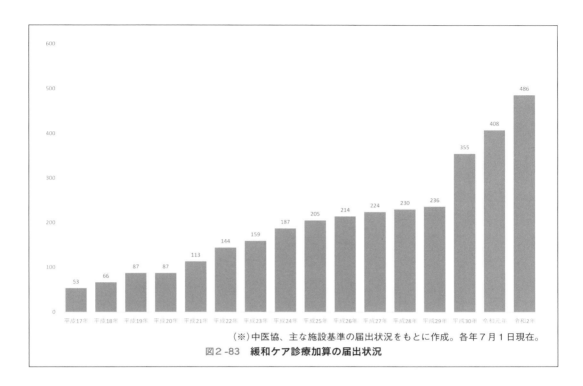

（※）中医協、主な施設基準の届出状況をもとに作成。各年7月1日現在。

図2-83　緩和ケア診療加算の届出状況

## D）精神科リエゾンチーム加算

　精神科リエゾンチーム加算は、一般病棟におけるせん妄や抑うつといった精神科医療のニーズの高まりを踏まえ、一般病棟に入院する患者の精神状態を把握し、精神科専門医療が必要な者を早期に発見し、可能な限り早期に精神科専門医療を提供することにより、症状の緩和や早期退院を推進することを目的として、精神科医、専門性の高い看護師、薬剤師、作業療法士、精神保健福祉士、公認心理士等、多職種からなるチームが診療することが評価されたものである。

　精神科リエゾンチーム加算の算定対象となる患者は、せん妄や抑うつを有する患者、精神疾患を有する患者、自殺企図で入院した患者であり、当該患者に対して精神科医療に係る専門的知識を有した精神科リエゾンチームによる診療が行われた場合に週1回に限り算定する（300点、1週間当たりの算定患者数は、1チームにつきおおむね30人以内）。

　当該加算は、これからの急性期病院において非常に重要になるものと予想される。他のチーム医療と比べ、施設基準の届出を行う病院は少なかったが増加傾向にある（図2-84）。しかしながら、がん患者など急性期医療を要する患者の相当な割合でせん妄などがみられる。精神系疾患の患者をすべて拒否するようでは、これからは新入院患者の獲得が厳しくなる。かといって、専門的なフォローアップなしに、精神系疾患の患者を一般病棟で受け入れることは現実的ではない。そこで、精神科リエゾンチーム加算が重要な役割を果たす。10年後には、中核急性期病院では当該加算の算定は当たり前になるものと予

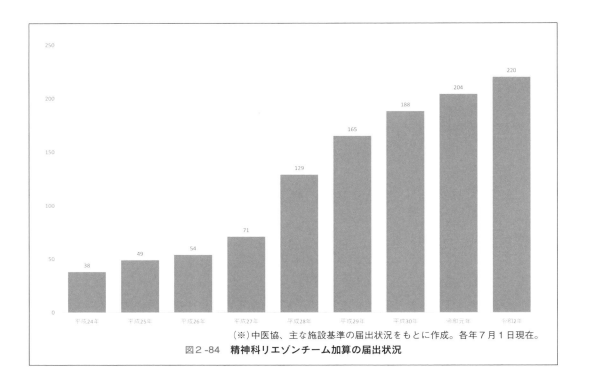

（※）中医協、主な施設基準の届出状況をもとに作成。各年7月1日現在。

図2-84　**精神科リエゾンチーム加算の届出状況**

想される。他院に先駆けた取り組みが期待される。


［施設基準］

　当該保険医療機関内に、以下の3名以上から構成される精神医療に係る専門的知識を有した多職種からなるチームが設置されていること。

ア　5年以上の勤務経験を有する専任の精神科の医師（他の保険医療機関を主たる勤務先とする精神科の医師が対診等により精神科リエゾンチームに参画してもよい）

イ　精神科等の経験を3年以上有する、所定の研修を修了した専任の常勤の看護師

ウ　精神科病院または一般病院での精神医療に3年以上の経験を有する専従の常勤薬剤師、常勤作業療法士、常勤精神保健福祉士または常勤公認心理士のうち、いずれか1人。なお、2016年度診療報酬改定において精神科リエゾンチームが週に15名以内の患者を診療する場合には、上記ウについて専任でも可能となり要件緩和が行われた。

### E）糖尿病透析予防指導管理料

　糖尿病透析予防指導管理料は、入院中以外の糖尿病患者のうち、ヘモグロビン$A_{1c}$（$HbA_{1c}$）がJDS値で6.1%以上（NGSP値で6.5%以上）または内服薬やインスリン製剤を使用している者であって、糖尿病性腎症第2期以上の患者（現に透析療法を行っている者を除く）に対し、医師が糖尿病透析予防に関する指導の必要性があると認めた場合に、月1

糖尿病患者に対し、外来において、透析予防診療チームで行う透析予防に資する指導の評価が2012年度診療報酬改定で行われた。

【算定要件】
ヘモグロビンA$_{1C}$（HbA$_{1c}$）が6.1％（JDS値）以上、6.5％（国際標準値）以上又は内服薬やインスリン製剤を使用している外来糖尿病患者に対し、透析予防診療チームが透析予防に係る指導管理を行った場合に算定する。

【施設基準】
①以下から構成される透析予防診療チームが設置されていること。
ア　糖尿病指導の経験を有する専任の医師
イ　糖尿病指導の経験を有する専任の看護師又は保健師
ウ　糖尿病指導の経験を有する専任の管理栄養士
②糖尿病教室等を実施していること。
③一年間に当該指導管理料を算定した患者の人数、状態の変化等について報告を行うこと。

図2-85　糖尿病透析予防指導管理料350点

回350点を算定することができる（図2-85）。糖尿病は、糖尿病性腎症や急性心筋梗塞、脳卒中へ移行する危険性があるため、早めの対策について医師、看護師、管理栄養士等の専任のチームで介入することには重要な意義があるため、2012年度診療報酬改定で評価された。

### F）移植後患者指導管理料

　移植後患者指導管理料は、臓器移植（角膜移植を除く）または造血幹細胞移植を受けた患者が、移植した臓器または造血幹細胞を長期に渡って生着させるために、多職種が連携して、移植の特殊性に配慮した専門的な外来管理を行うことが評価されたものであり、2012年度診療報酬改定で新設された。高機能な急性期病院であるならば、積極的に取り組みたいチーム医療の1つである。当該管理料は、移植に係る診療科に専任する医師、移植に関する適切な研修を受けた専任の看護師、必要に応じて、薬剤師等と連携し、治療計画を作成し、臓器等移植後の患者に特有の拒絶反応や移植片対宿主病（GVHD）、易感染症等の特性に鑑みて、療養上必要な指導を行った場合に、月1回算定する。

ア　臓器移植後の場合　　　　　　　300点
イ　造血管細胞移植後の場合　　　　300点

## （12）救急

### A）院内トリアージ実施料

　院内トリアージ実施料については、救急医療の3～4時間待ちが常態化する中で、2012年度診療報酬改定で評価されたものである。多くの急性期病院では、すでに行われ

ていた取り組みが評価された。院内トリアージ体制を整えている保険医療機関において、夜間、休日または深夜に受診した患者であって初診のものに対して当該保険医療機関の院内トリアージ基準に基づいて専任の医師または専任の看護師（3年以上の経験者）により患者の来院後速やかに患者の状態を評価し、患者の緊急度区分に応じて診療の優先順位付けを行う院内トリアージが行われ、診療録にその旨を記載した場合に算定できる。

　　　院内トリアージ実施料　　　　　　300点

### B）夜間休日救急搬送医学管理料

　2012年度診療報酬改定では、救命救急センターへの患者集中を避けること等を目的として、夜間休日救急搬送医学管理料が新設された。当該管理料は、第二次救急医療機関において、診療時間外（土曜日に限る）・深夜・休日の救急自動車等による救急搬送患者に対して、初診料を算定する初診の日に限り算定することができる。救命救急センターを有する病院は対象にならない。

　　　夜間休日救急搬送医学管理料　　　600点
　2020年度診療報酬改定において、看護師を複数名配置している場合に400点の評価が行われた。

救急搬送看護体制加算1　　400点
　［施設基準］
①救急用の自動車又は救急医療用ヘリコプターによる搬送件数が、年間で1,000件以上であること。
②救急患者の受入への対応に係る専任の看護師を複数名配置していること。

救急搬送看護体制加算2　　200点
　［施設基準］
①救急用の自動車又は救急医療用ヘリコプターによる搬送件数が、年間で200件以上であること。
②救急患者の受入への対応に係る専任の看護師を配置していること。

## ■（13）重症者等療養環境特別加算

　室料差額の徴収率が悪い場合には、個室あるいは2人部屋について重症者等療養環境特別加算の届出を行うことにより診療報酬での請求が可能となる。ただし、この届出を行った場合には、室料差額を徴収することはできなくなる。一般的にはスタッフステーション

に近い個室を対象室とし術後管理等に用いることが多い。

（1）加算の対象となる者は、次のいずれかに該当する患者であって、特に医療上の必要から個室または2人部屋の病床に入院した者である。

　　ア　病状が重篤であって絶対安静を必要とする患者

　　イ　必ずしも病状は重篤ではないが、手術または知的障害のため常時監視を要し、適時適切な看護及び介助を必要とする患者

（2）インキュベーターに収容した新生児又は乳幼児は、加算の対象とならない。

（3）当該加算の対象となった患者の氏名および入院日数を記録し、3年間保存しておくこと。


［施設基準］

（1）病院である保険医療機関の一般病棟（特殊疾患入院施設管理加算に係る病棟を除く）における特定の病床を単位として行う。

（2）当該基準の届出の対象となる病床は次のいずれにも該当する。

　　ア　個室または2人部屋である。

　　イ　重症者等の容態が常時監視できるような設備または構造上の配慮がなされている（心拍監視装置等の患者監視装置を備えている場合または映像による患者観察システムを有する場合を含む）。

　　ウ　酸素吸入、吸引のための設備が整備されている。

　　エ　特別の療養環境の提供に係る病室でない。

（3）当該基準の届出の対象となる病床数は、当該保険医療機関の一般病棟に入院している重症者等の届出前1月間の平均数を上限とする。ただし、当該保険医療機関の一般病棟の平均入院患者数の8％未満とし、当該保険医療機関が特別の診療機能を有している場合であっても、一般病棟における平均入院患者数の10％を超えない。

## （14）小児療養環境特別加算　1日につき300点

　小児科については、室料差額の設定がある部屋であっても小児療養環境特別加算を算定することが可能となり診療報酬で特別の配慮が行われている。

　重症者等療養環境特別加算の対象室は室料差額の対象から外さなければならないが、小児療養環境特別加算は室料差額の設定がある部屋でも算定ができる。算定漏れが生じないように注意したい。

　小児療養環境特別加算の対象となる患者は、次のいずれかの状態に該当する

（1）小児療養環境特別加算の対象となる患者は、次のいずれかの状態に該当する15歳未満の小児患者であって、保険医が治療上の必要から個室での管理が必要と認めたもの

である。

　ア　麻疹等の感染症に罹患しており、他の患者への感染の危険性が高い患者

　イ　易感染性により、感染症罹患の危険性が高い患者

（2）本加算を算定する場合は、（1）のアまたはイのいずれかに該当する旨およびその病態の概要を診療報酬明細書の摘要欄に記載すること。

（3）当該患者の管理に係る個室が特別の療養環境の提供に係る病室であっても差し支えないが、患者から特別の料金の徴収を行うことはできない。

## ▌(15) 栄養食事指導

　栄養食事指導料は、特別食を医師が必要と認めた者またはがん患者、摂食機能または嚥下機能が低下した患者、低栄養状態にある患者に対して、管理栄養士が医師の指示に基づき、患者ごとにその生活条件、し好を勘案した食事計画案等を必要に応じて交付し、初回にあっては概ね30分以上、2回目にあっては概ね20分以上、栄養指導を行った場合に算定できる。

　入院栄養食事指導料2は、有床診療所において、当該診療所以外の管理栄養士が診療所の医師の指示に基づく対面で指導した場合に算定できる。なお、入院栄養食事指導料と栄養サポートチーム加算は同一週には算定ができないため、チームで回診する栄養サポートチームがよいか管理栄養士単独で介入するかいずれか検討する必要がある。

　集団栄養食事指導料は、複数の患者に対して指導をした場合に算定でき、1回当たり15人以下を標準とし、指導時間は40分を超えることが要件となる。入院患者と外来患者が混在しても算定可能である。

### A）外来栄養食事指導

外来栄養食事指導料1

（1）初回　　　　①対面で行った場合　　　　260点

　　　　　　　　②情報通信機器を用いた場合　235点

（2）2回目以降　①対面で行った場合　　　　200点

　　　　　　　　②情報通信機器を用いた場合　180点


　入院栄養食事指導料1（週1回）

　　　初回　　　　　　　　260点

　　　2回目以降　　　　　200点

　入院栄養食事指導料2

　　　初回　　　　　　　　250点

　　　2回目以降　　　　　190点

集団栄養食事指導料 　　　　　　　80点

## ■（16）療養・就労両立支援指導料

療養・就労両立支援指導料　　初回800点　　2回目以降400点

　療養・就労両立支援指導料は2018年度診療報酬改定で新設されたものである。就業人口が減少し、有効求人倍率はオイルショック時の水準まで近づきつつある。働き手を確保するためにも、病気になっても働ける社会を築いていくことが望ましい。2018年度診療報酬改定はがん患者に限定され、かつ事業所の産業医との書類のやり取りが前提となっていたが、2020年度診療報酬改定では、がん以外に、脳卒中、肝疾患及び指定難病に対象疾患が拡大され、さらに手続きも簡素化されるようになった。産業医が選任されている事業場に勤務する者だけでなく、総括安全衛生管理者、衛生管理者、安全衛生推進者又は保健師が選任されている事業場に勤務する者も追加された。全国でも算定実績が乏しい指導料の1つではあるが、社会的意義が大きいため前向きに取り組む必要がある。

　2022年度診療報酬改定では心疾患、糖尿病、若年性認知症が対象疾患に追加され、情報の提供先に患者が勤務する事業場の衛生推進者が追加された。

# 回復期・地域包括ケアから慢性期医療を提供する一般病院

## 1　地域包括ケア病棟

　地域包括ケア病棟は2014（平成26）年度診療報酬改定で新設された入院料である。医療法上の一般病床と療養病床のどちらでも届出することができ、病棟単位でも病床単位でも届出することができる。病棟単位の点数が地域包括ケア病棟入院料で、病室単位が地域包括ケア入院医療管理料である。対象となる疾患には特に限定がなく、何でも受け入れることが可能である。ただし、算定できるのは60日間に限定されているため、それまでに退院もしくは転院、転棟する症例が対象になる。地域包括ケア病棟に求められる機能には、急性期からの受け入れ、在宅・生活復帰支援、緊急時の受け入れの3つが想定されている（図2 -86）。つまり、急性期・高度急性期を担う医療機関から、急性期を脱した症例を受け入れ、在宅等へ復帰するのを支援する機能と、高度急性期病院にまで行かなくても済むような緊急入院を受け入れる機能を担うことを想定している。自院内に急性期機能がある場合には転棟により受け入れ、ない場合には地域連携で急性期病院との連携が必要となる。地域の緊急入院をどこまで受け入れるのかは、院内の体制により「全くできない」から「二次救急程度なら受けられる」の間のどこかとなるだろう。看護配置は13対1であるので、10対1や7対1の急性期まではいかない症例が想定される。ただし、一般病床をベースとして届出する場合は、第二次救急医療機関または救急病院の基準を満たしていることが、2022年度の改定で必須となったため、該当する病院は救急を担うことが必須となる。療養病床をベースとして届出する場合は、救急を担っていない場合でも5％減算で算定は可能である。

　以前は、地域包括ケア病棟はどのような規模の医療機関でも持つことができたが、2020（令和2）年度診療報酬改定以降は許可病床数400床以上の病院については入院料の新設は不可となり、大病院には一部制限がかかっている。入院料（管理料）は1～4まで分かれており、最上位である入院料1と入院料3は200床未満の病院が条件となっている。また、大学病院などの特定機能病院では届出ができないこと、総合的に急性期医療を実施する病院を評価した急性期充実体制加算や総合入院体制加算を届出する際には地域包括ケア病棟を持っていないことが条件となっている。こうしたことから考慮すると、高度急性期の医療機関とは機能分化することで、院内転棟ではなく連携により継続的な医療を提供

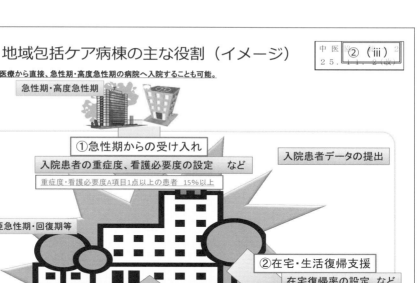

地域包括ケア病棟の主な役割（イメージ）

注：介護施設等、自宅・在宅医療から直接、急性期・高度急性期の病院へ入院することも可能。

図2-86　地域包括ケア病棟の役割

することが求められている。

　では200床未満の小規模病院であればどこでも最上位の入院料１が届出できるのかというと、そうではない。入院料１を算定するためには在宅復帰率７割２分５厘以上、自宅等から入院した患者が２割以上、自宅等から緊急入院した患者が３月９人以上、在宅医療の提供などが求められている（図2-87）。つまり、地域包括ケア病棟の機能のうち、急性期との連携だけではなく、在宅への介入を求められていることが分かる。地域包括ケア病棟でも急性期後の受け入れ機能のみをもつ場合は入院料２までとし、在宅分野までカバーするのであれば入院料１をめざすことができる。

　どちらにしろ、地域包括ケア病棟では、算定上限は60日でそれを越えると特別入院基本料になり点数が激減するうえ、重症度、医療・看護必要度Ｉで12％以上（Ⅱの場合８％以上）が求められている。また入院料１・２では在宅復帰率７割２分５厘以上が求められている。このため、一旦受け入れた患者を長期に渡って診るというより、すべての患者を在宅等や転院など次の段階へ促すことが想定されている。ちなみに、在宅復帰率については、2018（平成30）年度改定で療養病棟や介護老人保健施設（老健）への転棟・転院が除外されたが、2020（令和２）年度改定で老健でも、短期入所療養介（いわゆるショート）の場

| | 入院料1 | 管理料1 | 入院料2 | 管理料2 | 入院料3 | 管理料3 | 入院料4 | 管理料4 |
|---|---|---|---|---|---|---|---|---|
| 看護職員 | 13対1以上（7割以上が看護師） | | | | | | | |
| リハビリ専門職 | 病棟又は病室を有する病棟に常勤の理学療法士、作業療法士又は言語聴覚士を1名以上配置 | | | | | | | |
| リハビリテーション実施 | リハビリテーションを提供する患者については1日平均2単位以上提供していること | | | | | | | |
| 意思決定支援の指針 | 適切な意思決定支援に係る指針を定めていること | | | | | | | |
| 救急の実施 | 一般病床において届け出る場合には、第二次救急医療機関又は救急病院等を定める省令に基づく認定された救急病院であること（ただし、200床未満の場合は救急外来を設置していること又は24時間の救急医療提供を行っていることで要件を満たす。） | | | | | | | |
| 届出単位 | 病棟 | 病室 | 病棟 | 病室 | 病棟 | 病室 | 病棟 | 病室 |
| 許可病床数200床未満 | ○ | | － | ○ | ○ | | － | ○ |
| 室面積 | 6.4平方メートル以上 | | | | － | | | |
| 重症患者割合 | 重症度、医療・看護必要度Ⅰ　12%以上　又は　重症度、医療・看護必要度Ⅱ　8%以上 | | | | | | | |
| 自院の一般病棟から転棟した患者割合 | － | | 6割未満（許可病床数200床以上の場合）（満たさない場合85／100に減算） | － | － | | 6割未満（許可病床数200床以上の場合）（満たさない場合85／100に減算） | － |
| 自宅等から入棟した患者割合 | 2割以上（管理料の場合、10床未満は3月で8人以上） | | いずれか1つ以上（満たさない場合90／100に減算）（「在宅医療等の実績」については6つのうち1つ以上を満たせばよい） | | 2割以上（管理料の場合、10床未満は3月で8人以上） | | いずれか1つ以上（満たさない場合90／100に減算）（「在宅医療等の実績」については6つのうち1つ以上を満たせばよい） | |
| 自宅等からの緊急患者の受入 | 3月で9人以上 | | | | 3月で9人以上 | | | |
| 在宅医療等の実績 | ○（2つ以上） | | | | ○（2つ以上） | | | |
| 在宅復帰率 | 7割2分5厘以上 | | | | 7割以上（満たさない場合90／100に減算） | | | |
| 入退院支援部門等 | 入退院支援及び地域連携業務を担う部門が設置されていること<br>入院料及び管理料の1・2については入退院支援加算1を届け出ていること（許可病床数100床以上の場合）<br>（満たさない場合90／100に減算） | | | | | | | |
| 点数（生活療養） | 2,809点（2,794点） | | 2,620点（2,605点） | | 2,285点（2,270点） | | 2,076点（2,060点） | |

・療養病床については95/100の点数を算定する。ただし、救急告示あり／自宅等から入棟した患者割合が6割以上／自宅等からの緊急患者受け入れ3月で30人以上のいずれかを満たす場合は100/100

図2-87　地域包括ケア病棟入院料に係る施設基準

表2-12　地域包括ケア病棟でも出来高算定ができる項目

| |
|---|
| 【加算】<br>臨床研修病院入院診療加算、在宅患者緊急入院診療加算、医師事務作業補助体制加算（一般病棟に限る）、地域加算、離島加算、医療安全対策加算、感染対策向上加算、患者サポート体制充実加算、報告書管理体制加算、データ提出加算、入退院支援加算（1のイに限る）、認知症ケア加算、薬剤総合評価調整加算、排尿自立支援加算 |
| 【医療行為】<br>在宅医療、次性骨折予防継続管理科、摂食機能療法、人工腎臓、腹膜灌流、手術、麻酔 |

合は在宅扱いとなり、老健への転院も柔軟に扱うことができるようになった。急性期からの患者を受け入れた場合には急性期患者支援病床初期加算（50～250点）が、在宅からの患者を受け入れた場合には在宅患者支援病床初期加算（400～500点）が入院から14日間加算される。回転率が高く、これらの対象患者が多いと平均単価も上がってくる。

もう1つ重要なポイントが、ほぼすべての診療行為が包括されているという点である。2016（平成28）年度改定で手術・麻酔が出来高となったが、薬剤や検査はもちろん、リハビリも包括されている（**表2-12**）。一部の加算のみ出来高になっているので、それらを積極的に算定することはもちろんであるが、出来高対象となっていない加算項目を積極的に

実施しないと、ある程度の病床回転を実現することが難しくなる。リハビリや栄養指導などは出来高ではないが、しっかりと提供することが求められる。ちなみに、リハビリについては出来高ではないが、１日平均２単位以上の実施が条件となっている。その他の検査や投薬などはDPC病院と同様に、必要な医療行為に限定して実施することで粗利が増える点数構造となっている。そのため、不要な検査や薬剤は使用せず、薬剤も先発品より後発品に切り替えたほうが粗利は上がる。

## column ⑤　急性期病院は地域包括ケア病棟を持つべきか

　2020（令和2）年度改定では急性期病院や規模が大きい病院が地域包括ケア病棟をもつことに対して制限がかかった。前述の通り、許可病床数400床以上の病院については入院料の新設は不可となり、それまでに届け出たところ以外は持てなくなった。既に持っていたところにおいても、許可病床数400床以上の病院においては、入院患者に占める同一の保険医療機関の一般病棟から転棟したものの割合が6割未満である場合は1割減算となった。2022年度診療報酬改定では、減算対象となる病床数が400床から200床以上に拡大された。さらに追い打ちをかけたのが、DPC病棟から転棟しても地域包括ケア病棟入院料を算定できず、DPCの入院期間ⅡまではDPCの日当点を継続することになった。これは、診療報酬改定の議論の過程で、DPC点数よりも地域包括ケア病棟の点数が高い疾病において、期間Ⅱ前後で転棟するケースが散見されるというデータが示され、ルール変更となった。なお、これまでも病室単位の地域包括ケア入院医療管理料についてはDPCの点数が入院期間Ⅲまで継続される。2022年度診療報酬改定まで入院料2・4には在宅医療等の実績要件がなかったが、改定によりいずれか1つ以上を満たさないと減算となった。

　こうした変更経緯からすると、急性期の大きな病院は地域包括ケア病棟を持つな、というメッセージが明確に出されたということになる。そうなると、バリバリ急性期オンリーの病院は、そもそも地域包括ケア病棟や病室も検討しておらず、在院日数も短めで運用するだけの患者数を集められているので問題がないだろう。在院日数が少し長めで後方病院も少なく、術後もそれなりに回復してから転院・退院しているような、急性期＋亜急性期＆回復期のような急性期病院が厳しくなる。厚労省のメッセージがどうであれ、点数が最大化する施設基準を選択していくのは経営的に合理性がある。実質400床以上の患者が集まっていなければ、許可病床数を削減することも1つの考え方であろう。病床数が大きい病院は、分院をつくり急性期の患者とポストアキュートの患者を分けて診ているところもある。院内に地域包括ケア病棟があると個々の患者の点数だけではなく、重症度、医療・看護必要度やDPC係数にも影響してくる。メンツにとらわれる必要はないが、どのような病院を目指すのかも含め、総合的に判断することが求められている。

## 2 回復期リハビリテーション病棟

　回復期リハビリテーション病棟はその名のとおり、リハビリテーションを実施することが目的の病棟である。対象疾患は、脳血管疾患または大腿骨頸部骨折等に加え、2022年度診療報酬改定で急性心筋梗塞等の心疾患が追加された。症例ごとに在院日数も決められており最も長いもので180日となっている。医療法上の一般病床と療養病床のどちらでも届け出することができるが、特定機能病院については、特定機能病院リハビリテーション病棟入院料という別枠の点数が設定されている。設立当初はアウトカム条件が求められていなかったが、診療報酬改定の都度厳しくなっており、2018（平成30）年度改定ではアウトカムが出せるところとそうでないところが明確に区分けされた。そのアウトカムを図る指標としてリハビリテーション実績指数が用いられており、1日あたりのFIM（機能的自立度評価法）得点の増加を示す指標である（図2-88）。入院料は1〜5に分かれており、入院料5は実績指数が30以上、入院料3は35以上、最上位の入院料1は40以上が条件となっている。アウトカム指標導入当初は、入院料1・3ともにもっと低かったが2020（令和2）年度改定で基準が上がっている。さらに実績指数が40以上のところだけ、病棟専従のセラピストが外来や訪問指導を実施してもいいという緩和要件があり、アウトカムが出せているところは柔軟な運営もできるようになった。なお、2020（令和2）年度改定の議論では、実績指数が求められていない入院料2・4・6をどうするか、という議論もあった。全ての入院料で導入されるとリハ難民が生じるという意見もあるが、都道府県によっては既にほとんどが実績指数の導入病院ということもあり、全ての回リハで実績指数が導入されることが引き続き検討がされるであろう。

　実績指数以外にも、重症者の割合、重症者における退院時の日常生活機能評価の改善、

**効果の実績の評価基準**

3か月ごとの報告において報告の前月までの6か月間に退棟した患者を対象とした「実績指数」が2回連続して27未満の場合

$$実績指数 = \frac{各患者の（FIM得点[運動項目]の、退棟時と入棟時の差）の総和}{各患者の\binom{入棟から退棟までの在棟日数}{状態ごとの回復期リハビリテーション病棟入院料の算定上限日数}の総和}$$

＜実績指数の計算対象＞
○報告月の前月までの6か月間に退棟した患者（平成28年4月以降に入棟した患者のみ）
○ただし、以下の患者を除外

必ず除外する患者
- 在棟中に回復期リハビリテーション病棟入院料を一度も算定しなかった患者
- 在棟中に死亡した患者

まとめて除外できる患者
- 回復期リハビリテーション病棟に高次脳機能障害の患者が特に多い（退棟患者の4割以上）保険医療機関では、高次脳機能障害の患者を全て除外してもよい。

医療機関の判断で、各月の入棟患者数（高次脳機能障害の患者を除外した場合は、除外した後の数）の3割以下の範囲で除外できる患者
- 入棟時にFIM運動項目の得点が20点以下の患者
- 入棟時にFIM認知項目の得点が24点以下の患者
- 入棟時にFIM運動項目の得点が76点以上の患者
- 入棟時に年齢が80歳以上の患者

**図2-88　リハビリテーション実績指数**

といった実績も求められている。2022年度診療報酬改定では、新規入院患者のうちの重症患者の割合が、入院料1・2は3割から4割以上に、入院料3・4は2割から3割以上に上がっている。実績指数が上がりやすい軽症の症例ばかりを集めて、指数稼ぎをすることが難しい仕組みとなっている。在宅復帰率も入院料1～4では7割以上が求められているが、対象疾病の性質上在宅に帰れるケースもそれなりにあるうえ、増悪して一般病棟へ転棟したケースが除外されるため、それほど難しくない基準といえる。なお、地域包括ケア病棟と同様に2020（令和2）年度改定で、介護老人保健施設でも短期入所療養介の場合は在宅扱いとなった。

　人員配置要件は図2-89のとおりである。管理栄養士が入院料1では専任配置、その他では努力義務となっているが、これはリハビリを提供している一方で、栄養管理を疎かにすると低栄養状態になってしまうという問題が指摘されており、病棟配置の管理栄養士の必要性が評価されたものである。

　このようにアウトカムが強く求められるようになった背景には、回復期リハビリテーション病棟ではリハビリが出来高で算定できるため、1日7単位くらい実施すると1日入院診療単価が4万円近くまで高まる。そうしたリハビリがどこまで意味があるのか、という視点からアウトカムが出ているところのみ評価するという議論が進められた。一部では、地域包括ケア病棟のようにリハビリを包括化させる、という意見もあり、協議が続けられ

| | 入院料1 | 入院料2 | 入院料3 | 入院料4 | 入院料5 （※1） |
|---|---|---|---|---|---|
| 医師 | 専任常勤1名以上 | | | | |
| 看護職員 | 13対1以上（7割以上が看護師） | | 15対1以上（4割以上が看護師） | | |
| 看護補助者 | 30対1以上 | | | | |
| リハビリ専門職 | 専従常勤のPT3名以上、OT2名以上、ST1名以上 | | 専従常勤のPT2名以上、OT1名以上 | | |
| 社会福祉士 | 専任常勤1名以上 | | － | | |
| 管理栄養士 | 専任常勤1名 | | 専任常勤1名の配置が望ましい | | |
| 第三者評価 | 受けていることが望ましい | － | 受けていることが望ましい | － | － |
| リハビリテーション実績指数等の院内掲示等による公開 | ○ | | | | |
| データ提出加算の届出 | ○ | | | | ○ |
| 休日リハビリテーション | ○ | | | | |
| 新規入院患者のうちの、重症の患者の割合 | 3割以上→4割以上 | | 2割以上→3割以上 | | － |
| 入院時に重症であった患者における退院時の日常生活機能評価（）内はFIM総得点 | 3割以上が4点（16点）以上改善 | | 3割以上が3点（12点）以上改善 | | － |
| 自宅等に退院する割合 | 7割以上 | | | | － |
| リハビリテーション実績指数 | 40以上 | － | 35以上 | － | － |
| 点数（）内は生活療養を受ける場合 | 2,129点（2,115点） | 2,066点（2,051点） | 1,899点（1,884点） | 1,841点（1,827点） | 1,678点（1,664点） |

※1：入院料5については、届出から2年間に限り届け出ることができる。
なお、令和4年3月31日時点において、回復期リハビリテーション病棟入院料5又は6の届出を行っている病棟については、1年間、改定前の医科診療報酬点数表により回復期リハビリテーション病棟入院料5又は6を算定し、その後1年間、新入院料5を算定することができる。

図2-89　回復期リハビリテーション病棟入院料（施設基準等）

ている。また、評価指標に用いられるFIMについても、内容をみると日常生活ができるようになるか、ということが項目となっている（図2 -90）。何メートル歩けるようになった、可動域がどのくらい広がった、ということではなく、その結果「どういう日常生活ができるようになったのか」が評価される。逆にいうと、可動域に変化がなくても階段が登れれば点数が上がるのである。このように、リハビリを提供するセラピストには単に単位数を上げるだけではなく、患者さんの生活レベルまでイメージできFIMが改善できるリハビリを提供する力が必要となってくる。ある程度の人数も必要なうえ、そうした教育までできる体制が求められる。

　患者の確保先としては、急性期を脱した症例が対象になるので、自院の急性期病棟から、もしくは地域連携により急性期病院と連携することで集めることが基本となる。自院で急性期を持っていない場合は、地域からのサブアキュート入院が主になることは考えにくく、基本的には急性期病院から紹介してもらう流れになる。地域連携で急性期病院とどれぐらい連携ができているのか、ということが重要になってくる。また、対象疾病が限られているため、地域に回復期リハビリテーション病床が充足していると、それ以上のニーズは見込めない。新設する場合には、地域にどれぐらい供給先があるのかということを調べたうえで検討することが望ましい。主たる退院先は在宅であり、退院後のフォローアップ体制

## （参考）日常生活動作（ADL）の指標　FIMの概要

中医協　検－2－2参考
29．11．10

**Functional Independence Measure（FIM）**によるADL評価

✓ 「運動ADL」13項目と「認知ADL」5項目で構成
✓ 各7〜1点の7段階評価（合計：126点〜18点）

| 自立 | 7点 | 完全自立 |
|---|---|---|
|  | 6点 | 修正自立 |
| 部分介助 | 5点 | 監視 |
| 介助あり | 4点 | 最小介助 |
|  | 3点 | 中等度介助 |
| 完全介助 | 2点 | 最大介助 |
|  | 1点 | 全介助 |

| 運動項目 | | | | 認知項目 | |
|---|---|---|---|---|---|
| セルフケア | 排泄 | 移乗 | 移動 | コミュニケーション | 社会認識 |
| 食事／整容／清拭／更衣（上半身）／更衣（下半身）／トイレ動作 | 排尿コントロール／排便コントロール | ベッド・椅子・車椅／トイレ／浴槽・シャワー | 歩行・車椅子／階段 | 理解（聴覚・視覚）／表出（音声・非音声） | 社会的交流／問題解決／記憶 |
| 計42〜6点 | 計14〜2点 | 計21〜3点 | 計14〜2点 | 計14〜2点 | 計21〜3点 |
| 運動項目　計91〜13点 | | | | 認知項目　計35〜5点 | |
| 合計　126〜18点 | | | | | |

図2 -90　FIM（機能的自立度評価法）の評価項目

も重要になってくる。退院後にセラピストや看護師が自宅まで訪問し、その後の生活も維持できているのかフォローしていくことが求められている。他にも通所リハビリテーションや外来リハと連携することで退院後のQOLを維持する戦略も重要であろう。入口から退院先まで整えて、初めてうまく機能するのが回復期リハビリテーション病棟である。

## column ⑥　中途半端な回復期病棟に未来はない

　2018（平成30）年度診療報酬改定において地域一般入院料、地域包括ケア病棟入院料、回復期リハビリテーション病棟が再編統合の対象とされたものの、具体的には各入院料が１つになったわけではない。しかし、地域医療構想で不足すると予想とされる、回復期機能の中心を担うことから注目に値するし、2020（令和２）年度診療報酬改定においてさらに今後の方向性が示された。実際に地域包括ケア病棟も回復期リハビリテーション病棟も増加傾向にあり（図２-91、図２-92）、今後も地域で不足する機能であるならば充実が期待されるところだ。ただ、回復期機能を担うのだとしても、疾患の縛りやアウトカム評価の有無などもあり、いずれの届出を行うべきか迷う医療機関も存在することであろう。ここでは、回復期リハビリテーション病棟13,201名、地域包括ケア病棟52,746名の2017年４月〜2019年３月のデータを用いて実態に迫り、それぞれの病棟機能を明らかにし、いずれの届出が望ましいかの視点を提供する。

　表２-13は各病棟の入院診療単価と平均在院日数をみたものであり、一見すると回復期リハビリ

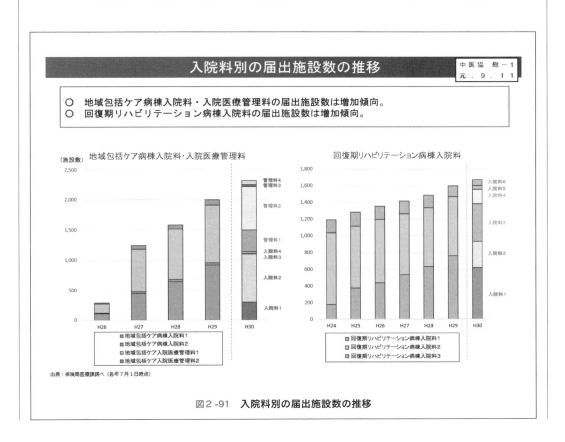

図２-91　入院料別の届出施設数の推移

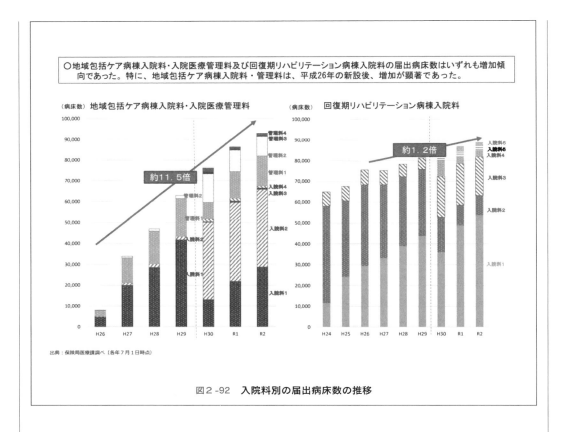

○地域包括ケア病棟入院料・入院医療管理料及び回復期リハビリテーション病棟入院料の届出病床数はいずれも増加傾向であった。特に、地域包括ケア病棟入院料・管理料は、平成26年の新設後、増加が顕著であった。

図2-92　入院料別の届出病床数の推移

表2-13　回復期リハビリテーション病棟・地域包括ケア病棟入院診療単価と平均在院日数

| 病棟区分 | 入院診療単価 | 入院診療単価<br>（入院料部分） | 入院診療単価<br>（手術料部分） | 入院診療単価<br>（その他出来高部分） | 在院日数 | 退院患者数 |
|---|---|---|---|---|---|---|
| 回復期リハビリテーション病棟 | 36,063 | 19,682 | 0 | 16,382 | 59.9 | 13,201 |
| 地域包括ケア病棟 | 32,272 | 25,787 | 760 | 5,725 | 21.8 | 52,746 |

テーション病棟の入院診療単価が高く、平均在院日数が長いことから、高稼働での運営が可能となり、収益性に優れるように捉えられる。ただ、入院診療単価の内訳をみると回復期リハビリテーション病棟は入院料が少なく、その他出来高収入の中心を占めるリハビリテーション料で稼ぐ仕組みになっている。地域包括ケア病棟ではリハビリテーションを実施する場合であっても包括になってしまうわけだが、それほどリハビリテーションの提供単位数が多くない場合には地域包括ケア病棟を届け出た方が有利になることを意味するだろう。

　なお、両病棟の特性を明らかにするために入棟前の居場所をみたものが表2-14になる。ここから回復期リハビリテーション病棟では転院患者を受け入れているのに対して、地域包括ケア病棟は院内転棟が多いことがわかる。

　入棟前の居場所と入院診療単価をみると回復期リハビリテーション病棟では転院が地域包括ケア病棟では自宅からの入院が高単価となっている一方で、平均在院日数は反対の動きをしている（表

２-15）。これは回復期リハビリテーション病棟での転院患者について中核病院からの脳卒中転院が多く、かつ重症症例が多いことが関係している（表２-16）。地域包括ケア病棟については白内障等の短期手術患者が含まれていることにより手術料が単価を押し上げ、平均在院日数を短くしている。

なお、退院先については両病棟で大きな差はみられなかったが、これは施設基準で在宅復帰率が課せられており、それが有効に機能していることの証であろう（図２-93）。さらに両病棟で退院患者の年齢構成に差があるかをみたものが図２-94になり、地域包括ケア病棟で90歳以上が３ポイントほど多いものの、明らかな違いがあるわけではなかった。ただし、回復期リハビリテーション病棟では80代からの入院診療単価は下落傾向にある（表２-17）。これは濃厚なリハビリテーションに耐えうるか、その必要性に左右されるものと予想され、患者の年齢構成はアウトカム評価にも影響を与えることだろう。高齢者が多くを占めるのであれば、地域包括ケア病棟を選択した方が使い勝手よい結果となるかもしれない（表２-18）。

回復期リハビリテーション病棟か地域包括ケア病棟かを選択するに当たり最も考慮すべきことは疾患構成になるだろう。回復期リハビリテーション病棟では外傷、脳神経系、筋骨格系で全体の80％以上を占めているのに対して、地域包括ケア病棟では様々な患者が入室していることがわかる（図２-95）。疾患の縛りがないという意味においても地域包括ケア病棟を選択した方が柔軟な活用が可能となるだろう。仮に回復期リハビリテーション病棟を選択するのだとすれば、高単価になる脳神経系疾患を中心に入室させる運用が望ましい（表２-19）。このことはアウトカム評価という点

表２-14　入棟前の居場所

| 病棟区分 | 院内転棟 | 転院 | 自宅から | その他 |
|---|---|---|---|---|
| 回復期リハビリテーション病棟 | 57% | 37% | 6% | 1% |
| 地域包括ケア病棟 | 66% | 6% | 25% | 3% |

表２-15　入棟前の居場所別入院診療単価と平均在院日数

| 病棟区分 | 院内転棟 | | 転院 | | 自宅から | | その他 | |
|---|---|---|---|---|---|---|---|---|
| | 入院診療単価 | 平均在院日数 | 入院診療単価 | 平均在院日数 | 入院診療単価 | 平均在院日数 | 入院診療単価 | 平均在院日数 |
| 回復期リハビリテーション病棟 | 33,102 | 51.0 | 39,469 | 73.9 | 34,923 | 61.1 | 36,800 | 58.5 |
| 地域包括ケア病棟 | 31,435 | 22.4 | 31,608 | 40.8 | 36,324 | 14.5 | 31,733 | 33.5 |

表２-16　回復期リハビリテーション病棟入棟前の居場所別診療領域の内訳

| 診療領域 | 院内転 | 転院 | 自宅から | その他 |
|---|---|---|---|---|
| 脳神経系 | 23% | 45% | 28% | 23% |
| 外傷 | 48% | 42% | 47% | 53% |
| 筋骨格系 | 17% | 8% | 12% | 8% |
| 循環器系 | 2% | 1% | 1% | 3% |
| 呼吸器系 | 3% | 1% | 3% | 8% |
| 消化器系 | 2% | 1% | 2% | 2% |
| 上記以外 | 3% | 1% | 2% | 3% |

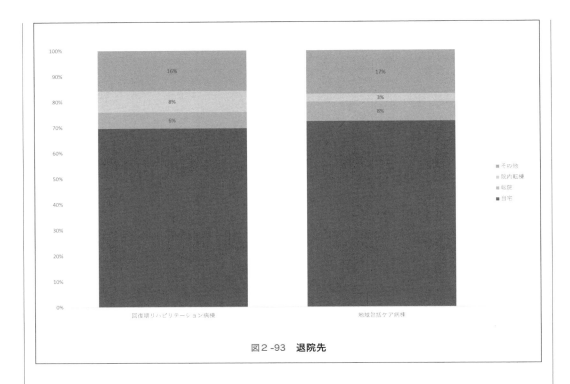

図2 -93　退院先

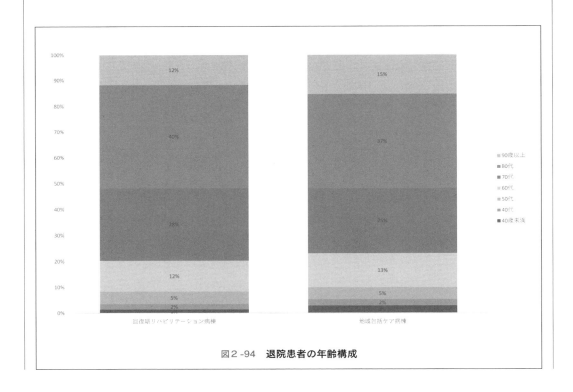

図2 -94　退院患者の年齢構成

表2-17　回復期リハビリテーション病棟年代別入院診療単価と平均在院日数

| 年代 | 入院診療単価 | 平均在院日数 |
|---|---|---|
| 10代 | 36,508 | 61.9 |
| 20代 | 32,934 | 46.0 |
| 30代 | 36,239 | 67.0 |
| 40代 | 38,013 | 69.2 |
| 50代 | 37,457 | 62.4 |
| 60代 | 37,287 | 59.5 |
| 70代 | 36,314 | 59.2 |
| 80代 | 35,606 | 59.8 |
| 90代 | 34,830 | 58.4 |
| 100歳以上 | 33,753 | 62.7 |

表2-18　地域包括ケア病棟年代別入院診療単価と平均在院日数

| 年代 | 入院診療単価 | 入院診療単価<br>（入院料） | 入院診療単価<br>（手術料） | 入院診療単価<br>（その他出来高） | 平均在院日数 |
|---|---|---|---|---|---|
| 10歳未満 | 38,287 | 28,002 | 4,498 | 5,787 | 5.0 |
| 10代 | 33,966 | 26,226 | 2,711 | 5,029 | 9.9 |
| 20代 | 32,075 | 25,874 | 1,022 | 5,179 | 10.5 |
| 30代 | 32,436 | 25,792 | 1,108 | 5,536 | 14.1 |
| 40代 | 32,678 | 25,808 | 1,192 | 5,678 | 14.8 |
| 50代 | 33,060 | 25,942 | 1,224 | 5,893 | 16.8 |
| 60代 | 33,112 | 25,788 | 1,424 | 5,900 | 17.9 |
| 70代 | 32,948 | 25,836 | 1,183 | 5,929 | 19.8 |
| 80代 | 31,928 | 25,760 | 512 | 5,657 | 24.7 |
| 90代 | 31,476 | 25,743 | 220 | 5,513 | 26.1 |
| 100歳以上 | 31,524 | 25,791 | 258 | 5,475 | 26.4 |

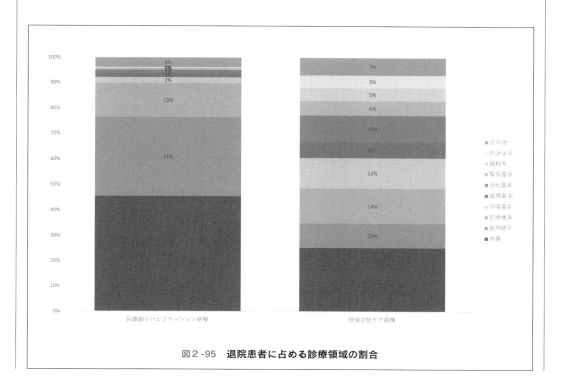

図2-95　退院患者に占める診療領域の割合

でも同様の傾向があるだろう。

　病院別に回復期リハビリテーション病棟の入院診療単価と平均在院日数をみたものが表２-20になり、かなりのバラつきがある。入院料の届出によるところもあるが、リハビリテーションの提供単位数が最終的には勝負を決める。もちろん回復期リハビリテーション病棟であるから、重症者を入院させ、回復の見込みがある患者にリハビリテーションを提供し、自宅に帰すことが求められて

表２-19　回復期リハビリテーション病棟診療領域別入院診療単価と平均在院日数

| 診療領域 | 入院診療単価 | 平均在院日数 | 退院患者数 |
|---|---|---|---|
| 脳神経系 | 39,520 | 78.6 | 4,091 |
| 外傷 | 34,137 | 53.7 | 6,001 |
| 腎尿路系 | 33,529 | 37.2 | 100 |
| 循環器系 | 33,028 | 53.5 | 191 |
| 筋骨格系 | 32,567 | 43.6 | 1,762 |
| 呼吸器系 | 31,575 | 47.5 | 320 |
| 消化器系 | 31,305 | 48.1 | 175 |

表２-20　回復期リハビリテーション病棟病院別入院診療単価と平均在院日数

| 病院名 | 入院診療単価 | 平均在院日数 |
|---|---|---|
| No.16 | 43,052 | 89.5 |
| No.18 | 42,263 | 55.1 |
| No.24 | 42,221 | 71.9 |
| No.23 | 41,483 | 74.3 |
| No.20 | 41,114 | 60.5 |
| No.25 | 40,991 | 73.7 |
| No.26 | 40,347 | 83.9 |
| No.17 | 40,022 | 69.6 |
| No.19 | 39,737 | 86.8 |
| No.29 | 39,465 | 42.9 |
| No.12 | 38,878 | 74.9 |
| No.34 | 38,408 | 49.1 |
| No.30 | 37,789 | 63.3 |
| No.28 | 37,389 | 77.5 |
| No.7 | 36,885 | 58.4 |
| No.27 | 36,459 | 49.3 |
| No.14 | 36,358 | 63.7 |
| No.3 | 36,146 | 60.3 |
| No.31 | 35,277 | 50.9 |
| No.15 | 34,192 | 37.7 |
| No.35 | 33,647 | 61.1 |
| No.1 | 33,632 | 50.7 |
| No.9 | 31,719 | 64.3 |
| No.36 | 31,696 | 61.2 |
| No.37 | 31,316 | 38.3 |
| No.32 | 31,181 | 49.0 |
| No.6 | 31,173 | 48.5 |
| No.13 | 30,698 | 63.8 |
| No.2 | 29,989 | 39.3 |
| No.4 | 28,448 | 59.6 |
| No.21 | 27,622 | 38.8 |
| No.8 | 27,609 | 51.6 |
| No.10 | 27,435 | 49.3 |
| No.33 | 26,686 | 47.1 |
| No.11 | 26,540 | 38.3 |
| No.38 | 26,366 | 48.3 |
| No.5 | 25,952 | 56.2 |
| No.22 | 25,913 | 34.3 |

表2-21　病院別地域包括ケア病棟入院診療単価と平均在院日数

| 病院名 | 入院診療単価 | 入院診療単価（入院料） | 入院診療単価（手術料） | 入院診療単価（その他出来高） | 平均在院日数 | 院内転棟割合 |
|---|---|---|---|---|---|---|
| No.70 | 48,730 | 26,065 | 12,572 | 10,094 | 9.8 | 38% |
| No.67 | 41,118 | 26,482 | 8,921 | 5,715 | 9.3 | 3% |
| No.80 | 40,363 | 26,127 | 8,318 | 5,919 | 9.3 | 38% |
| No.18 | 40,127 | 26,455 | 6,723 | 6,949 | 10.7 | 57% |
| No.19 | 38,304 | 26,108 | 6,148 | 6,048 | 11.7 | 51% |
| No.32 | 35,198 | 26,233 | 4,224 | 4,741 | 8.7 | 56% |
| No.82 | 35,099 | 27,215 | 591 | 7,294 | 20.5 | 64% |
| No.48 | 34,744 | 25,582 | 3,749 | 5,412 | 14.3 | 35% |
| No.47 | 34,235 | 27,312 | 42 | 6,881 | 28.0 | 77% |
| No.36 | 34,222 | 26,924 | 266 | 7,031 | 20.1 | 68% |
| No.30 | 34,020 | 26,022 | 1,738 | 6,261 | 16.0 | 55% |
| No.44 | 33,911 | 26,545 | 810 | 6,556 | 20.7 | 17% |
| No.43 | 33,676 | 26,626 | 14 | 7,036 | 28.0 | 71% |
| No.69 | 33,369 | 25,880 | 353 | 7,135 | 17.1 | 54% |
| No.74 | 33,175 | 25,701 | 186 | 7,288 | 21.0 | 64% |
| No.72 | 33,138 | 26,371 | 31 | 6,735 | 27.4 | 0% |
| No.5 | 32,981 | 25,803 | 1,062 | 6,117 | 21.1 | 37% |
| No.62 | 32,960 | 25,992 | 2,557 | 4,411 | 13.2 | 54% |
| No.73 | 32,908 | 25,769 | 305 | 6,834 | 17.4 | 68% |
| No.17 | 32,864 | 26,093 | 1,011 | 5,761 | 17.3 | 79% |
| No.71 | 32,860 | 25,701 | 1,090 | 6,069 | 20.9 | 68% |
| No.63 | 32,848 | 25,543 | 2,312 | 4,993 | 19.3 | 53% |
| No.39 | 32,816 | 25,784 | 216 | 6,816 | 20.8 | 75% |
| No.49 | 32,709 | 26,921 | 5 | 5,783 | 31.4 | 78% |
| No.79 | 32,614 | 25,953 | 1,342 | 5,319 | 21.0 | 60% |
| No.10 | 32,598 | 25,811 | 56 | 6,731 | 29.1 | 79% |
| No.3 | 32,536 | 25,873 | 389 | 6,274 | 20.2 | 63% |
| No.60 | 32,499 | 25,688 | 193 | 6,618 | 29.6 | 72% |
| No.56 | 32,486 | 26,789 | 646 | 5,051 | 32.5 | 39% |
| No.59 | 32,479 | 25,879 | 124 | 6,475 | 17.1 | 81% |
| No.11 | 32,364 | 25,676 | 94 | 6,594 | 22.2 | 93% |
| No.20 | 32,342 | 25,807 | 117 | 6,418 | 32.9 | 93% |
| No.77 | 32,293 | 25,630 | 1,048 | 5,615 | 19.3 | 62% |
| No.38 | 32,282 | 25,907 | 430 | 5,945 | 19.0 | 68% |
| No.45 | 32,281 | 25,639 | 159 | 6,483 | 21.3 | 84% |
| No.33 | 32,168 | 26,102 | 141 | 5,924 | 24.5 | 56% |
| No.51 | 32,157 | 25,942 | 611 | 5,604 | 21.0 | 90% |
| No.12 | 32,111 | 25,216 | 73 | 6,822 | 19.7 | 82% |
| No.83 | 32,097 | 25,539 | 1,648 | 4,910 | 21.2 | 73% |
| No.50 | 32,072 | 26,184 | 57 | 5,831 | 19.2 | 43% |
| No.14 | 32,041 | 25,434 | 39 | 6,568 | 19.5 | 94% |

いるわけだ。それができないのであれば、地域包括ケア病棟を選択すべきだろう。アウトカム評価がさらに厳格化される今後、中途半端な回復期リハビリテーション病棟に生き残る道はないだろう。なお、地域包括ケア病棟を有する病院の入院診療単価をみるとやはり差があり、高単価の病院では手術料があり、院内転棟割合も低い傾向がある（表2-21、表2-22）。患者構成によりいずれを選択すべきかは異なってくるわけだが、入院診療単価が3万円程度しかない回復期リハビリテーション病棟は地域包括ケア病棟に収束していくことだろう。

表2 -22　病院別地域包括ケア病棟入院診療単価と平均在院日数

| 病院名 | 入院診療単価 | 入院診療単価<br>（入院料） | 入院診療単価<br>（手術料） | 入院診療単価<br>（その他出来高） | 平均在院日数 | 院内転棟割合 |
|---|---|---|---|---|---|---|
| No.28 | 31,818 | 25,423 | 100 | 6,295 | 38.2 | 46% |
| No.23 | 31,712 | 25,661 | 106 | 5,946 | 26.4 | 98% |
| No.75 | 31,708 | 25,445 | 5 | 6,257 | 27.6 | 93% |
| No.37 | 31,698 | 25,691 | 104 | 5,903 | 32.1 | 92% |
| No.4 | 31,688 | 25,671 | 417 | 5,599 | 20.2 | 92% |
| No.53 | 31,677 | 25,646 | 123 | 5,908 | 40.6 | 0% |
| No.54 | 31,649 | 25,837 | 83 | 5,730 | 41.6 | 0% |
| No.9 | 31,618 | 25,831 | 514 | 5,273 | 21.4 | 91% |
| No.1 | 31,615 | 25,725 | 64 | 5,826 | 24.7 | 81% |
| No.52 | 31,587 | 25,732 | 528 | 5,326 | 19.5 | 73% |
| No.68 | 31,554 | 25,687 | 194 | 5,673 | 18.3 | 78% |
| No.55 | 31,491 | 25,532 | 232 | 5,727 | 38.5 | 0% |
| No.29 | 31,402 | 25,783 | 202 | 5,417 | 16.5 | 89% |
| No.25 | 31,367 | 25,502 | 52 | 5,812 | 33.3 | 51% |
| No.58 | 31,358 | 25,869 | 411 | 5,077 | 24.2 | 81% |
| No.15 | 31,348 | 25,658 | 783 | 4,907 | 24.5 | 58% |
| No.2 | 31,324 | 25,682 | 648 | 4,994 | 16.9 | 87% |
| No.8 | 31,324 | 25,407 | 95 | 5,821 | 11.1 | 99% |
| No.41 | 31,292 | 25,048 | 96 | 6,147 | 30.9 | 88% |
| No.26 | 31,256 | 25,598 | 161 | 5,496 | 17.1 | 25% |
| No.34 | 31,173 | 25,740 | 73 | 5,360 | 14.5 | 78% |
| No.40 | 31,044 | 25,674 | 453 | 4,916 | 24.1 | 84% |
| No.21 | 31,039 | 25,132 | 7 | 5,900 | 29.7 | 99% |
| No.78 | 30,936 | 24,166 | 2,325 | 4,445 | 20.4 | 45% |
| No.13 | 30,844 | 25,713 | 358 | 4,774 | 24.8 | 91% |
| No.61 | 30,811 | 25,716 | 216 | 4,879 | 15.7 | 86% |
| No.16 | 30,792 | 25,632 | 281 | 4,878 | 22.2 | 94% |
| No.66 | 30,784 | 25,282 | 3 | 5,498 | 29.8 | 90% |
| No.35 | 30,646 | 25,771 | 144 | 4,731 | 23.2 | 68% |
| No.22 | 30,639 | 25,742 | 1,236 | 3,661 | 19.8 | 79% |
| No.81 | 30,447 | 25,324 | 23 | 5,099 | 17.9 | 95% |
| No.24 | 30,321 | 25,664 | 3 | 4,654 | 32.8 | 87% |
| No.65 | 30,253 | 26,722 | 88 | 3,442 | 29.6 | 71% |
| No.42 | 30,071 | 25,434 | 37 | 4,599 | 48.5 | 25% |
| No.6 | 30,008 | 25,029 | 223 | 4,756 | 23.2 | 78% |
| No.31 | 29,985 | 24,693 | 242 | 5,051 | 19.5 | 95% |
| No.57 | 29,964 | 25,633 | 69 | 4,262 | 44.2 | 0% |
| No.7 | 29,920 | 25,529 | 42 | 4,350 | 31.1 | 96% |
| No.46 | 29,764 | 24,519 | 0 | 5,246 | 15.6 | 88% |
| No.27 | 29,126 | 25,438 | 146 | 3,542 | 18.1 | 80% |
| No.64 | 29,021 | 25,529 | 544 | 2,948 | 32.8 | 48% |
| No.76 | 26,164 | 22,899 | 84 | 3,181 | 23.6 | 82% |

# 3 療養病棟

　療養病棟は慢性期の症例を診ることが想定されており、看護配置が20対１以上となる。入院日数の限定や疾病の限定はされていないため、幅広く受け入れることができるが、介護ではなく医療を提供することが求められており、在宅復帰や医療区分といった基準が求められる。療養病棟入院料は一律何点という点数設定ではなく、医療区分とADL区分の２つの軸で患者ごとの状態を評価し点数が変わる（**表２-23**、**表２-24**）。最も高い点数が医療区分３・ADL３の1,813点となり、例えば、人工呼吸器をつけた寝たきりの状態などの症例が該当する。

　療養病棟入院料１と２の違いは何かというと、医療区分２・３の患者割合が８割以上か

**表２-23　医療区分・ADL区分ごとの療養病棟入院料**

療養病棟 入院料１

【施設基準】
①看護配置：20：１以上
②医療区分２・３の患者が８割以上

|  | 医療区分３ | 医療区分２ | 医療区分１ |
|---|---|---|---|
| ADL区分３ | 1,813点 | 1,414点 | 968点 |
| ADL区分２ | 1,758点 | 1,386点 | 920点 |
| ADL区分１ | 1,471点 | 1,232点 | 815点 |

療養病棟 入院料２

【施設基準】
①看護配置20：１以上
②医療区分２・３の患者が５割以上

|  | 医療区分３ | 医療区分２ | 医療区分１ |
|---|---|---|---|
| ADL区分３ | 1,748点 | 1,349点 | 903点 |
| ADL区分２ | 1,694点 | 1,322点 | 855点 |
| ADL区分１ | 1,406点 | 1,167点 | 751点 |

**表２-24　医療区分について（参考）**

| 医療区分３ | 【疾患・状態】<br>・スモン<br>・医師及び看護師により、常時監視・管理を実施している状態（他に医療区分２又は３に該当する項目がある場合）<br>【医療処置】<br>・２４時間持続点滴<br>・中心静脈栄養（摂食機能又は嚥下機能の回復に必要な体制を有していない場合においては、療養病棟入院基本料の医療区分３の場合の点数に代えて、医療区分２の場合に相当する点数を算定）<br>・人工呼吸器使用　・ドレーン法　・胸腹腔洗浄<br>・発熱を伴う場合の気管切開、気管内挿管　・感染隔離室における管理<br>・酸素療法（常時流量３L/分以上を必要とする状態等） |
|---|---|
| 医療区分２ | 【疾患・状態】<br>・筋ジストロフィー　・多発性硬化症　・筋萎縮性側索硬化症　・パーキンソン病関連疾患<br>・その他の難病（スモンを除く）<br>・脊髄損傷（頸髄損傷）　・慢性閉塞性肺疾患（COPD）<br>・疼痛コントロールが必要な悪性腫瘍　・肺炎　・尿路感染症<br>・リハビリテーションが必要な疾患が発症してから30日以内（経過措置注11の病棟に入院する患者については、FIMの測定を行っていない場合は、医療区分１の場合に相当する点数を算定）<br>・脱水かつ発熱を伴う状態<br>・体内出血　・頻回の嘔吐かつ発熱を伴う状態　・褥瘡　・末梢循環障害による下肢末端開放創<br>・せん妄　・うつ状態　・暴行が毎日みられる状態（原因・治療方針を医師を含め検討）<br>・医師及び看護師により、常時監視・管理を実施している状態（他に医療区分２又は３に該当する項目がない場合）<br>【医療処置】<br>・透析　・発熱又は嘔吐を伴う場合の経腸栄養　・喀痰吸引（１日８回以上）<br>・気管切開・気管内挿管のケア　・頻回の血糖検査<br>・創傷（皮膚潰瘍　・手術創　・創傷処置）<br>・酸素療法（医療区分３に該当するもの以外のもの） |
| **医療区分１** | 医療区分２・３に該当しない者 |

どうか、ということになる。低い方の入院料２でも、医療区分２・３の患者割合が５割以上求められており、療養病棟である限り医療区分が２・３の患者を一定以上診ることが求められている。医療区分については2018（平成30）年度改定ではモニターによるバイタル監視が、2020（令和２）年度改定では中心静脈栄養が協議の的となった。常時モニター監視については、当該項目だけでは医療区分３とはならず、その他に医療区分２または３の項目に該当した場合のみ区分３となった。中心静脈栄養については医療区分３ではあるが、院内感染対策の指針の策定と感染症の発生状況の把握、必要性の毎月末の確認が求められるようになった。2022年度診療報酬改定では、中心静脈栄養の場合、摂食機能または嚥下機能の回復に必要な体制を有していない場合、医療区分３から２に下がる要件が追加された。今後、医療区分のハードルが高くなっていくのかは未知数である。さらに、在宅復帰機能強化加算（１日につき50点）という加算があり、図２-96のような条件が求められている。端的にいうと、退院患者の半分は在宅等に帰し、患者の平均15％は病棟を回転させないと加算条件を満たせない。要は、療養病棟といえども、医療区分が高い患者を集め、ある程度の回転が求められているということである。回復期リハビリテーション病棟や地域包括ケア病棟と違うのが、医療区分さえクリアしていれば入院期間の制限がない点である。医療が必要であれば長く入院することができる。さらに、医療区分の割合や在宅復帰の割合も100％求められているわけではないので、末期の患者を看取る機能も想定されている。

　また、急性期病棟から患者を受け入れた場合、急性期患者支援療養病床初期加算300点（14日間１日につき）、在宅から患者を受け入れた場合、在宅患者支援療養病床初期加算350点（同）が設けられている。つまり、より積極的に急性期直後の患者を受け入れたり、在宅からの緊急入院を受け入れる場合は高く評価される。慢性期の患者を診つつ、地域包括ケア病棟に近い機能を一部もっているようなイメージである。地域に求められる役割で、どこまで自院で診ていくかは経営戦略となる。

　療養病棟入院料では、薬剤や検査、処置などは包括となっているが、手術やリハビリは

$$\frac{\text{在宅に退院した患者（再入院患者及び死亡退院を除く）}}{\text{当該病棟から退院した患者}} \geq 5割$$
（再入院患者、死亡退院及び急性増悪で転院した患者を除く）

$$\frac{\substack{\text{自院又は他院の一般病棟等から当該病棟に入院し、}\\\text{在宅に退院した１年間の患者数}}}{\text{当該病棟から退院した患者}} \geq 100分の15$$

**図２-96　療養病棟における在宅復帰機能強化加算**

出来高である。各種医学管理料においても出来高で算定ができるため、チーム医療や地域連携等の加算を積極的に算定することで収益増に貢献できる。包括範囲の項目においてはDPC病院と同様に、必要な医療行為に限定して実施することで粗利が増える点数構造となっている。そのため、不要な検査や薬剤は使用せず、薬剤も先発品より後発品に切り替えたほうが粗利は上がる。

---

**column ⑦　経過措置の医療療養と介護医療院はどちらが望ましいか**

　2018（平成30）年度診療報酬改定で医療療養病棟の看護配置は基本的に20対1となった。ただし、経過措置が設けられ、看護配置25対1または医療区分2・3の割合が5割未満のところは10％減算、看護配置30対1は20％減算となった。2020（令和2）年度診療報酬改定では30対1の経過措置は廃止され、20対1等については経過措置期間が2年延長されたが減算率は2022（令和4）年度診療報酬改定で25％へとアップした。

　療養病棟入院料2の医療区分1・ADL区分3は903点なので、25％減算だと677点となる。これは介護医療院のⅠ型（Ⅰ）・要介護1の803単位や介護老人保健施設の通常型多床室・要介護1の768単位よりも低くなる。経過措置は延期されたが、対象病棟を持つ医療機関は、①25対1以上の看護師もしくは医療区分2・3の患者を5割以上確保する、②介護医療院などへの転換を検討する、のどちらかの選択が求められる。収益的には下手に医療療養にしがみつくより、介護施設等への転換のほうが良くなる可能性は高い。

## 4　介護医療院

　本テキストは医科点数の内容であるが、介護保険から介護医療院についてのみ確認していく。これまで介護療養病棟という施設が設けられてきたが、2024年3月末に廃止することが決定されている。その受け皿として、介護医療院が2018（平成30）年度介護報酬改定で新設された。介護療養病棟の他にも、医療療養病棟の経過措置の基準である看護配置25対1や医療区分1の症例も介護医療院が受け皿になることが想定されている。介護医療院の人員配置基準は看護配置は介護報酬上の6対1以上（医科の30対1以上に相当）であり、医師が宿直している場合は類型（Ⅰ）で、宿直しない場合は類型（Ⅱ）となる。そのうえでさらに、介護職員の配置と医療処置または重症度要件に該当する利用者の割合により類型が分かれる（図2-97）。

　介護医療院は介護保険の対象となるので、基本的には要介護であれば受けることが可能となる。ただし、最も基準が高いⅠ型介護医療院サービス費（Ⅰ）で要介護1だと825単位と低く、実際は要介護4以上（1,271単位以上）が主たる利用者になると想定される。介護療養病棟でも求められていた、医療処置または重症度要件に該当する利用者の割合が一定

### 介護医療院　①介護医療院の基準（人員基準）

| | | 介護療養病床（病院）【療養機能強化型】 | | 介護医療院 | | | | 介護老人保健施設 | |
| --- | --- | --- | --- | --- | --- | --- | --- | --- | --- |
| | | | | 指定基準 | | 報酬上の基準 | | | |
| | | 指定基準 | 報酬上の基準 | 類型（Ⅰ） | 類型（Ⅱ） | 類型（Ⅰ） | 類型（Ⅱ） | 指定基準 | 報酬上の基準 |
| 人員基準（雇用人員） | 医師 | 48:1（病院で3以上） | — | 48:1（施設で3以上） | 100:1（施設で1以上） | — | — | 100:1（施設で1以上） | |
| | 薬剤師 | 150:1 | — | 150:1 | 300:1 | — | — | 300:1 | |
| | 看護職員 | 6:1 | 6:1うち看護師2割以上 | 6:1 | 6:1 | 6:1うち看護師2割以上 | 6:1 | 3:1（看護2/7） | 【従来型・強化型】看護・介護3:1【介護療養型】(注3)看護6:1、介護6:1～4:1 |
| | 介護職員 | 6:1 | 5:1～4:1 | 5:1 | 6:1 | 5:1～4:1 | 6:1～4:1 | | |
| | 支援相談員 | | | | | | | 100:1（1名以上） | |
| | リハビリ専門職 | PT/OT:適当数 | — | PT/OT/ST:適当数 | | — | — | PT/OT/ST:100:1 | |
| | 栄養士 | 定員100以上で1以上 | — | 定員100以上で1以上 | | | | 定員100以上で1以上 | |
| | 介護支援専門員 | 100:1（1名以上） | | 100:1（1名以上） | | | | 100:1（1名以上） | |
| | 放射線技師 | 適当数 | | 適当数 | | | | 適当数 | |
| | 他の従業者 | 適当数 | | 適当数 | | | | | |
| 医師の宿直 | | 医師:宿直 | — | 医師:宿直 | — | — | — | | |

注1：数字に下線があるものは、医療法施行規則における基準を準用　注2：背景が緑で示されているものは、病院としての基準　注3：基準はないが、想定している報酬上の配置。療養体制維持特別加算で介護4:1となる。

**図2-97　介護医療院の施設基準**

以上いることも求められているため、病棟すべての患者を軽症者にすることは難しい（図2-98）。在宅復帰に関する項目は、退院時に指導する場合の加算はあるが、ベースの施設基準要件には条件となっておらず、終末期を迎えた利用者を診ることができる施設である。

　地域に介護老人福祉施設や介護老人保健施設があるのか、特定施設やサービス付き高齢者向け住宅があるのか、在宅系のサービスが充実しているのか等によって、その地域における介護医療院のあり方も変わってくる。介護医療院は元々医療機関であったため、老健や特養よりも安心できて利用者が流れている、という部分もある。単に収益のことだけいうと、療養病棟入院基本料2で医療区分1・ADL1は750点、介護医療院（最上位基準）で介護度1は825単位なので、介護医療院の方が高くなる。また基本点数だけで考えると、介護老人福祉施設や介護老人保健施設よりもほとんどの介護度で介護医療院の方が高くなる。

　介護保険であるためリハビリは出来高となるが、薬剤や検査等は包括となる。単位数がそれほど高いわけではないので、積極的な薬剤治療している段階では受け入れが難しく、落ち着いた方を受け入れることになるだろう。

　また、基準上は在宅等に位置づけされるため、7対1病棟や地域包括ケア病棟、回復期リハビリテーション病棟の在宅復帰率では、在宅に帰った症例としてカウントすることができる。在宅に比べれば、病院や診療所に併設されている介護医療院の方が、医療や看護に対するケアは充実していると考えられる。そうした特徴をいかして、地域連携により患者を集めるということも可能であろう。今のところ柔軟に活用ができる施設となっており、

---

**算定要件等**

○　基本報酬にかかる医療処置又は重度者要件　（Ⅰ型基本サービス費（Ⅰ）の場合）
　・入所者等のうち、重篤な身体疾患を有する者及び身体合併症を有する認知症高齢者の占める割合が50%[注1]以上。
　・入所者等のうち、喀痰吸引、経管栄養又はインスリン注射が実施された者の占める割合が50%[注2]以上。
　・入所者等のうち、次のいずれにも適合する者の占める割合が10%[注3]以上。
　　①医師が一般に認められている医学的知見に基づき回復の見込みがないと診断した者であること。
　　②入所者等又はその家族等の同意を得て、入所者等のターミナルケアに係る計画が作成されていること。
　　③医師、看護職員、介護職員等が共同して、入所者等の状態又は家族の求め等に応じ随時、本人又はその家族への説明を行い、同意を得てターミナルケアが行われていること。
　・生活機能を維持改善するリハビリテーションを行っていること。
　・地域に貢献する活動を行っていること。

　　　　　　　　　　　　　　　　　　　　　　　　（注1）Ⅰ型介護医療院（Ⅱ）（Ⅲ）では、50%
　　　　　　　　　　　　　　　　　　　　　　　　（注2）Ⅰ型介護医療院（Ⅱ）（Ⅲ）では、30%
　　　　　　　　　　　　　　　　　　　　　　　　（注3）Ⅰ型介護医療院（Ⅱ）（Ⅲ）では、5%

○　基本報酬にかかる医療処置又は重度者要件　（Ⅱ型基本サービス費の場合）
　・下記のいずれかを満たすこと
　　①喀痰吸引若しくは経管栄養が実施された者の占める割合が15%以上
　　②著しい精神症状、周辺症状若しくは重篤な身体疾患が見られ専門医療を必要とする認知症高齢者の占める割合が20%以上
　　③著しい精神症状、周辺症状若しくは重篤な身体疾患又は日常生活に支障を来すような症状・行動や意志疎通の困難さが頻繁に見られ専門医療を必要とする認知症高齢者の占める割合が25%以上
　・ターミナルケアを行う体制があること

**図2-98　介護医療院の医療処置または重症度要件**

慢性期を担う医療機関においては、いちど介護医療院の機能を持つかどうかを検討する価値はある。

## 5　有床診療所

　有床診療所については、日本医師会から明確に5つの機能が示されている（**表2-25**）。大きくわけると、地域医療担う有床診と専門医療に特化する有床診のどちらかになる。前者においては中小病院と同じように、救急はどこまで受け入れるのか、地域医療は在宅までやるのか、ということを検討していく必要がある。専門医療特化においては、胃腸科や眼科、整形外科、乳腺外科など、医師の技術によって体制を整える必要がある。この場合は、その領域においてはスタンダードな治療が実施でき、症例数においては地域の中核病院を含めても上位に来るような立ち位置を目ざしていく必要がある。大病院の一つの診療科が受け持つ病床数は限られており、そこと対等に張り合うイメージである。都市部で、ある程度の人口があるところでないとなかなか成り立たせることは難しい。

　残る多くの有床診は地域医療を担うことが求められるだろう。入院料としては有床診療所入院基本料と有床診療所療養病床入院基本料の2つがあり、前者の最も高いもので861点（検査等は出来高）、後者は994点（検査等は包括）とあまり高くない。人員配置基準については、看護師が最低1～4人配置の基準もあり、比較的緩い基準となっている。2020（令和2）年度改定では各種職員配置加算が増点された（**図2-99**）。しかし、最低人数で診れる入院患者は限られいるし、2、3人の医師で診れる範囲も限定されてくる。どのような症例まで診るのか、それ以外はどこの医療機関と連携していくのか、ということを示していくことが運営上求められる。ただし、地域連携といっても、大病院のように連携室に専従の人材を採用する余裕がないところがほとんどである。地域の中核となる病院側に動いてもらい、うまく連携をとることが求められる。また、こうした地域医療を担う有床診では介護サービスの提供、もしくは連携する機能も求められる。施設系や訪問、通院系の介護サービスを提供し、地域包括ケアの提供に参画することが求められる。2022年度診療報酬改定では、在宅から受け入れた患者に対する加算の日数が増え、点数も増点した。

表2-25　**有床診療所の5つの機能**

| |
|---|
| 1.　病院からの早期退院患者の在宅・介護施設への受け渡しとしての機能 |
| 2.　専門医療を担って病院の役割を補完する機能 |
| 3.　緊急時に対応する医療機能 |
| 4.　在宅医療の拠点としての機能 |
| 5.　終末期医療を担う機能 |

日本医師会 有床診療所に関する検討委員会中間答申（平成23年6月）

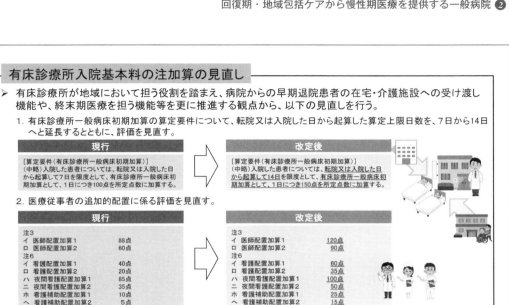

有床診療所入院基本料の注加算の見直し

図2-99　有床診療所入院基本料等の見直し

　全国の有床診の数は減っており、上記のような方向性がどれも該当しない場合は「やらない」という選択も経営戦略の1つである（図2-100）。中途半端に資源を投下するより、病棟で活躍していた看護師を訪問看護に切り替えるなど、別の選択肢も十分にあり得る。また、前項で説明した介護医療院という選択もある。介護保険にこれまで関わってきていないところには抵抗感があるだろうが、ハード面は若干の改修程度で既存施設を有効活用ができるであろう。有床診の多くは新たに開設するというところよりも、過去からやってきたので今も継続しているという医療機関が多い。有床診に限った話ではないが、このままズルズル継続させるのではなく、そろそろどのような方向性にするのか明確にし、そのための経営資源の投下を考える時期が来ている。

# 6　地域包括診療料

　外来に関する診療報酬は多方面に設けられているが、回復期から慢性期を担う医療機関の外来において重要となる2つの項目に限ってみていく。そのうちの1つが地域包括診療料である。包括診療診療料は端的にいうと、外来のまるめ点数である。点数は1患者1月1,560点と2018（平成30）年度改定で57点増え、点数的には非常に魅力的な項目であるが、

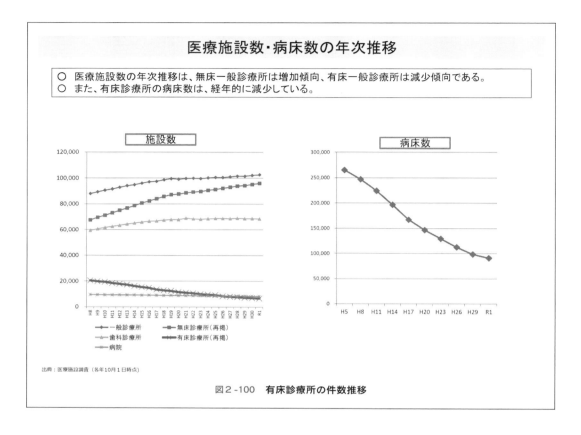

図2 -100 　有床診療所の件数推移

それまでは常勤医を2名以上配置することが求められており、1人診療所であとは非常勤医というところが条件に合わなかった。2014（平成26）年度改定で新設された項目であるが、これまではなかなか普及してこなかった。そこで、2018年度改定では医師の2名以上という基準を常勤換算でも可として、うち1名が常勤であれば満たすように基準が緩和された。これで算定要件を満たす診療所は格段に増えるだろう。あとは現場でよく聞く声としては、今までと同じ診療なのにこんなに高い点数を算定し、患者の自己負担を増やせないという話である。診療報酬で評価されている項目なので、躊躇せずに収益化するべきであろう。

　内容としては、高血圧症、脂質異常症、糖尿病、慢性心不全、慢性腎臓病（慢性維持透析を行っていないものに限る）、認知症のうち2疾患以上罹患している症例が対象となる。ある程度の年齢の患者になると、多くが対象になると想定される。その患者に対して、図2 -101のような診療が求められ、いわゆるかかりつけ医として他の医療機関にかかっている内容も含め総合的に診ることが求められている。認知症＋1疾患以上であり、内服薬が5種類以下にコントロールできている場合は認知症地域包括診療料という、より点数の高い項目が算定できる。まるめ点数であるので、表2 -26の項目以外は包括されてしまう。それでも、中小医療機関で外来単価が15,000円を越える症例は限られており、十分に高

| | 対象疾患 | 診療内容 | 内服薬 | 主な施設基準 |
|---|---|---|---|---|
| 認知症地域包括診療料 1580点 | 認知症＋1疾患以上 | 担当医を決め、<br>・療養上の指導<br>・他の医療機関での受診状況等の把握<br>・服薬管理<br>・健康管理<br>・介護保険に係る対応<br>・在宅医療の提供<br>・24時間の対応 | 内服薬<br>5種類以下<br>うち向精神薬<br>3種類以下 | ○診療所又は200床未満の病院<br>○研修の受講<br><br>○病院の場合以下の全て<br>・地域包括ケア病棟の届出<br>・在宅療養支援病院であること |
| 地域包括診療料 1560点 | 下記のうち2疾患以上<br>・高血圧症<br>・脂質異常症<br>・糖尿病<br>・認知症 | | （要件なし） | ○診療所の場合以下の全て<br>・時間外対応加算1の届出<br>・在宅療養支援診療所であること<br>・常勤換算2名以上の医師の配置、うち常勤医師が1名以上 |
| 認知症地域包括診療加算 加算1：35点 加算2：28点) | 認知症＋1疾患以上 | | 内服薬<br>5種類以下<br>うち向精神薬<br>3種類以下 | ○診療所<br>○研修の受講<br>○以下のいずれか一つ<br>・時間外対応加算1、2又は3の届出<br>・在宅療養支援診療所であること<br>・常勤換算2名以上の医師の配置、うち常勤医師が1名以上 |
| 地域包括診療加算 加算1：25点 加算2：18点 | | | | |

図2-101 **地域包括診療料の内容**

表2-26 **地域包括診療料とは別に出来高算定もできる項目**

| |
|---|
| 再診料の時間外加算、休日加算、深夜加算、小児科特例加算、夜間・早朝等加算／地域連携小児夜間・休日診療料／診療情報提供料（Ⅱ）／在宅医療（在宅患者訪問診療料、在宅時医学総合管理料、施設入居時等医学総合管理料を除く）／投薬（処方料、処方せん料を除く）・患者の病状の急性増悪時に実施した検査、画像診断および処置に係る費用のうち、所定点数が550点以上のもの。 |

い点数設定となっている。まるめではない点数として、地域包括診療加算（18点〜25点）が診療所に限り算定が可能である。なかなか患者から高い負担金を要求できないところは、こちらを届出するという考えもあるが、逆に同加算の場合、求められる内容に対して点数が低い印象がある。

　包括診療科は地域医療を担う中小病院も狙える項目ではあるが、病院の場合は24時間開局薬局との連携もしくは対象患者に限り院内処方が求められる。診療所の場合は24時間対応することができる薬局との連携で済む。この点が、地域で対応できる薬局があるかどうかで、届出できるかどうか変わってくる。

## column ⑧　遠隔診療は1つの診療スタイルとして定着するのか

　遠隔診療が診療報酬で初めて認められたのは2018（平成30）年度診療報酬改定である。当初はオンラインで処方箋が送れない（そのため診療は遠隔だけど薬を取りに薬局に行かなければならなかった）、30分以内に行ける距離に限定するなど、インターネット上のサービスなのに理不尽な制約が多かった。また、オンライン診療料（71点）は再診料（73点）よりも点数も低いし、併算定できる項目も限定されており、経済的なインセンティブはない。結果としてオンライン診療に手を挙げたところは限られていた。2020（令和2）年度診療報酬改定では、オンライン服薬指導が可能となり、30分以内の距離制限がなくなり、初診から6か月経過してからが3か月経過に短縮されたり、D to P with D（患者がかかりつけ医といる場合のオンライン診療）の点数が新設されたり、と徐々に規制が緩和されてきた。

　新型コロナウイルスの拡大を受け、2022（令和4）年度診療報酬改定では通信情報機器を用いた場合、初診料251点、再診料73点、外来診療料73点と対面とほぼ点数差がなくなった。また、これまで一律であった医学管理料も、元の点数に応じた評価となり、対面に比べて低くはなるが差は小さくなった。電子処方箋も2023（令和5）年1月から運用が開始される予定で、オンラインで完結する体制は整いつつある。実際にどこまで広がるかは未知数ではあるが、インターネットでできないことが無くなってきている世の中で、医療だけは対面でしか成り立たないという常識がいつまでも続くわけでもないだろう。今後の動向が興味深い分野である。

## 7　在宅療養支援診療所・病院

　もう1つ外来で重要になるのは在宅医療のあり方である。在宅医療については、やるか
やらないかによって戦略が大きく変わってくる。厚生労働省としては、今後も数十年続く
高齢者数の増加に対して、受け入れる病床数を増やすことで対応するのではなく、在院日
数を短縮させること、また病院から早期に退院し在宅で受け入れることを念頭に、政策誘
導を進めている。このため病棟に匹敵するような事業として在宅医療を位置づけるのか、
基本的には外来のみを診て在宅医療はやらない、もしくはごく一部の特例のみ対応するの
か方向性が大きく分かれる分野であろう。都市部など人口があるところにおいては、在宅
だけに特化するような診療所も運営することが可能である。そうした地域を除くと、病棟
や外来をやりながら在宅医療も診るところが大多数となる。

　在宅医療の診療報酬には在宅療養支援診療所・病院という施設基準があり、在宅療養支
援診療所・病院のなかでも看取り件数などの要件をクリアすると強化型という高い基準も
ある。在宅療養支援診療所・病院になると24時間の対応が求められており、在宅医療が
進んでいない地域においては24時間365日拘束されることがボトルネックとなり、手を
挙げるところが少ないケースが多い。少し視点を変えて考えてみると、病棟で最初にコー
ルが鳴ったときに駆けつけるのは看護師である。在宅医療においても訪問看護ステーショ
ンがほぼ介入しており、まず第一報は訪問看護ステーションの看護師に連絡がいき、医師
の介入が必要だと判断した場合に医師に連絡がくる。病棟でもファーストコールで医師が
対応するところはないだろう。病棟と同じような体制を、自院もしくは地域の訪問看護ス
テーションと連携することによって構築できるかどうかが重要となってくる。

　機能強化型という上位の加算の要件には、過去1年間の看取り件数4件以上、緊急往診
の件数10件以上が求められている（図2-102）。常勤医が3人以上という条件もあるが、
連携型という他の医療機関と連携することで条件をクリアすることも可能である。1人で
すべての在宅患者を抱えるより、何人かがチームとなり診ることで心理的負担も軽減され
るだろう。各都道府県や市町村では、在宅医療・介護連携推進事業という事業を進めるこ
とが求められており、自治体のサポートで在宅医療のネットワーク構築が始まっていると
ころもある。地域のこうした動きにもアンテナを張っていくことで、その地域に応じた在
宅医療体制に関わりを持つことができるだろう。

　さらに看取り件数などがある場合は、過去1年間20件以上、緊急往診件数15件以上で、
在宅緩和ケア充実診療所・病院加算という基準が2016（平成28）年度診療報酬改定で設け
られている（図2-103）。全国でも届け出している医療機関は少ないが、在宅医療を積極
的に実施するところでは目ざしたい施設基準である。

| | 機能強化型在支診 | | 在支診 |
|---|---|---|---|
| | 単独型 | 連携型 | |
| 全ての在支診が満たすべき基準 | ① 24時間連絡を受ける体制の確保<br>② 24時間の往診体制<br>③ 24時間の訪問看護体制<br>④ 緊急時の入院体制<br>⑤ 連携する医療機関等への情報提供<br>⑥ 年に1回、看取り数等を報告している | | |
| 機能強化型在支診が満たすべき基準 | ⑦ 在宅医療を担当する常勤の医師<br>　3人以上<br>⑧ 過去1年間の緊急往診の実績<br>　10件以上<br>⑨ 過去1年間の看取りの実績又は<br>　超・準超重症児の医学管理の実績<br>　のいずれか<br>　4件以上 | ⑦ 在宅医療を担当する常勤の医師<br>　連携内で3人以上<br>⑧ 過去1年間の緊急往診の実績<br>　連携内で10件以上・各医療機関で4件以上<br>⑨ 過去1年間の看取りの実績が連携内で<br>　4件以上、<br>　各医療機関において、看取りの実績又は超・<br>　準超重症児の医学管理の実績のいずれか<br>　2件以上 | |
| 在宅患者が95%以上（※）の在支診が満たすべき基準 | ⑩ 5か所／年以上の医療機関からの新規患者紹介実績<br>⑪ 看取り実績が20件／年以上又は超・準超重症児の患者が10人／年以上<br>⑫ （施設総管の件数）／（在総管・施設総管の件数）≦ 0.7<br>⑬ （要介護3以上の患者＋重症患者）／（在総管・施設総管の件数）≧ 0.5 | | |

※在宅患者が95%以上とは、1か月に初診、再診、往診又は訪問診療を実施した患者のうち往診又は訪問診療を実施した患者の割合が95%以上

図2-102　在宅療養支援診療所・病院の施設基準

平成28年度診療報酬改定

## 質の高い在宅医療・訪問看護の確保⑥

### 在宅医療における看取り実績に関する評価の充実①

➤ 在宅医療において、実績に応じた評価を行う観点から、緊急往診及び看取りの十分な実績等を有する在支診・病に対する評価を充実する。

**(新)　在宅緩和ケア充実診療所・病院加算**

十分な実績を有する医療機関が、以下の項目に該当する診療を行った際に、以下に示す点数を所定点数に加算する。

| | |
|---|---|
| 緊急、夜間・休日又は深夜の往診 | 100点 |
| ターミナルケア加算 | 1,000点 |
| 在宅時医学総合管理料 | 100～400点 |
| 施設入居時等医学総合管理料 | 75～300点 |
| 在宅がん医療総合診療料 | 150点 |

［施設基準］
① 機能強化型の在支診・病の届出を行っていること。
② 過去1年間の緊急往診の実績が15件以上、かつ、看取りの実績が20件以上であること。
③ 緩和ケア病棟又は在宅での1年間の看取り実績が10件以上の医療機関において、3か月以上の勤務歴がある常勤の医師がいること。
④ 末期の悪性腫瘍等の患者であって、鎮痛剤の経口投与では疼痛が改善しないものに対し、患者が自ら注射によりオピオイド系鎮痛薬の注入を行う鎮痛療法を実施した実績を、過去1年間に2件以上有していること、又は過去5件以上実施した経験のある常勤の医師配置されており、適切な方法によってオピオイド系鎮痛薬を投与した実績を過去1年間に10件以上有していること。
⑤ 「がん診療に携わる医師に対する緩和ケア研修会の開催指針に準拠した研修」又は「緩和ケアの基本教育のための都道府県指導者研修会等」を修了している常勤の医師がいること。
⑥ 院内等において、過去1年間の看取り実績及び十分な緩和ケアが受けられる旨の掲示をするなど、患者に対して必要な情報提供がなされていること。

図2-103　在宅緩和ケア充実診療所・病院加算の内容

# ③ 精神科病院・精神病床

　精神科病院は、診療単価が低く、かつ包括払いとなるため、コスト削減などにより効率的な運営が求められることは言うまでもない。しかしながら、その費用の多くは人件費でありマンパワーが支える要素がきわめて強い（図２-104）。病院を適切に運営するためには一定の人員は確保する必要があるため、より積極的に加算を算定することも重要である。

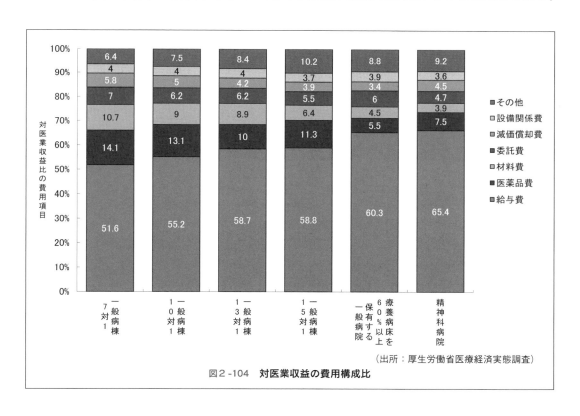

（出所：厚生労働省医療経済実態調査）

図２-104　対医業収益の費用構成比

# 1 精神病棟入院基本料

表2-27　**精神病棟入院基本料**

| 種別 | 基準①<br>看護師<br>比率 | 基準②<br>平均在院<br>日数 | 点数 | 14日以内<br>の加算 | 15日〜<br>30日の<br>加算 | 31日〜<br>90日の<br>加算 | 91日〜<br>180日の<br>加算 | 180日〜<br>1年以内<br>の加算 |
|---|---|---|---|---|---|---|---|---|
| 10対1入院<br>基本料 | 70%以上 | 40日以内 | 1,287点 | 465点 | 250点 | 125点 | 10点 | 3点 |
| 13対1入院<br>基本料 | 70%以上 | 80日以内 | 958点 | | | | | |
| 15対1入院<br>基本料 | 40%以上 | − | 830点 | | | | | |
| 18対1入院<br>基本料 | 40%以上 | − | 740点 | | | | | |
| 20対1入院<br>基本料 | 40%以上 | − | 685点 | | | | | |

※10対1入院基本料においては、新規入院患者のうちGAF尺度による判定が30以下の患者が5割以上、13対1入院基本料
　においては、新規入院患者のうちGAF尺度による判定が30以下の患者が4割以上であること。

# 2 精神科地域移行実施加算

　精神科地域移行実施加算は、精神障害者の地域移行支援に係る取り組みを計画的に進め
ることにより、当該保険医療機関における入院期間5年を超える入院患者のうち、退院し
た患者（退院後3月以内に再入院した患者を除く）の数が1年間で5％以上減少した実績
がある場合に、1年間算定する（1日につき20点）。

　当該加算は、超長期に及ぶ精神系疾患の患者を社会復帰させることを企図したものであ
り、入院よりも在宅を中心とする医療政策が反映されたものである。

# 3 精神科身体合併症管理加算

　精神科身体合併症管理加算は、精神科を標榜する保険医療機関であって、精神科以外の
診療科の医療体制との連携が取られている病棟において、精神病床に入院している身体合
併症を併発した精神疾患患者に対して、精神疾患、身体疾患両方について精神科を担当す
る医師と内科または外科を担当する医師が協力し、治療が計画的に提供されることが評価
されたものである。

　当該加算は、当該疾患の治療開始日から15日以内に限り算定できるものであり、同一
月において同一疾患に対して1回に限り算定できる。精神系疾患の患者が増加する中で、
肺炎などの対象患者は多数いることが予想されるため、精神科を標榜する医療機関の場合

には届け出を行いたいところである。

1. 7日以内 450点
2. 8日以上15日以内 300点

## 4 精神科救急搬送患者地域連携紹介加算・同受入加算

　精神科救急医療機関が緊急入院患者を受け入れ、入院後60日以内に、あらかじめ連携している後方病床の役割を担う医療機関に当該患者に関する診療情報を提供し、転院した場合に、紹介元が精神科救急搬送患者地域連携紹介加算を、後方病床において精神科救急搬送患者地域連携受入加算を算定することができる。精神科救急の仕組みを地域全体で構築することが目的であり、紹介元も紹介を受けた医療機関もいずれにも便益があるように制度設計されている。「あらかじめ連携している」医療機関を増加させることが、当該加算をより積極的に算定するポイントになる。ただし、特別の利害関係にある医療機関は対象にならない。

精神科救急搬送患者地域連携紹介加算（退院時1回）　　　1,000点
［施設基準］
① 精神科救急搬送患者地域連携紹介加算を算定する紹介元の保険医療機関と精神科救急搬送患者地域連携受入加算を算定する受入先の保険医療機関とが、精神科救急患者の転院体制についてあらかじめ協議を行って連携を取っていること。
② 精神科救急入院料、精神科急性期治療病棟入院料または精神科救急・合併症入院料に係る届け出を行っている保険医療機関であること。
③ 精神科救急搬送患者地域連携受入加算の届け出を行っていない保険医療機関であること。

精神科救急搬送患者地域連携受入加算（入院初日）　　　2,000点
［施設基準］
① 精神科救急搬送患者地域連携紹介加算を算定する紹介元の保険医療機関と精神科救急搬送患者地域連携受入加算を算定する受入先の保険医療機関とが、精神科救急患者の転院体制についてあらかじめ協議を行って連携を取っていること。
② 精神病棟入院基本料、児童・思春期精神科入院医療管理料、精神療養病棟入院医療または認知症治療病棟入院料に係る届け出を行っている保険医療機関であること。
③ 精神科救急搬送患者地域連携紹介加算の届け出を行っていない医療機関であること。

## 5　精神科急性期医師配置加算

精神科急性期医師配置加算は、精神症状とともに身体疾患または外傷を有する患者の入院医療体制を確保している保険医療機関や、急性期の精神疾患患者及び治療抵抗性統合失調症患者（クロザピンの新規導入を目的とした患者に限る。）に診療密度が高い入院医療を提供する精神病棟において、医師を手厚く配置することが評価されたものである（図２-105）。

| | | |
|---|---|---|
| 1 | 精神科急性期医師配置加算1 | 600点 |
| 2 | 精神科急性期医師配置加算2 | |
| | イ　精神病棟入院基本料等の場合 | 500点 |
| | ロ　精神科急性期治療病棟入院料の場合 | 450点 |
| 3 | 精神科急性期医師配置加算3 | 400点 |

2020年度診療報酬改定で、精神科急性期医師配置加算は３段階の評価とされ、加算１の届出のためには、精神科救急医療に係る実績を相当程度有している、精神科急性期治療病棟入院料１を算定する精神病棟で、直近１年間に当該病棟においてクロザピンを新規に導入した実績が６件以上であることが求められる。

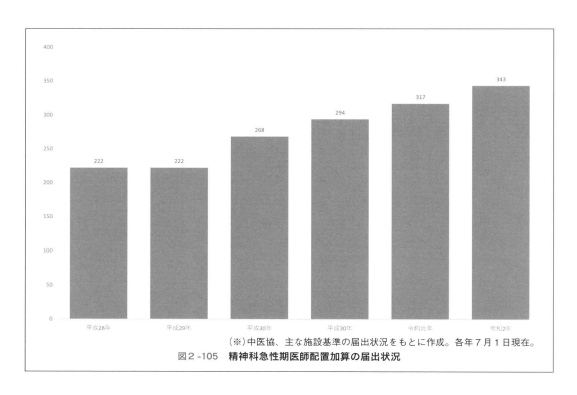

（※）中医協、主な施設基準の届出状況をもとに作成。各年７月１日現在。

図２-105　**精神科急性期医師配置加算の届出状況**

# 4 診療報酬の視点からの重要成功要因

## 1　新入院患者数の増加

　病院経営においては、一般的に外来よりも入院医療に注力することが質の向上および経済性に寄与する。また、中小規模の病院等では、在宅医療にシフトすることも有効であると考えられる。外来患者数を絞り込むという戦略を採用すれば、入院診療単価の向上が期待できる。しかしながら、固定費が多い病院では、単価だけ高くても不採算となってしまう恐れがある。新入院患者を獲得することが、経済的な成功要因と捉えることができるし、患者から求められる医療機関の証でもある。患者から求められるためには、新入院患者の獲得に向けて戦略的な取り組みを行うことが求められる（新入院患者の獲得については、医療経営士実践テキストシリーズ２　診療科別・病院経営戦略の「理論」と「実践」を参照のこと）。

## 2　DPC/PDPSへの対応

　DPC/PDPSの環境下では、在院日数の短縮を図ることが、入院診療単価の向上につながる。在院日数を短縮して、病床の有効活用を図り、新たな急性期治療を必要とする患者を受け入れることが重要である。

　また、医療機関別係数を高めることも重要である。DPC/PDPSが包括払いであるからといって検査や投薬等を過剰に削減することは困難であるし、粗診粗療はあるべき姿とは異なる。このような環境下で持続的な成長を遂げるためには、医療機関別係数を高めることである。医療機関別係数は、DPC/PDPSによる支払いを受けるすべての患者に影響を与える。質の高い医療を行い、医療機能を高める正攻法が成長の鍵を握る。

## 3　手術室の稼働率向上

　患者１人１日当たりの入院診療単価の約３割を占めるのが手術・麻酔料等である。手術室の稼働率向上は、DPC/PDPSにおける医療機関群でDPC特定病院群になるためにも重要である。手術件数が多い病院が必ずしもエクセレント・ホスピタルとは言えないが、手

術件数が多い病院ほど死亡率が低い、という研究結果も存在する。自院ができること、また求められていることに真摯に応えることが求められる。

## 4　各種加算の適切な算定

　本テキストでいくつかのサンプルを提示したが、救急医療管理加算や診療情報提供料Ⅰ等の算定状況は、病院によって異なる。単なる算定漏れも少なくないし、病院による解釈の違いも存在する。これらの算定を適正化するだけで、年間1億円以上の真水の増収になることもありえる。自院の常識は、世間の非常識かもしれない。井の中の蛙に陥らず、他院と情報比較を行うなど、広角からのデータ検証を行うことが望ましい。

## 5　自院に適した加算の算定

　診療報酬では自院に適した届出及び算定を行うことが求められる。その際には地域医療構想を意識することも必要になる。自院がやりたいことだけをやっていればうまくいくわけではなく、地域が何を求めているのかを考慮し、不可欠な役割を果たすという視点が重要だ。なお、厚生労働省によると地域医療構想は診療報酬に寄り添う関係だという。つまり、診療報酬で地域医療構想を誘導するわけではない。ただ、病院としては病床機能をどう選択するかは重要事項であり、地域医療構想とも連動する。

　点数がついているから、何でも届出を行えばいいかというとそうではない。自院が行うべきことは何か、また何を行わないかを明確にすることが重要である。そして、人員配置を行うことによって診療報酬が付くことも多いが、点数だけをみて判断するのではなく、医療の質を高める取り組みか、患者に便益があるかなど多角的な視点からの検討が必要になる。

# 第3章

## 診療報酬を巡る論点

**1** 医薬分業
**2** 薬剤の償還制度
**3** 手術料に関する改定の変遷
**4** 医療情報の電子化と診療報酬

# 1　医薬分業

　医薬分業とは、病院・診療所で医師が患者を診療したのち処方せんを出し、保険薬局(薬局)で薬剤師が処方せんに基づいて調剤し薬を患者に渡すことである。近年、日本でも医薬分業は急速に進み、全国の分業率は70％を超えている。ここでは、日本における医薬分業の歩みと今後の方向性、医薬分業がもたらすメリット・デメリット等について概説する。

## 1　医薬分業の変遷

　医薬分業が厚生省(現厚生労働省)により推進され始めたのは1974(昭和49)年である。そのため、この年は医薬分業元年とも呼ばれている。しかし、それでも分業の進みは遅く、平成となる1989(平成元)年においても分業率は11.3％と低いレベルにあった。分業が本格的に進み始めたのは1992(平成4)年の新薬価算定方式が始まって以降、薬価差益が縮小し始めてからである。医療機関は、次第に院内処方よりも診療報酬で有利な院外処方を選択し始め、図3-1に示すとおり医薬分業は急速に進展した。その後、地域差はあるものの、2015(平成27)年以降には全国平均で70％を超えるまでに至っている。

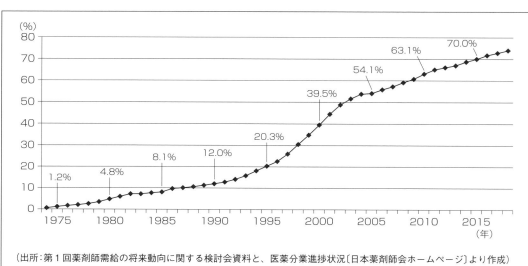

（出所：第1回薬剤師需給の将来動向に関する検討会資料と、医薬分業進捗状況〔日本薬剤師会ホームページ〕より作成）

**図3-1　医薬分業率の推移**

## 2　医薬分業のメリットとデメリット

### (1)医療機関からみたメリットとデメリット

　院外処方を選択する医療機関側のメリットとしては、まず、医薬品の在庫調整や購入に関わる管理・事務作業が減少することである。特に入院設備を持たない診療所であれば、これらの仕事はわずかになる。さらに、医薬品購入に必要な費用が減少し、人件費も軽減される。入院設備を持つ医療機関であれば、院内の薬剤師を入院患者の服薬指導などにシフトさせることも可能であろう。他には処方する医薬品の選択が自由となり、使用頻度の低い医薬品も処方しやすくなることが挙げられる。

　デメリットとしては、薬価差益がなくなることである。ただし、前項で述べたように薬価差益は縮小しているため、医薬品購入でスケールメリットが生かせる大規模な医療機関以外では、この影響は少ないだろう。医薬品購入による消費税や、在庫のデッドストック化などを考慮すると、実際に薬価差益があっても、残る利益はわずかと考えられる。

### (2)患者からみたメリットとデメリット

　処方せんには、薬の名前や種類、量、使い方が書かれてあるため、患者のメリットとしては、患者自身が自分の服用する薬を知ることができる。また、薬剤師から薬についての十分な説明や服薬の指導を受けることもできる。さらに、薬剤師が処方内容を確認することで、副作用の防止や重複投薬の防止へとつながる。特に、かかりつけの薬局があれば、過去に処方された薬や他院で処方された薬、アレルギーや副作用などの記録が残るため、安全性の面からも望ましい。

　一方、医薬分業では、患者は医療機関と薬局の2か所に行かなければならない手間が発生する。処方された薬が薬局に備蓄されていない場合には、その場で薬を受け取れない場合もある。費用面では、薬に関わる費用は院内、院外ともに同じであるが、分業推進の対策として、診療報酬は院内処方のための処方料よりも院外処方せん交付による処方せん料の方が高く設定されている。また、院外の薬局では、調剤基本料や調剤料が院内処方よりも高く設定されており、結果的に、院外で薬をもらうことにより患者の負担は増える。

## 3　医薬分業の体制

　厚生労働省は、医薬分業のメリットとして、薬剤師から薬の適正使用のため服薬指導を受けられることや、薬の相互作用や重複による副作用を未然に防ぐこと、患者の自宅や職場の近くで薬が受け取れることなどを挙げてきた。しかし、日本の医薬分業は「門前」薬局を中心に進んだため、これらのメリットは必ずしも患者にはもたらされてこなかった。なぜなら複数の医療機関を受診する患者は、それぞれの医療機関のすぐ近くの門前薬局で薬

をもらうため、結果的に薬局も複数となり、薬の重複や相互作用等のチェックが十分にできないためである。これを解消するため、近年では「かかりつけ薬局」が推奨されている。かかりつけ薬局は、患者がどの医療機関を受診しても常に利用する身近な薬局であり、患者の服用薬の一元的な管理を可能にし、薬物療法の有効性・安全性を向上させるだけでなく、残薬解消など医療費の適正化にもつながると考えられる。2016（平成28）年の調剤報酬改定では、「かかりつけ薬剤師」が行う服薬指導が評価された。今後は、かかりつけ薬局による分業体制が一段と推進されるだろう。

## 4　医薬分業と後発医薬品使用の促進

　患者負担の軽減と医療保険財政の改善のため、後発医薬品使用の数量シェアの目標値が掲げられており、「2023（令和5）年度末までにすべての都道府県で80％以上」とされている。後発医薬品の使用は、年々増加しており、2021（令和3）年9月時点では数量シェアで79.0％であった。目標達成のため引き続き後発医薬品の使用促進策が進められている。

　これに伴い、薬局に対しては、2022（令和4）年度の調剤報酬改定で、後発医薬品調剤体制加算の要件が見直された。改定前の2020（令和2）年度の調剤報酬改定では、数量ベースの後発医薬品使用割合が75％で15点、80％で22点、85％で28点の加算であったが、2022年度の改定後は、80％で21点、85％で22点、90％で30点の加算となり、後発医薬品の調剤割合がより高い薬局への評価が引き上げられた。また、後発医薬品の調剤割合が低い薬局への減算制度は、2018（平成30）年度改定より20％以下の薬局を対象として導入されていたが、2020年度改定では40％以下、2022年度改定では50％以下の薬局を対象とすることと拡大された。2015（平成27）年度診療報酬改定の結果検証に関わる特別調査によると、先発医薬品から後発医薬品に変更したきっかけは、薬剤師からの説明が7割となっていて最も多く、また、一般名処方が行われた医薬品については、7割が後発医薬品となっている。薬局で後発医薬品が調剤されるには、処方せんが一般名で記載されていることがより効果的であることから、近年では診療報酬の改定の度に一般名処方加算の点数が引き上げられてきた。2020年度の改定においても、引き続き一般名処方加算の点数の引き上げが行われた。医薬分業が進展してきた中、後発医薬品使用の促進に関して、薬局の薬剤師が果たす役割は重要であろう。調剤報酬では、患者に対してさらに積極的に、後発医薬品選択の機会を提供することが求められる改定が近年続いている。

## 5　敷地内薬局

　医薬分業の目的は、薬剤師が処方内容を確認することで、副作用の防止や重複投薬の防止につなげることである。そのために薬局は、医療機関とは完全に独立して業務を行う必要があるため、厚生労働省は「医療機関と薬局と一体的な構造とし、一体的な経営を行う

こと」を禁じるとしている。一体的な構造とは、公道等を介さず専用通路等で患者が行き来するような形態のものと解釈されており、薬局と医療機関が隣接している場合、患者が一旦公道を通るようフェンスを建てるなどでこれまで運用してきた。

　この「一体的な構造」についての解釈が、2016（平成28）年10月1日より変更され、薬局と医療機関が隣接する場合に設置されていたフェンス等は不要、一定の条件下であれば医療機関の敷地内に薬局を開くことが可能になった。この影響で、大学病院や公的病院を中心に、医療機関の敷地内に薬局を誘致する動きが活発化し、既に運用されている。この規制緩和は、身体が不自由な人、車椅子利用の人、子連れ、高齢者等への利便性向上が発端である。しかし、医薬分業の本来の目的達成のためには、薬局の独立性の担保は不可欠であり、加えて、厚生労働省は薬局に対して「かかりつけ機能」をもつことで患者に選ばれるよう求めているところである。この方向性と、患者の利便性向上を目的とした敷地内薬局の解禁は齟齬があるとの意見もある。

　そのため、2018（平成30）年度調剤報酬改定にて敷地内薬局に対して大幅に評価が引き下げられた。2022（令和4）年度の改定ではさらに引き下げられ、診療所の敷地内薬局にも引き下げの適用が拡大されることとなった。一般的な薬局の調剤基本料が43点であるのに対し、敷地内薬局は7点と低い点数である。加えて、相当数のかかりつけ機能に係る業務を示さなければ調剤基本料が半額となる。かかりつけ機能を持つ薬局が評価され、立地等利便性で集患する薬局の評価が引き下げられたことは国の方向性に適っているが、患者の立場からは敷地内薬局は便利で低価格でサービスが受けられることにもなる。かかりつけ機能を持つ薬局、敷地内薬局ともに、患者にどのようなサービスを提供することで選ばれる薬局となるのかが問われている。

## 6　かかりつけ薬局と医薬分業の今後

　2014（平成26）年、かかりつけ薬局を推進するための指針として、「薬局の求められる機能とあるべき姿」が公表された。その中には、①医療の質向上、安全性の観点を踏まえた最適な医療を提供する担い手としての役割　②医療機関との連携によるチーム医療への取り組み　③在宅医療において、地域における医薬品の供給体制や服薬支援の体制の確保と充実　④後発医薬品の使用促進や残薬解消による医療の効率化への関与　⑤セルフメディケーション推進のため、地域の健康情報拠点としての役割　⑥患者の治療歴のみでなく、生活習慣も考慮した薬学的管理　など様々な機能が挙げられている。医療の高度化、人口の高齢化が進む中、薬局は、従来の調剤を中心にした医薬品供給の拠点としてだけではなく、最適な薬物療法を提供する医療の担い手として、チーム医療や地域医療への貢献等が期待されている。2022（令和4）年度改定では、薬局・薬剤師の業務を対物中心から対人中心へ推進するため、評価体系の見直しと対人業務の評価の拡充が行われた。今後、医薬分業で果たす薬局・薬剤師の役割はますます重くなるだろう。

# 薬剤の償還制度

保険医療の範囲で医療用に使用される医薬品は、薬価基準で国（厚生労働大臣）により定められている。薬価基準は、保険医療に使用できる医薬品の範囲としての品目表と、医薬品を使用した際に、医療機関が保険請求する価格表としての2つの性格を併せ持つ。薬価基準には2022（令和4）年3月現在、13,370品目の医薬品が収載されている。また、薬価基準で定められた公定価格である薬価は診療報酬とともに2年に1度定期的に改定される[*1]。ここでは、薬価とそれを取り巻く問題について概説する。

## 1　薬価算定の基準

薬価算定の基準は薬価を決めるためのルールであり、中央社会保険医療協議会（中医協）によって薬価改定に合わせ2年に1度見直しが行われている。

### ■（1）新医薬品の薬価算定

医薬品、医療機器等の品質、有効性及び安全性の確保等に関する法律、いわゆる薬機法に基づき承認を受けた新医薬品（新薬）の価格は、まず類似薬のあるもの、類似薬のないものに分類されて算定方法が決められた後、新規性のある新薬に加算される補正や、外国平均価格との調整などが行われ算定案が作成される。算定案が製薬企業と合意され、中医協で了承されると薬価基準収載となる。これらの手続きは、承認から原則として60日以内、遅くとも90日以内に行われる。薬価基準へ収載されると新薬は保険医療で使用できる医薬品となる。新薬の薬価収載は年4回である。

### ■（2）後発品の薬価算定

後発医薬品（後発品）が初めて収載される場合には、原則、先発品の5掛け（内用薬については、銘柄が10を超える場合は4掛け）の薬価となる。バイオシミラー（バイオ後続品）とバイオAG[*2]の薬価については、先発品の7掛け（内用薬については、銘柄が10を超える場合は6掛け）となる。後発医薬品の薬価収載は現在、年2回（6月と12月）行われてい

---

*1 定期的に改定：本稿執筆時点では、毎年改定は決定事項であるものの、その内容についてはすべてが決まっていないため、従来の2年に1度の改定とした。
*2 バイオAG：先発品と有効成分、原薬、添加物、製法等同一のバイオ医薬品で、後発品として薬事承認を受けたもの。

る。

## ┃(3)既収載品の薬価算定

　すでに薬価基準に収載されている医薬品の薬価は、市場実勢価格をもとに2年に1度改定される。市場実勢価格とは、医療機関や薬局が、医薬品卸企業(卸企業)から医薬品を購入する際の価格であり、これは改定前年の9月に行われる薬価調査で決められる。改定薬価は、購入価格の加重平均(税抜きの市場実勢価格)に消費税を加え、これに薬剤流通の安定のための調整幅を加えた金額となる。2022(令和4)年4月の薬価改定において調整幅は改定前薬価の2%であった。

例)改定前薬価：100円　平均購入価格：80円の場合

　　　改定薬価＝80円×1.10＋100円×2％＝90円

　この他に、使用方法、適用対象患者の変化等により、使用実態が著しく変化し、当初の予想販売量を大幅に超えて販売された医薬品や、主たる効能・効果の変更がなされた医薬品等については特例的なルールが適用され、薬価が再算定される場合もある。既収載後発品の算定については、2014(平成26)年度の改定において、後発医薬品の使用促進の観点から、組成、剤型区分および規格が同一の既収載後発品を、従来多数あった価格帯から、価格帯を集約するルールへ変更となった。

## ┃2　薬価制度の変遷

　薬価制度は、薬価改定と同様、2年に1度見直しが行われている。近年の薬価制度は、特許期間中の革新的新薬が適切に評価されることに重点をおき、特許の切れた新薬については、後発医薬品への置き換えが進むような制度とすることが基本とされてきた。革新的新薬を評価する制度としては、2010(平成22)年に「新薬創出・適応外解消等促進加算」が試行的に導入されることとなった。従来のルールでは、特許期間中であっても、ほぼすべての新薬の薬価は2年ごとに下がる仕組みになっているため、製薬企業にとっては開発コスト等の回収に時間がかかり、結果的に革新的な新薬の開発や適応外薬の問題などへの対応が遅れ、「ドラッグラグ*3」の問題に繋がっているとの指摘がある。この問題の解消を促進させるため、一定の要件を満たした特許期間中の新薬に対しては、改定前薬価を上限として、市場実勢価格から算定された価格に加算が行われることとなった。さらに2018(平成30)年の薬価改定からは、対象品目や対象企業について新たな要件が設けられ、それらが満たされることが加算を得るための条件となった。

　一方、後発医薬品の使用を促進し、この新薬創出・適応外解消等加算の導入を財政的な面から可能にするため、2010、2012(平成24)年度の薬価改定では、長期収載品(後発医

---

＊3ドラッグラグ：患者に新薬を投入できるまでの時間差、あるいは、海外で開発された新薬を国内承認できるまでの時間差のこと。

薬品がすでに収載されている新薬）について、市場実勢価格に基づく算定値から、さらに追加引き下げが行われた。2014（平成26）年度の改定からは、一律の追加引き下げが廃止となり、最初の後発医薬品収載からの期間や、後発医薬品への置き換え率の進展度合いによって、追加引き下げを行うルールへ変更となった。

2016（平成28）年12月には、国民皆保険の持続性とイノベーションの推進を両立しつつ、国民負担の軽減と医療の質の向上を両立するため、薬価制度の抜本改革としての基本方針が示された。その1つは、薬価収載後に市場が拡大した場合への対応である。新規の作用機序を持つ抗がん剤のオプジーボ（ニボルマブ）は、当初、希少疾患の効能から承認を取得し、国内の総費用が小規模であることを前提として高い薬価がつけられた。しかし、その後、効能追加が行われることで、市場が拡大し、従来では想定されないような費用規模となったため、通常改定とは異なるタイミングで、緊急に薬価が下げられた。一定規模以上の市場拡大があった場合は、年4回の新薬収載の機会を活用し、薬価が見直されることとなった。

別の方針としては、費用対効果評価によるイノベーション評価がある。諸外国では、主に医薬品を対象として費用対効果分析を薬剤償還の可否や薬価の判断材料にする制度がある。日本でも2012（平成24）年から、医療保険制度における費用対効果評価導入の議論が始まり、2016年から試行的に実施されていた。費用対効果評価の結果により、薬価が調整される制度として2019（令和元）年より本格導入された。

## 3　薬価差益

薬価差益とは、保険から支払われる薬価と、実際に医療機関が購入する価格（＋消費税）とに生じる差である。薬価差益はかつて20％を超えており、"薬漬け医療"を招くと批判の的になっていた。しかし、1992（平成4）年には15％に設定されていた調整幅は段階的に縮小されて現在2％となり、薬価差益も同様に縮小している。

医療用医薬品の価格は、公定価格の薬価として2年間固定される一方で、医療機関と卸企業間の取引では価格交渉によって決定されるという特殊事情を持つ。したがって、医療機関が卸企業からより安価に医薬品を購入すればするほど、薬価差益は大きくなり医療機関側の利益となる。現状では、グループ病院や大手のチェーン薬局がスケールメリットを生かして卸企業と価格交渉をすることでより大きな薬価差益を得る一方で、中小病院や診療所、中小の薬局が得られる薬価差益はわずかと考えられる。

## 4　医薬品の流通と薬価

医薬品の流通には、製薬企業から卸企業、卸企業から医療機関の2つの流れがある。当然ながら、製薬企業と卸企業の間、卸企業と医療機関の間で2種類の価格交渉が存在する

が、かつては製薬企業が実質的に医療機関と価格交渉を行っていた。しかし、1992（平成４）年、医療機関との価格交渉は製薬企業から卸企業へ移行した。同時期には、薬価差益が縮小し始めたために、従来得ていた薬価差益を失った医療機関は激しい値下げ交渉を始めるようになった。納入価格の交渉権を手にしたものの、卸企業は値引き圧力にのまれ、それが、長期にわたる価格の未妥結（６か月以上）・仮納入の増加へと繋がっていった。

　また、複数の品目が組み合わされている取引においては、納入品の値引き率を一律に決める総価取引が増加した。総価取引は薬価収載直後の新薬も、特許切れの医薬品も同一の値引き率となり、新薬薬価の低下を早めることとなり開発費の回収に時間がかかることになる。さらに、販売価格を維持したい製薬企業と卸企業の間で不透明な取引が指摘されるようになり、これが医療機関と卸企業の価格交渉にさらなる悪影響を及ぼしかねない状況となった。薬価改定は、銘柄別の市場実勢価格に基づいて行われるため、長期の未妥結や総価取引は薬価調査の信頼性を損ね、薬価改定にも影響を及ぼすこととなる。近年では、前述のとおり、医療機関だけでなく、大手のチェーン薬局との妥結率＊４の低さも問題となっている。そこで、2014（平成26）年の改定から、毎年９月末での妥結率が50％以下の200床以上の医療機関について、初診料、外来診療料、再診料の減額、同様に薬局についても、調剤基本料が減額されるルールが取り入れられた。

## 5　今後の薬価制度

　2016年の抜本改革では、２年に１回行われている薬価改定を、その間の年においても改定する方針が示された。薬価改定の基本情報となる薬価調査を全品目対象に毎年実施し、価格乖離の大きな品目について薬価改定を実施することになっており、2021（令和３）年が最初の実施年となった。薬価の毎年改定は、医療機関、製薬企業、卸企業のそれぞれ影響が多いと考えられる。今後の毎年改定については引き続き検討することになっており、その内容が待たれるところである。

---

＊４妥結率：卸売販売業者と当該保険医療機関等との間での取引価格が定められた医療用医薬品の薬価総額／当該保険医療機関等において購入された医療用医薬品の薬価総額。

# ③ 手術料に関する改定の変遷

## 1 手術料に関する改定の変遷

### (1)2002(平成14)年度改定

　医療の質の向上および効率的な医療の提供のために高度な医療技術を要する手術を専門医療施設に集中させる観点から、年間症例数等が一定の基準を満たさなければ、手術料を3割減算するという「施設基準」が設けられた。この改定に関しては、当初から多くの異論があった。なかでも手術件数と手術の質との相関について具体的な根拠がないこと、基準を満たす医療機関が二次医療圏に存在しない手術術式があるなどの意見が唱えられた。その後、基準に満たない施設でも専門医が執刀すれば減算対象にならない等の基準緩和がとられた。

### (2)2004(平成16)年度改定

　手術の施設基準については、症例数と常勤医(臨床経験10年以上)の基準を満たす医療機関は5%加算し、症例数は基準を満たさないが常勤医の基準を満たす医療機関は減算しない、という変更が加えられた。しかしながら、この年の改定では、手術料は一律5%の引き下げが行われたことから、実質的な加算にはならなかったのが実状であった。

### (3)2006(平成18)年度改定

　年間手術症例数と手術成績との間に相関関係を積極的に支持する科学的知見が得られていないことが認められ、年間手術症例数による手術点数に対する5%加算についてはいったん廃止された。その後、再び診療報酬上の評価を行うことを視野に入れて、すみやかに調査および検証を行うこととなった。

### (4)2008(平成20)年度改定

　医師負担が大きい技術の再評価として、既存の手術の技術料を医師の負担を踏まえて適正に評価することとし、手術72項目について平均約3割引き上げとなった。

## ■（5）2010（平成22）年度改定

我が国の外科手術の技術レベルは国際的に見て高いにも関わらず、その技術料、必要な外科医の数と所要時間などが過小評価されてきたとし、手術料の適正な評価を行い、手術料を引き上げることになった。中医協は、外科系87学会が構成する外科系社会保険委員会連合（外保連）がまとめた手術技術評価はA～E難度（Aは経験年数1年、初期臨床研修医の技術レベル、Bは経験年数5年で、初期臨床研修を修了したレベル、Cは経験年数10年、基本領域（外科、整形外科、産科婦人科、眼科、耳鼻咽喉科、泌尿器科、脳神経外科、形成外科）の専門医レベル、Dは経験年数15年、subspeciality領域の専門医や専門医の更新者、指導医の技術レベル、Eはそれ以上の特殊技術を有する専門医のレベル）で技術評価区分DおよびEの手術点数については、2008年度改正点数の30％から50％増とすることとなった。

## ■（6）2012（平成24）年度改定

2012年度の診療報酬改定において、厚生労働省は、「社会保障・税一体改革成案」で示した2025年のイメージを見据えた長期プランの始まりとし、あるべき医療の実現に向けた第一歩の改定と位置付けたほか、国民・患者が望む安心・安全で質の高い医療が受けられる環境を整えていくために必要な分野について、重点的な配分を行った。

手術の評価に関しては、引き続き、質の高い医療を継続的に提供できる体制を確保するために、外科的な手術や専門性の高い医学管理などの医療技術に学会等からの提案も踏まえ、難易度や専門性に適切な評価が行われた。

外保連試案第8版による技術度・協力者数・時間に基づき、頭蓋内腫瘍摘出術、肝切除術や肺悪性腫瘍手術など約1,200項目の手術について、難易度C・Dは最大で30％、難易度Eは最大で50％と平均の手術診療報酬アップ率は15.38％（2010年度改定のアップ率11.71％を上回る）となった。また、胸腔鏡下・腹腔鏡下手術の普及状況や有用性等を踏まえ、難易度等を勘案し、一定の要件を満たす37手術を含め、91項目の手術項目が新設された。さらに、複数手術での算定においては、形成外科手術の6つの複数手術が、従手術は別手術として100％の診療報酬が認められた。また、新たに10の複数手術において従手術に50％の診療報酬が認められ、これまでと合わせ、約200の複数手術で従手術の診療報酬が認められることになった。

一方、先進医療で行われていた前立腺がんのロボット手術（ダヴィンチ手術）が保険収載された。

## ■（7）2014（平成26）年度改定

2014年度の診療報酬改定においては、高度急性期と一般急性期を担う病床の機能分化に重点が置かれた。これに伴い、短期滞在手術基本料の見直しが行われ、眼内レンズやヘ

ルニアの手術においては入院5日目までに手術・検査を行った全患者について、原則として短期滞在手術基本料を算定することとなった。また、各手術術式の診療報酬の改定は少なかった。

## ■ (8) 2016 (平成28) 年度改定

2016年度の診療報酬改定においては、手術料については、約300項目を引き上げた。一方、引き下げた手術料はない。さらに、視鏡を用いた手術、例えば内視鏡下鼻中隔手術や関節鏡下股関節唇縫合術、腹腔鏡下臍ヘルニア手術などを新たに保険収載された。また、腎部分切除術のダヴィンチ手術も保険収載された。

## ■ (9) 2018 (平成30) 年度改定

2018年度の診療報酬改定においては、先進的な医療技術の適切な評価と着実な導入のために、一部の技術料の増加と新しい手術が保険適応された。移植医療の評価の充実として、皮膚移植術（同種）に対して大幅な加点がされた。また、新しい保険適応手術としては、性別適合手術として、male to femaleに対する手術として精巣摘出術、陰茎全摘術、尿道形成手術（前部尿道）、会陰形成術、造膣術が、female to maleに対する手術として子宮全摘術、子宮附属器腫瘍摘出術、尿道下裂形成術、陰茎形成術、乳房切除術が保険適応された。さらに、ロボット支援下内視鏡手術として新たに12手術、短腸症候群及び機能的難治性小腸不全の患者に対する小腸移植として新たに4手術が保険適用となった。

## ■ (10) 2020 (令和2) 年度改定

遺伝性乳癌卵巣癌症候群(HBOC)の症状である乳癌や卵巣・卵管癌を発症している患者に対して、BRCA遺伝子検査、遺伝カウンセリング、乳房切除及び卵巣・卵管切除等について評価が行われた。

さらに、ロボット支援下内視鏡手術として新たなに以下の7手術が保険適用とされた。
①胸腔鏡下肺悪性腫瘍手術(区域切除)
②胸腔鏡下拡大胸腺摘出術
③腹腔鏡下膵頭十二指腸切除術
④腹腔鏡下仙骨腟固定術
⑤縦隔鏡下食道悪性腫瘍手術(頸部、胸部、腹部の操作によるもの)
⑥腹腔鏡下膵体尾部腫瘍切除術
⑦腹腔鏡下腎盂形成手術

## ■ (11) 2022 (令和4) 年度改定

2022年度診療報酬改定においては、術後疼痛管理チーム加算と周術期薬剤管理加算が新設された。

**【術後疼痛管理チーム加算】**

全身麻酔下手術を行った患者に対して、麻酔に従事する医師を中心とした多職種により構成される術後疼痛管理チームが、質の高い疼痛管理を実施した場合の評価として新設された。


（新）術後疼痛管理チーム加算（1日につき）　　　100点

［対象患者］

　全身麻酔を伴う手術を行った患者であって、手術後において、硬膜外局所麻酔剤の持続的注入、神経ブロックにおける麻酔剤の持続的注入または静脈内への麻薬の持続的注入を行っているもの


［施設基準］

（1）麻酔科を標榜している保険医療機関であること。

（2）手術後の患者の疼痛管理を行うにつき十分な体制が整備されていること。

（3）当該保険医療機関内に、以下の3名以上から構成される手術後の患者の疼痛管理に係るチーム（以下「術後疼痛管理チーム」という）が設置されていること。

ア　麻酔に従事する専任の常勤医師

イ　手術後の患者の疼痛管理に係る所定の研修を修了した専任の常勤看護師

ウ　手術後の患者の疼痛管理に係る所定の研修を修了した専任の常勤薬剤師

　なお、アからウまでのほか、手術後の患者の疼痛管理に係る所定の研修を修了した臨床工学技士が配置されていることが望ましい。

（4）術後疼痛管理チームにより、手術後の患者に係る術後疼痛管理実施計画が作成されること。また、当該患者に対して、当該計画が文書により交付され、説明がなされるものであること。

（5）算定対象となる病棟の見やすい場所に術後疼痛管理チームによる診療が行われている旨の掲示をするなど、患者に対して必要な情報提供がなされていること。

（※）急性期一般入院基本料、結核病棟入院基本料、特定機能病院入院基本料（一般病棟または結核病棟に限る）、専門病院入院基本料、救命救急入院料、特定集中治療室管理料、ハイケアユニット入院医療管理料、小児特定集中治療室管理料、総合周産期特定集中治療室管理料（母体・胎児集中治療室管理料に限る）、小児入院医療管理料および特定一般病棟入院料において算定可能とする。


**【周術期薬剤管理加算】**

　質の高い周術期医療が行われるよう、手術室の薬剤師が病棟の薬剤師と薬学的管理を連携して実施した場合の評価として新設された。

［算定要件］

　注5　2について、別に厚生労働大臣が定める施設基準に適合しているものとして地方厚生局長等に届け出た保険医療機関に入院している患者に対して、当該保険医療機関の薬剤師が、病棟等において薬剤関連業務を実施している薬剤師等と連携して、周術期に必要な薬学的管理を行った場合は、周術期薬剤管理加算として75点を所定点数に加算する。


［施設基準］

　三の二　周術期薬剤管理加算の施設基準

（1）当該保険医療機関内に周術期の薬学的管理を行うにつき必要な専任の薬剤師が配置されていること。

（2）病棟薬剤業務実施加算1に係る届出を行っている保険医療機関であること。


※麻酔管理料（Ⅱ）についても同様とする。

# 医療情報の電子化と診療報酬

## 1　医療情報に関わる診療報酬改正の歴史

　医療情報は図3-2のとおり変遷し、サービス範囲を広げている。システムの導入目的が、従来の業務の省力化や合理化といった機械化的な発想から、情報の共有・利活用といったより高度な利用に変化している。医療機関では電子カルテシステムの導入が進んできているが、システム導入には多額の投資を必要とするのにもかかわらず取り組まれているのは、その顕著な例であろう。また、従来の構造化されたデータだけでなく、非構造化されたデータも分析できつつあることも大きい。このような中で、政府の政策誘導もあり、電子化に関して診療報酬面でもいくつかの施策が行われるようになった。その代表例が電子化加算である。これは2006（平成18）年度の改定で新設されたものであり、レセプトのIT化等の医療のIT化を集中的に推進していく観点で設けられたものである。2010（平成22）年度には廃止された。また、放射線画像のデジタル映像化処理加算が2004（平成16）年の改定で新設され、2009（平成21）年度末までの経過処置で大幅に減額されたうえで、前回の改正で廃止となった。このように、診療報酬改正に追従して安易にIT投資することはリスクも大きい。したがって、医療機関のビジョン・ミッションを明らかにし、自院にあった計

| 第1世代 | 第2世代 | 第3世代 | 第4世代 |
|---|---|---|---|
| 1973- | 1985- | 1999- | 2002- |
| 部門システム | オーダリングシステム | 電子カルテ | 地域医療連携 |
| 医事システム<br>血液検査部門 | オーダの電子化<br>部門システムの結合 | カルテの電子化<br>システムのオープン化 | 施設間連携<br>患者情報公開 |

事務・作業効率化のためのシステム化

医師・看護師・患者のためのシステム化

図3-2　病院情報システムの発展の推移

画的な整備が望まれるところで、経営面では従来にも増して高度な判断を求められている。

例えば、フイルムのデジタル化につけた「デジタル映像化処理加算」から、院内のフイルムレス化に対して算定できる「電子画像管理加算」（デジタル媒体による管理により算定。フィルムレス化に関する点数。フイルム費用の併算定不可）に関する点数が移ってきている。PACSのような高額の機器の導入の可否を判断するには収支を計算することが多い。この場合、収支だけでなく、医療の質等も考慮する必要がある。また、手段も自院で設備を持つ、クラウドのサービスを利用など選択肢も多くなっており、自院の目的に合った導入計画が望まれる。

## 2　機器導入に関する収支計算

高額機器の導入の可否を収支ベースで判断する代表的な方法は、「回収期間法」「正味現在価値法（NPV）」「内部収益率（IRR）」の３つがある。

### （1）回収期間法

投資金額が何年で回収されるかを調べ、回収期間が機器の耐用年数等のある期間以下であれば投資するという方法である。計算が容易であるが、投資とそれに対する収入の時間的価値が考慮されていないことと、回収期間の判断基準があいまいであるという問題がある。

### （2）正味現在価値法（NPV：Net Present Value）

投資に必要なキャッシュと将来得ることができるキャッシュの現在価値の総和を比較して判断する方法である。

### （3）内部収益率（IRR：Internal Rate of Return）

一定の投資期間を通じた投資額の現在価値の累計と、（将来的な）収益額の現在価値の累計が等しくなる利率（割引率）のこと。計算が複雑なため利用しにくい方法であったが、Excel等の表計算ソフトに関数が用意され、容易に利用できるようになった。

筆者の勤務先では正味現在価値法で試算し、投資の可否の判断に利用している。

また、リスクを加味して判断する必要がある場合は、リアルオプションを考える必要がある。リアルオプションとは、不確実性下のITプロジェクトの意思決定の選択権や自由度をいう。代表的な手法に、What-if分析、感度分析、デシジョンツリー分析、モンテカルロシミュレーションがある。

# **3** 医事課職員の概要

　従来の医事課の役割は窓口業務と医事請求業務を中心とした業務であった。しかし、国内のDPC対象病院は1,300施設以上（2010〈平成22〉年4月現在）となり一般病床の約半分を占めるまでになった現在、出来高払い方式に対応するのみの旧態依然の医事課では問題は解決しないであろう。

　そのような状況の中で、医事課職員に病院経営に大きく関わる必要が生じているのは改めて述べるまでもないだろう。従来の出来高払い方式のもとでは、医師の医療行為を点数化することが大切であったが、DPCを採用することで、適正なDPCコーディング、平均在院日数の短縮、そして原価率の低減が求められている。さらには、医療の質を高める活動を支える事務局的存在でもある。

　DPCについては別項で述べているのでここでは詳しく述べないが、コーディングをするうえで高度の医療知識と医師とのコミュニケーション能力が求められている。そのため、診療情報管理士の資格を持つ者を医事課に配属させている病院が増えている。

　また、平均在院日数の低減にはクリニカル・パス等の手法を活用する必要があり、現場での動き、滞留の原因分析など工学的な知識も要求されている。

　さらに、包括払い制度から医療の効率が求められており、医療行為と経費との関係を明らかにする管理会計が必要とされている。

　そして、先進的な医療機関に多くみられる共通的な特性として優秀な事務職がいることが挙げられる。これは、専門職である各種医療職を束ね、病院があるべき方向へ進むための弛まぬ改善活動を支えるには、経営企画担当職員が欠かせないからである。ABC原価計算から派生したBSC（Balanced Score Card）は、非営利企業である医療機関にとって強力なツールとなっており、これを有効に運営するためには優秀なファシリテーターが必要とされていることからも明らかである。

　今後、医事課には医療の質の評価の事務局の役割が一層求められていくであろう。ドナベディアン（アメリカの公衆衛生学博士）は医療の質をストラクチャー、プロセスおよびアウトカムで評価すべきと唱えているが、これらを可視化することが経営企画担当職員に求められていくであろう。なぜならば、可視化できないものはマネジメントできないからである。マネジメントできないものは向上できない。地域に医療が継続的に存在し続けるには、顧客である地域のニーズに応じる必要があり、それは医療の質に行き着くからである。

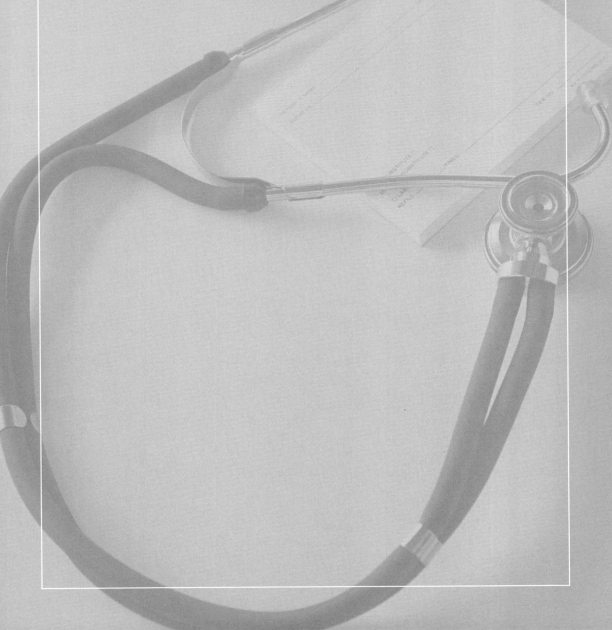

# 第4章
# 戦略的経営の推進と経営企画部門

■1 経営企画部門の設置
■2 診療報酬シミュレーションの方法
■3 統計データの活用
■4 ビジョンに基づいた戦略的経営

# 経営企画部門の設置

　戦略的な経営を推進するためには、診療報酬の請求事務を行う医事課の枠を超えた経営企画部門を設置することが有効である。

　近年、戦略的な経営を推進する必要性が高まり、その役割を遂行するために経営企画部門を設置する病院が増加してきている。しかしながら、その実態は様々であり、現実的には名前だけの経営企画部門も少なくない。ここでは、経営企画部門を有効に機能させるための留意点について述べる（図4-1）。

## 1 　経営企画部門に求められる機能

### ■（1）集計機能・調整機能・創造的機能

　経営企画部門に求められる機能として「集計機能」「調整機能」「創造的機能」の3つのタイプが存在する。

　まず1つ目の「集計機能」は院内データを経営会議のために集計することを主な役割とし

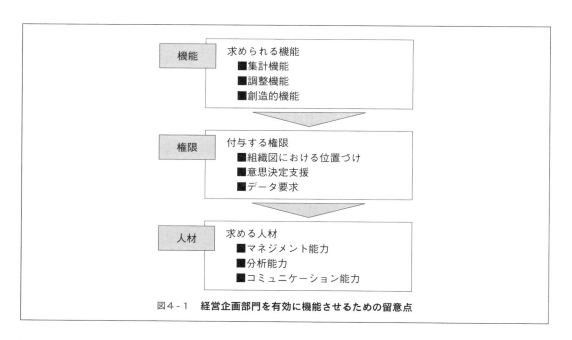

図4-1　経営企画部門を有効に機能させるための留意点

ており、医事課の延長線上にあり、医事課等と兼務しているケースが多い。比較的単純な業務であり、複雑なものではなく、ルーティンワークになりやすい。

　２つ目の「調整機能」は院内の予算の配分等の調整をする機能であり、根回し的な要素が求められることが多い。その点で集計機能よりもヒューマンスキルに優れ、対人関係能力が求められる。

　３つ目の「創造的機能」は戦略の立案や経営改善に資するような情報を分析し、それを適切に周知していく機能である。これら３つの機能は担当者の得手不得手もあるが、一般的に順を追うごとに求められる水準が高くなる傾向がある。

## ■（2）仮説検証型の課題抽出から始まる創造的機能

　現状の経営企画部門では、様々な業務を兼務していることも多く、集計機能を果たすに留まっていることが少なくない。調整機能を果たせている病院は決して多くなく、経営に関与しているというよりは日常的な事務の一部門としての役割を担っているようである。

　しかし、本来の経営企画部門は、創造的機能までを果たすことが求められている。創造的機能とは、課題の抽出から始まるため、何をするかは病院の実情によって異なる。しかし、そのアプローチは本質的に類似しており、仮説検証型が望ましい。

　仮説検証型とは、院内の課題に関する仮説を設定し、それをデータに基づき客観的に検証していくアプローチである。病院には様々なデータがあるため、特に真面目な担当者の場合にはすべてのデータを分析しようとする傾向がある。しかし、分析だけをするのが経営企画部門の役割ではない。"絵に描いた餅"で終わってしまってはその分析の意義は乏しくなってしまう。そこで、現場の感覚等に基づきあらかじめ適切な仮説を設定し、それを検証することで効率的に業務を遂行することができる。ただし、当初の仮説が正しいとは限らないため、もしもそれが適切でないと判明したら、また別の仮説を設定し再度検証していく必要がある。これを繰り返すことにより、網羅的な分析よりも短時間で有効な結論にたどり着くことができるようになる。

## ２　業務遂行に必要な権限

　経営企画部門が創造的機能を担うためには一定の権限を経営企画部門が持つことも必要になる。ここでは「組織図上の権限」「意思決定支援権限」「データ要求権限」について言及する。

　まず組織図上の権限、つまり組織図における位置づけをどのように設定するかが論点となる。これについては法人全体の経営企画を担うのか、それとも病院単独の経営企画なのかによってその位置づけは異なることになるが、事務部門としての位置づけではなく、理事長や院長等の直轄の組織と位置づけることが望ましい。そのうえで、トップマネジメントの意思決定を支援する機能を果たすことを明確化する。意思決定を行うのはあくまでも

トップマネジメントの役割であるが、そのデータ分析や検証を客観的な立場から行うのが経営企画部門であり、業務分掌等においては意思決定を支援する権限を付与するのがよいであろう。

　また、データ分析をしようにも現場から適切なデータを入手できないというケースも存在する。現場の担当者がデータを独占しており、本部や経営企画部門からデータを依頼しても、「そんなデータは存在しない」と突き返されることも少なくない。組織的に経営企画部門にデータを一元的に集約することを明示しなければならない。

## 3　求められる人材像

　経営企画部門が有効に機能するためには、そこで働く担当者の能力が大きく関わっていることはいうまでもない。ここでは、経営企画部門に求められる人材像を特定し、どのような能力を身につける必要があるかについて述べる。

　経営企画部門の担当者には、マネジメント能力、分析能力、コミュニケーション能力が求められている。

　マネジメント能力は、医療法や診療報酬等の病院経営・運営に関する知識だけではなく、戦略等の経営的なマネジメントスキルを意味し、担当者はそれらのスキルを学ぶ必要がある。病院も組織として活動しているわけであり、組織を動かすためには戦略や人材マネジメント、財務等のスキルが不可欠であり、それらの基本を身につけることは極めて有効なことである。ただし、一般的なマネジメントの理論の受け売りで病院という組織の変革につながるものではない。自院の実態に合わせた適切な分析を行い、客観的な論拠をもとにしなければ職員が納得し、1つの方向に向かって動き出すことはない。前述したようにいたずらに難しい分析をすることが必要なわけではない。その場の状況に応じた適切な分析を行い、そのデータを現場に浸透させる説明力が求められる。この説明力は、コミュニケーション能力とも大きく関係している。多職種が協働する職場である病院においてはコミュニケーション能力が必須である。どんなに素晴らしい分析を行っても、その人の提案を受け入れてくれるか、"まずはやってみよう！"と思わせるだけの対人スキルを持っているかどうかが現場を動かすカギを握る。病院は人で成り立っている組織である。人心を掌握できるようなコミュニケーション能力を磨く必要がある。しかし、これは一朝一夕には達成できない。まずは、現場に足を運ぶことから始めるのがよいであろう。仮説を設定する際にも"答えは現場にある"ことが少なくない。現場の担当者は様々なことを知っている。その声に耳を傾け、適切なフィードバックをすることで現場からの信頼は厚くなるはずである。机に座っていても未来への道は拓けない。現場に飛び込んでいき、顔の見える存在になることがコミュニケーション能力を醸成する有効な手段である。

# ② 診療報酬シミュレーションの方法

前述したように診療報酬に最も身近に接しているスタッフである医事課職員（あるいは経営企画担当者）が診療報酬の改定時に迅速にその改定の影響額を算出し、それに対する対応策を図ることは非常に重要な役割である。

ここでは、簡便的に診療報酬のシミュレーションを行うことができる代表的な方法を解説する。診療報酬改定時のシミュレーション方法には「加算法」と「調整法」の2つの方法がある。加算法は計算に手間がかかる傾向があり、調整法は簡便な計算ができるという特徴がある。

## 1 加算法

加算法とは、診療報酬改定の新旧項目の点数の差異に着目する考え方であり、変動がある項目を1つずつ積み上げていき、最終的にその合計を加算することによって診療報酬改定の影響額を算出することができる（表4-1）。変動がある項目といっても、例えば手術料が引き上げられたり、検査料の引き下げが行われたりと、個別に様々な増減があるだろう。加算法では、原則として改定項目ごとにその影響を予想することになる。ただし、金額的に重要性が高い部分のみに注目するのでもそれほど経営意思決定において大きな問題は生じないであろう。

表4-1　**手術の例を用いた項目加算法のイメージ**

| 項目 | 点数 | 点数差額（点） | 件数（件） | 増収差額（円） |
|---|---|---|---|---|
| 胸腔鏡下肺切除術 | 37,500 ⇒ 56,250 | 18,750 | 10 | 187,500 |
| 食道静脈瘤手術（開腹） | 22,300 ⇒ 26,340 | 4,040 | 20 | 80,800 |
| 冠動脈、大動脈バイパス移植術（1吻合のもの） | 51,100 ⇒ 71,570 | 20,470 | 5 | 1,023,500 |
| 人工関節置換術（肩、股、膝） | 22,300 ⇒ 28,990 | 6,690 | 30 | 200,700 |
| インプラントの償還価格 | | | | △×××× |
| : | : | : | : | : |
| | | | 合計 | 4,200,000 |

## 2　調整法

　調整法とは、従来の診療行為別単価から各項目にどのくらいの変動があるのかを予想し、その影響額を控除していく方法である。例えば、検査が2％下がるのならば、診療行為別の患者当たり単価の検査の項目から2％を控除する等の修正を行う。調整法は計算方法としては簡便であるが、各項目がどの程度変動するかについての予想を正確に行うことが難しい。しかしながら、そもそも診療報酬が改定されても、それはレストランでいうところのメニューの価格が変わったことを意味するわけであって、レストランに行ってたくさん注文すれば総額の料金は変わってしまうわけであり、必ずしも手間暇をかけて正確に影響額を予想することが必要とは言い切れない。むしろどのような対策を講じるか、改定後に請求漏れを発生させないかに神経を集中することが必要であろう。

# ❸ 統計データの活用

## 1 統計データの種類

　病院関係で公表されている統計データには、前述したDPCデータの他にも厚生労働省を中心に様々なものが存在する。ここでは、表4-2のうち、戦略的な病院経営を推進する際に特に有効である「患者調査」「医療経済実態調査」「社会医療診療行為別調査」「公私病院連盟による病院運営実態分析調査の概要」の活用方法について言及する。

表4-2　DPC以外で利用価値の高い統計調査

| 統計調査名 | 調査間隔 | 調査対象 | 調査方式 | 調査内容 |
|---|---|---|---|---|
| 患者調査 | 3年 | 医療機関 | 抽出 | 調査日または調査期間に受療した患者の傷病の状況 |
| 医療経済実態調査 | 2年 | 医療機関 | 抽出 | 医療機関の経営状況（開設主体別、機能別、病床規模別等の経営状況） |
| 社会医療診療行為別調査 | 1年 | レセプト | 抽出 | 診療報酬請求明細書からの集計、診療行為・調剤行為の状況、薬剤の使用状況 |
| 受療行動調査（入院患者票・外来票） | 3年 | 病院 | 抽出 | 入院・外来患者の意識等（病院を選んだ理由、待ち時間、インフォームドコンセントの状況、患者満足度） |
| 公私病院連盟（病院運営実態分析調査の概要） | 1年 | 病院 | 抽出 | 病院の運営状況（平均在院日数、病床利用率、収支率、平均給与月額、その他診療状況等） |
| 医療施設静態調査 | 3年 | 医療機関 | 全数 | 医療施設の整備状況（医療提供整備体制、患者数等の状況） |
| 医療施設動態調査 | 1月 | 病院 | 全数 | 医療施設数の状況（医療機関の種類別、開設主体別、都道府県別等の医療施設数の推移） |
| 病院報告 | 1月 | 病院 | 全数 | 病院の患者数等（1日平均入院患者数、月末病床利用率、平均在院日数） |
| 人口動態調査（死亡票） | 1年 | 市区町村 | 全数 | 死亡、死産、死亡率の状況 |
| 地方公営企業年鑑 | 1年 | 公立病院 | 公立病院全て | 公立病院の収支、患者数等 |

## 2 　患者調査

　患者調査は、調査日または調査期間に受療した患者の傷病の状況について病院および診療所を対象に行われている。3年間隔であり、直近では2011（平成23）年に実施された。病院の場合には、3分の2がサンプルでランダムに抽出されており、ICD10に基づいた疾病動向等を把握することが可能となるため、DPCデータとリンクさせることも可能である。この患者調査では、患者居住地と施設所在地によるデータが盛り込まれているため、二次医療圏の境界をまたいだ受療行動等についても分析することが可能になっている。また、シェア（占有率）を算出する際の分母となる地域の推計患者数を把握する際に活用することができる（ただし、患者調査は前述したようにサンプル調査であり、また特定期間〈入院の場合には1カ月〉を対象にしたものであり、さらに、ICD-10でコーディングされてはいるが、すべての医療機関が適切なコーディングを行えているかどうかは疑問も残る）。

## 3 　医療経済実態調査

　医療経済実態調査は、開設主体別、機能別、病床規模別等の医療機関の経営状況を把握する際に有効である。診療報酬改定の前年の6月に2年に1回、ランダムなサンプル調査が行われる。当該調査は診療報酬の改定にも反映されるものであり、今後の診療報酬の方向性を予想する際に活用できるだけでなく、自院と同機能な病院の経営状況を比較する際にも用いることができる。特に財務分析をする際のベンチマーク指標として用いることが有効である。

## 4 　社会医療診療行為別調査

　社会医療診療行為別調査は、診療報酬請求明細書からの集計、診療行為・調剤行為の状況、薬剤の使用状況についてレセプトデータに基づき隔年で集計したものである。自院のレセプトデータの検証を行う際の比較対象として有効である。

## 5 　病院運営実態分析調査

　病院運営実態分析調査の概要は、公私病院連盟が集計した情報である。当該調査は、病床規模別等の詳細なデータが開示されており、同規模同機能病院とのベンチマーク比較を実施した場合に特に効果を発揮する。

# ビジョンに基づいた戦略的経営

## 1　診療報酬改定の影響

　診療報酬改定は原則として、２年に１回到来するイベントである。提供する医療の内容が規定されるだけでなく、価格が変更されるので、医療機関の経営には影響が甚大であり、いかに対応するかが大切である。しかし、有利な診療報酬を追うばかりで診療報酬に誘導されるだけの姿勢では、目指していた姿と大きく異なるところに追いやられてしまうこともあるかもしれない。

　例えば、1990年代の前半から増加した療養病床も、高収益を上げたものの削減の方向性が打ち出されたり、2006（平成18）年の改定で紹介率の加算が廃止され、外来分離を行った医療機関が痛手を被ったりと、今後もこのような政策変更は行われることだろう。

## 2　より長期の視点で自らが果たすべき役割を考える

　大切なことは、短期的に診療報酬で有利な点数がついたからといってすぐにそこに飛びつく現状積み上げによる課題解決アプローチではなく、中長期的なビジョンに基づいた戦略的な経営を推進することである。このアプローチは、将来の「なりたい姿」と、地域の実情を踏まえて「なるべき姿」を出発点として、自らの現状を踏まえた「なれる姿」から総合的に判断して「目指すべき姿」を明らかにした後、それを達成するためにゴールから逆算して今何をすべきかを考えていくものである。将来の姿を考える際に、しばしば３年程度の期間が設定されることが多いが、まずは10年程度の長期間で考えるのがよいだろう。３年間だと診療報酬改定などを過度に意識しすぎてしまう傾向がある。より長期の視点で自らが果たすべき役割をゼロベースから膝を突き合わせて自由に議論していくことが有効である（図４-２）。

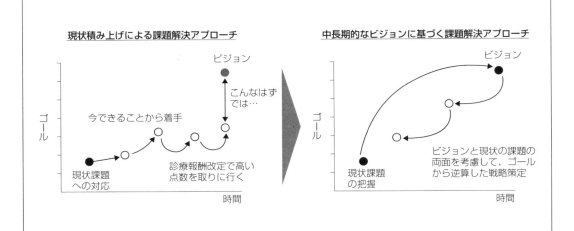

現状積み上げによる課題解決アプローチ

中長期的なビジョンに基づく課題解決アプローチ

中長期的なビジョンがあいまいなまま、目の前の着手可能なことや、診療報酬改定で高い点数がついたことに終始する現状積み上げで対応すると、最終的に本来的に目指していた姿と大きなギャップが生じてしまう。

「なりたい姿」としての思いと、地域ニーズを考慮した「なるべき姿」、現状を考慮した「なれる姿」から総合的に判断して「目指すべき姿」を明確にした後、これを達成するための戦略を策定することが求められる。

図4-2　戦略的経営

# 索　引

## [数字・アルファベット]

ADL区分 ・・・・・・・・・・・・・・・・ 9, 161, 163

DPC/PDPS ・・・ 5, 15, 35, 45, 54〜57, 68, 70, 71, 73, 80, 94, 177

FIM（機能的自立度評価法）
・・・・・・・・・・・・・・・・・・・・・・・ 132, 149 151

SOFAスコア ・・・・・・・・・・ 15, 18, 107, 109

## [い]

医師事務作業補助体制加算
・・・・・・・・・・・ 9, 10, 11, 24, 86〜88, 146

移植後患者指導管理料・・・・・・・・・・・・・・139

医療機関群
・・・・・・・ 13, 15, 71, 72, 74, 77, 80, 99, 177

医療機関別係数・・・・・・・・・・・ 45, 71, 177

医療区分・・・・・・・・・・・ 9, 15, 31, 161〜165

医療経済実態調査・・・ 6, 9, 26, 27, 31, 35, 42, 48, 203, 204

院内トリアージ実施料・・・・・・ 37, 139, 140

## [え]

栄養サポートチーム加算・・・・ 10, 11, 15, 17, 91, 110, 132, 134, 135, 142

栄養食事指導料・・・・・・・・・・・・ 109, 142

遠隔診療・・・・・・・・・・・・・・・・・・・・・170

## [お]

オンライン診療料・・・・・・・・・・・・・・・170

## [か]

介護医療院・・・・・・・・・・ 15, 163〜165, 167

介護支援等連携指導料・・・・・・・・・・・・・130

介護療養病棟・・・・・・・・・・・・・・・・・・164

回復期リハビリテーション病棟
・・・・ 14, 15, 18, 21, 26, 27, 29, 30, 35, 86, 103, 148, 150, 152〜159, 162, 165

外保連・・・・・・・ 10, 72, 74, 77, 79, 80, 99, 189

外来機能・・・・・・・・・・・ 8, 22, 42, 83, 86

外来診療単価・・・・・・・ 45, 47, 48, 50, 52, 53

かかりつけ薬局・・・・・・・・・・ 182, 183

画像診断管理加算・・・・・・・・・ 13, 123, 125

カバー率係数・・・・・・・・・・・・・ 95, 96

がん患者指導管理料・・・・・・・・・・・・・127

がん拠点病院加算・・・・・・・・・・ 128, 129

看護職員夜間配置加算・・・・・・ 15, 17, 89

がん診療連携計画策定料・・・・・・・・・・・129

感染対策向上加算・・・・・・・・ 19, 82, 84, 112

がん治療連携指導料・・・・・・・・・・・・・・129

緩和ケア診療加算・・・・ 15, 17, 117, 136, 137

緩和ケア病棟入院料・・・・・・・ 113〜117, 136

## [き]

基礎係数・・・・・・・・・・・・・・・・・ 71, 72, 77, 79

機能評価係数Ⅰ・・・・・・・・・・・・・・・ 15, 71, 73

機能評価係数Ⅱ・・・・・ 14, 15, 45, 71, 77, 94

基本診療料・・・・・・・・・・・・・・ 33, 35, 38〜40

救急医療係数・・・・・・・・・・・・・・・・・ 96, 97

急性期一般入院料・・・ 14, 58〜61, 67, 68, 82

急性期看護補助体制加算
・・・・・・・・・ 10, 11, 15, 17, 87, 89
急性期充実体制加算
・・・・・・・・・ 19, 21, 31, 67, 82, 111, 112
救命救急入院料・・・・・ 11, 15, 37, 66, 81, 83,
　103〜105, 107, 109, 111, 112, 191

## [け]

検体検査管理加算・・・・・・・・・・・・・・・ 53, 93

## [こ]

後発医薬品（後発品）・・・・ 12, 14, 15, 77, 93,
　94, 147, 163, 182〜186
後発医薬品使用体制加算・・・・・・ 12, 15, 93
効率性係数・・・・・・・・・・・・・・・ 35, 55, 94, 95
呼吸ケアチーム加算・・・・・・・・・ 10, 11, 135

## [さ]

在宅復帰機能強化加算・・・・・・・・・ 61, 162
在宅復帰・病床機能連携率・・・・・・・・・・・61
在宅療養支援診療所・病院
　・・・・・ 9, 12, 117, 131, 145, 169, 171, 172
在宅療養支援病院・・・ 12, 117, 131, 145, 169

## [し]

敷地内薬局・・・・・・・・・・・・・・ 21, 182, 183
市場実勢価格・・・・・・・・・・・・・・・ 185, 187
重症者等療養環境特別加算・・・・・・ 140, 141
重症度、医療・看護必要度
　・・・・・・・・・・12, 14, 15, 17,18, 35, 58〜68,
　104〜107, 112, 145, 146, 148

紹介受診重点医療機関入院診療加算
　・・・・・・・・・・・・・・・・・・・・・・ 85, 86
小児入院医療管理料
　・・・・・・・・・・・ 11, 103, 113, 114,126, 191
小児療養環境特別加算・・・・・・・・・・・・・141
診療報酬点数表・・・・・・・・・・・・・・・・ 2, 38
診療録管理体制加算・・・・・・・・・・・・ 93, 94

## [せ]

精神科急性期医師配置加算・・・・・・・・・・176
精神科身体合併症管理加算・・・・・・・・・174
精神科地域移行実施加算・・・・・・・・・・・174
精神科リエゾンチーム加算
　・・・・・・・・・・・・・・・・・・ 81, 83, 137, 138
精神病棟入院基本料・・・・ 81, 126, 174〜176
せん妄ハイリスク患者ケア加算
　・・・・・・・・・・・・・・・・・・・・・・ 18, 65, 66

## [そ]

総合入院体制加算・・・・・・ 13, 18, 19, 21, 31,
　65, 73〜76, 81, 82, 144

## [た]

退院時共同指導料・・・・・・・・・・・・・・・130
妥結率・・・・・・・・・・・・・・・・・・・・ 13, 187
タスク・シェア、タスク・シフト・・・・・・17
短期滞在手術等基本料
　・・・・・・・・・・・・・ 5, 12, 15, 38, 39, 54, 55

## [ち]

地域医療係数・・・・・・・・・・・・・・・・・・・98

地域医療構想
　　‥‥‥‥‥ 14, 18, 19, 26, 74, 76, 153, 178
地域医療支援病院
　　‥‥‥‥‥ 8, 9, 13〜15, 19, 21, 84〜86
地域医療支援病院入院診療加算‥‥ 84, 86
地域医療体制確保加算‥‥‥‥ 16, 89, 91
地域包括ケア入院医療管理料
　　‥‥‥‥‥ 13, 18, 83, 86, 144, 148
地域包括ケア病棟‥‥‥‥ 13〜15, 18, 21,
　　27〜31, 35, 63, 72, 73, 76, 80, 83, 86, 91,
　　113, 127, 144〜146, 148, 150, 153〜157,
　　159, 160, 162, 165, 169
地域包括ケア病棟入院料
　　‥‥ 15, 18, 83, 86, 113, 144, 146, 148, 153
地域包括診療料‥‥‥‥ 13, 14, 167〜169
チーム医療
　　‥ 11, 15, 43, 105, 132, 137, 139, 163, 183
中医協（中央社会保険医療協議会）
　　‥‥‥‥‥ 3, 6, 7, 25, 37, 176, 184, 189
長期収載品‥‥‥‥‥‥‥‥‥‥‥185
超急性期脳卒中加算‥‥‥‥‥‥‥107

### ［て］

データ提出加算‥‥‥ 15, 18, 91, 92, 146, 150
出来高払い‥‥‥‥‥‥‥‥‥‥ 3, 195

### ［と］

糖尿病透析予防指導管理料‥‥‥ 138, 139
特定機能病院
　　‥‥8, 9, 13, 15, 17〜19, 21, 26, 31, 33, 35,
　　43, 63, 66, 74, 84〜86, 91, 111, 125, 126,
　　132, 136, 144, 149, 191

特定集中治療室管理料‥‥ 11, 13, 18, 35, 37,
　　66, 96, 103, 104, 107〜112, 191
特定入院料‥‥‥‥ 30, 35, 36, 38, 39, 43, 96,
　　102〜104, 113
特掲診療料‥‥‥‥‥‥‥‥‥‥38〜40

### ［に］

入院時支援加算‥‥‥‥‥‥‥118〜121
入院診療単価‥‥‥ 27, 29, 30, 35, 43〜47, 56,
　　57, 70, 71, 94, 103, 105, 113, 150, 153〜
　　155, 157〜160, 177
入退院支援加算‥‥‥ 17, 24, 117〜121, 146
認知症ケア加算‥‥‥‥ 18, 65, 81, 83, 146

### ［の］

脳卒中ケアユニット入院医療管理料
　　‥‥‥‥‥‥‥‥‥ 15, 66, 105, 107

### ［は］

ハイケアユニット入院医療管理料
　　‥‥‥ 37, 66, 91, 103, 104, 107, 109, 191
肺血栓塞栓症予防管理料‥‥‥‥‥122
働き方改革‥‥‥ 15〜17, 22, 46, 86, 89, 97

### ［ひ］

病床機能‥‥‥‥‥‥‥‥‥‥‥‥61
病棟薬剤業務実施加算
　　‥‥‥‥‥ 17, 91, 92, 126, 127, 192

### ［ふ］

複雑性係数‥‥‥‥‥‥‥‥‥‥‥95

## ［へ］

平均在院日数・・・・・ 157〜160, 174, 195, 203

## ［ほ］

包括払い・・・・・ 3, 4, 5, 10, 12, 45, 68, 70, 71,
　　173, 177, 195

保険診療係数・・・・・・・・・・・・・・・・・・・・94

## ［ま］

麻酔管理料（Ⅰ）・・・・・・・・・・・・・ 100, 101

麻酔管理料（Ⅱ）・・・・・・・・・・・ 100, 101, 192

## ［や］

夜間休日救急搬送医学管理料
　　・・・・・・・・・・・・・・・・・・・・ 17, 63, 67, 140

薬剤管理指導料・・・・・・・・・・・・・・・ 126, 127

薬剤総合評価調整加算・管理料・・・・・・・127

薬価差益・・・・・ 43, 46, 48, 180, 181, 186, 187

薬価調査・・・・・・・・・・・・・・・・・・・ 185, 187

## ［ゆ］

有床診療所・・・・・・・・・・・・・・ 142, 166〜168

## ［り］

リハビリテーション・・・ 30, 38, 39, 109, 131,
　　148, 154, 155, 158, 161, 165

リハビリテーション実績指数・・・・ 149, 150

療養・就労両立支援指導料・・・・・・・ 19, 143

療養病棟入院料・・・・・・・・・・・・・・・161〜163

## ［ろ］

ロボット支援下内視鏡手術・・・・・・・・・・190

## 編著者紹介

**井上　貴裕**（いのうえ・たかひろ）
（監修、第１章、第２章第１節、第３節、第４節、第４章）
千葉大学医学部附属病院副病院長・病院経営管理学研究センター長・特任教授、ちば医経塾塾長
東京医科歯科大学大学院にて医学博士および医療政策学修士、上智大学大学院経済学研究科および明治大学大学院経営学研究科にて経営学修士を修得。
岡山大学病院病院長補佐・客員教授
東邦大学医学部医学科客員教授
日本大学医学部社会医学系医療管理学分野客員教授
自治医科大学客員教授
地方独立行政法人東京都立病院機構理事（経営戦略担当）

**藤井　将志**（ふじい・まさし）
（第２章第２節）
特定医療法人谷田会谷田病院事務部長
2006年、早稲田大学政治経済学部を卒業。病院向け経営コンサルティング会社である株式会社アイテック、株式会社MMオフィスを経て、2012年度から沖縄県立中部病院・経営アドバイザーとして（NPO法人病院経営支援機構所属）経営支援を行う。診療報酬を駆使した収益増、医療機器等の費用削減、業務効率化に携わる。2015年度から特定医療法人谷田会谷田病院（熊本県甲佐町）の事務部長に着任する。2017年度から熊本保健科学大学の非常勤講師（看護管理）、2018年度からM&Aを行った医療法人興和会・なごみの里（介護老人保健施設）の理事、まちづくりを進める一般社団法人パレットの理事、2020年から経営支援事業である医療環境総研を立ち上げる。

**桑原　比呂世**（くわばら・ひろよ）
（第３章第１節、第２節）
東京医科歯科大学大学院・医療管理政策学修士課程を経て、2010年、同医歯学総合研究科博士課程修了。現在、製薬会社勤務。薬剤師。

**小林　紗和子**（こばやし・さわこ）
（第３章第１節）
東京医科歯科大学大学院・医療管理政策学修士課程修了。製薬会社にて医療政策関連業務に従事。

**松村　一**（まつむら・はじめ）
（第３章第３節）
東京医科大学形成外科学分野主任教授／東京医科大学総合情報部部長
1987年、東京医科大学卒業。国立東京第二病院（現・国立病院機構東京医療センター）などを経て、2008年から東京医科大学形成外科学講座教授、2014年4月から現職。日本形成外科学会認定専門医ほか。

**成清　哲也**（なりきよ・てつや）
（第３章第４節）
広島国際大学医療経営学部医療経営学科教授

# NOTE

# NOTE

# NOTE

本書は、2020年7月27日発行の医療経営士テキスト・中級・専門講座・1巻『診療報酬制度と医業収益——病院機能別に考察する戦略的経営』(第5版)を加筆・修正及び情報を更新したものです。

医療経営士●中級【専門講座】テキスト1［第6版］

診療報酬制度と医業収益——病院機能別に考察する戦略的経営

2022年8月8日　第6版第1刷発行

編　　　著　井上　貴裕
発 行 人　林　　諄
発 行 所　株式会社 日本医療企画
　　　　　　〒104-0032　東京都中央区八丁堀 3-20-5　S-GATE八丁堀
　　　　　　TEL 03-3553-2861（代）　http://www.jmp.co.jp
　　　　　　「医療経営士」専用ページ　http://www.jmp.co.jp/mm/
印 刷 所　図書印刷 株式会社

# 『医療経営士テキストシリーズ』全40巻

## 初　級・全8巻

（1）医療経営史——医療の起源から巨大病院の出現まで［第3版］
（2）日本の医療政策と地域医療システム——医療制度の基礎知識と最新動向［第4版］
（3）日本の医療関連法規——その歴史と基礎知識［第4版］
（4）病院の仕組み／各種団体、学会の成り立ち——内部構造と外部環境の基礎知識［第3版］
（5）診療科目の歴史と医療技術の進歩——医療の細分化による専門医の誕生、総合医・一般医の役割［第3版］
（6）日本の医療関連サービス——病院を取り巻く医療産業の状況［第3版］
（7）患者と医療サービス——患者視点の医療とは［第3版］
（8）医療倫理／臨床倫理——医療人としての基礎知識

## 中　級［一般講座］・全10巻

（1）医療経営概論——病院経営に必要な基本要素とは［第2版］
（2）経営理念・経営ビジョン／経営戦略——戦略を実行するための組織経営
（3）医療マーケティングと地域医療——患者を顧客としてとらえられるか［第2版］
（4）医療ICTシステム——ヘルスデータの戦略的活用と地域包括ケアの推進［第2版］
（5）組織管理／組織改革——改革こそが経営だ！
（6）人的資源管理——ヒトは経営の根幹［第2版］
（7）事務管理／物品管理——コスト意識を持っているか？［第2版］
（8）病院会計——財務会計と管理会計
（9）病院ファイナンス——資金調達の手法と実務
（10）医療法務／医療の安全管理——訴訟になる前に知っておくべきこと［第2版］

## 中　級［専門講座］・全9巻

（1）診療報酬制度と医業収益——病院機能別に考察する戦略的経営［第6版］
（2）広報／ブランディング／マーケティング——ブランディングを軸にした広報活動と価値共創、自己実現のマーケティング手法
（3）管理会計の体系的理解とその実践——原価計算の手法から原価情報の活用まで
（4）医療・介護の連携——地域包括ケアと病院経営［第5版］
（5）先駆的事例に学ぶ経営手法の新戦略——市場・非市場戦略の実践と内部資源確保に向けて
（6）多職種連携とシステム科学——異界越境のすすめ
（7）競争優位に導く業務改善とイノベーション——患者視点に立った質中心経営と地域ブランディングの確立
（8）チーム医療と現場力——強い組織と人材をつくる病院風土改革
（9）医療サービスの多様化と実践——患者は何を求めているのか［第2版］

## 上　級・全13巻

（1）病院経営戦略論——経営手法の多様化と戦略実行にあたって
（2）バランスト・スコアカード——その理論と実践
（3）クリニカルパス／地域医療連携——医療資源の有効活用による医療の質向上と効率化
（4）医工連携——最新動向と将来展望
（5）医療ガバナンス——医療機関のガバナンス構築を目指して
（6）医療品質経営——患者中心医療の意義と方法論
（7）医療情報セキュリティマネジメントシステム（ISMS）
（8）医療事故とクライシスマネジメント——基本概念の理解から危機的状況の打開まで
（9）DPCによる戦略的病院経営——急性期病院経営に求められるDPC活用術
（10）経営形態——その種類と選択術
（11）医療コミュニケーション——医療従事者と患者の信頼関係構築
（12）保険外診療／附帯事業——自由診療と医療関連ビジネス
（13）介護経営——介護事業成功への道しるべ

※タイトル等は一部予告なく変更する可能性がございます。